# Vornamen



**Dudenverlag**
Berlin

Die **Duden-Sprachberatung** beantwortet Ihre Fragen zu Rechtschreibung, Zeichensetzung, Grammatik u. Ä.

montags bis freitags zwischen 09:00 und 17:00 Uhr.

| | | |
|---|---|---|
| Aus Deutschland: | **09001 870098** | (1,99 € pro Minute aus dem Festnetz) |
| Aus Österreich: | **0900 844144** | (1,80 € pro Minute aus dem Festnetz) |
| Aus der Schweiz: | **0900 383360** | (3.13 CHF pro Minute aus dem Festnetz) |

Die Tarife für Anrufe aus den Mobilfunknetzen können davon abweichen. Den kostenlosen Newsletter der Duden-Sprachberatung können Sie unter www.duden.de/newsletter abonnieren.

**Bibliografische Information der Deutschen Nationalbibliothek**
Die Deutsche Nationalbibliothek verzeichnet diese Publikation in der Deutschen Nationalbibliografie; detaillierte bibliografische Daten sind im Internet über http://dnb.dnb.de abrufbar.


D C B A
Bibliographisches Institut GmbH, Mecklenburgische Straße 53, 14197 Berlin

**Autorin und Autor** Dr. Rosa Kohlheim und Dr. Volker Kohlheim
**Redaktion** Dr. Ilka Pescheck, Susann Rüß
**Herstellung** Ursula Fürst
**Layout** Sibylle in der Schmitten, two-up, Meerbusch
**Umschlaggestaltung** 2issue, München
**Umschlagabbildung** Shutterstock/Galyna_P (Strickmuster), Shutterstock/Le Chernina (Namensschild), Shutterstock/Tomsickova Tatyana (Baby)
**Satz** Sagittarius-A GmbH, Hirschberg
**Grafiken** Shutterstock/Bukhavets Mikhail (Illustrationen), 123rf/Kedsirin Suthamsakul (Schmuckelemente), 123rf/tiax (Muster Kapitelaufmacher)
**Druck und Bindung** AZ Druck und Datentechnik GmbH
Heisinger Straße 16, 87437 Kempten

Printed in Germany
ISBN 978-3-411-73994-3

www.duden.de

## Liebe Leserin, lieber Leser,

*Malissa* oder *Melanie, Nelio oder Nikolas?* Oft genug fällt es werdenden Eltern schwer, sich auf einen Namen für ihr Kind zu einigen. Die Entscheidung für einen Vornamen ist eine der verantwortungsvollsten Aufgaben, die Eltern zu treffen haben, denn schließlich begleitet der Vorname jeden Menschen ein Leben lang.

Wie soll ein Name also sein, eher traditionell oder lieber ganz ausgefallen, lang oder doch kurz und prägnant? Dieses Vornamenbuch hilft Ihnen, die richtige Entscheidung zu treffen. Es verzeichnet über 5 000 Vornamen und ihre Herkunft aus den unterschiedlichsten Sprachen und Kulturen. Rund 80 zusätzliche Zusammenstellungen geben allgemeine Tipps (z.B. zum Klang, zu Doppelnamen oder zu Modenamen) und zeigen Namen gesondert nach ihrer Bedeutung (z.B. Namen mit der Bedeutung »fröhlich«), ihrer sprachlichen Herkunft (z.B. russische, biblische, französische Namen) sowie nach bekannten Namensträgern und -trägerinnen auf.

Gerade bei Namen aus fremden Sprachen ist es wichtig, sich über die richtige Aussprache im Klaren zu sein. Dazu dienen die Betonungsangaben im Stichwort: Ein Strich oder Punkt unter einem Vokal bedeutet, dass die entsprechende Silbe betont wird, wobei der Punkt für einen kurzen und der Strich für einen langen Vokal steht. Wo sich die richtige Lautung von den deutschen Ausspracheregeln unterscheidet, wurden nach dem Zeichensystem der IPA (International Phonetic Association) Ausspracheangaben (Seite 4) ergänzt. Da diese Zeichen nicht für jedermann verständlich sind, wurde immer dann darauf verzichtet, wenn sich die korrekte Lautung nur dadurch von der deutschen unterscheidet, dass ein Endungs-e nicht ausgesprochen wird, wie bei zahlreichen englischen und vor allem französischen Namen (z.B. Adrienne, Étienne, Martine), oder bei Namen auf -ney, die nicht [...naɪ ], sondern [...nɪ ] (z.B. Rodney, Britney) ausgesprochen werden. In diesen Fällen ist nur die richtige Betonung im Stichwort angegeben. Im Falle von Schreibvarianten findet sich die richtige Aussprache bei dem Haupteintrag, auf den verwiesen wird.

*Berlin, im Juli 2019*
Die Dudenredaktion

## Angaben zu Betonung und Aussprache

### Vokale

a = helles a, dt. Bl*a*tt
ɑ = dunkles a, dt. w*a*r, engl. r*a*ther
ɐ = abgeschwächtes a, dt. Ob*er*
ã = nasaliertes a, französ. gr*an*d
ʌ = dumpfes a, engl. b*u*t
æ = breites ä, dt. *Ä*ther
e = geschlossenes e, dt. B*ee*t, engl. *e*gg
ɛ = offenes e, dt. B*e*tt, f*e*tt
ə = dumpfes e, dt. all*e*, Hack*e*
ɛ̃ = nasaliertes e, französ. f*in*, v*in*
i = geschlossenes i, dt. W*ie*se
ɪ = offenes i, dt. b*i*n, m*i*t, b*i*tte
o = geschlossenes o, dt. T*o*r, S*o*hle
ɔ = offenes o, dt. K*o*pf, *O*rt
õ = nasaliertes o, französ. m*on*, n*om*bre
œ = offenes ö, dt. H*ö*lle, *ö*fter
ø = geschlossenes ö, dt. H*ö*hle, sch*ö*n
u = geschlossenes u, dt. M*u*t, *U*hr
ʊ = offenes u, dt. b*u*nt
w = halbvokalisches w, engl. *w*ell, *w*ay
y = geschlossenes ü, dt. am*ü*sieren
ɥ = konsonantisches ü, französ. S*u*isse, h*u*ile

### Konsonanten

ç = deutscher Ich-Laut, dt. i*ch*, Gewi*ch*t
ŋ = deutscher ng-Laut, dt. Ha*ng*, Di*ng*
ɣ = ähnlich dem deutschen g-Laut, aber weicher, fast wie das Zäpfchen-r, jedoch ohne Schwingung
s = stimmloses s, dt. la*ss*en, Li*s*te
z = stimmhaftes s; dt. *S*onne, le*s*en
ʃ = stimmloses sch, dt. *Sch*uh, Fi*sch*
ʒ = stimmhaftes sch, dt. Gara*g*e, *G*enie, französ. *j*our
θ = stimmloses englisches th, engl. *th*ing
ð = stimmhaftes englisches th, engl. *th*e, *th*at
v = stimmhaftes w, dt. *W*ald, *W*ein
x = deutscher Ach-Laut, dt. Kra*ch*, A*ch*tung

### Weitere Zeichen

ˈ = bezeichnet Betonung und steht vor der betonten Silbe
ː = bezeichnet Länge des vorhergehenden Vokals
̯ = unter Vokalen, gibt an, dass der Vokal unsilbisch ist

## Abkürzungsverzeichnis

Nicht verzeichnet finden sich all jene Abkürzungen für Sprachbezeichnungen, bei denen nur »-isch« zu ergänzen ist, z. B. *engl.* für *englisch*.

| | |
|---|---|
| ahd. | althochdeutsch |
| aram. | aramäisch |
| eigtl. | eigentlich |
| evtl. | eventuell |
| hebr. | hebräisch |
| lat. | lateinisch |
| lit. | litauisch |
| männl. | männlich |
| mhd. | mittelhochdeutsch |
| mittellat. | mittellateinisch |
| n. Chr. | nach Christus |
| neuhebr. | neuhebräisch |
| niederdt. | niederdeutsch |
| v. Chr. | vor Christus |
| vgl. | vergleiche |
| Vorn. | Vorname |
| weibl. | weiblich |
| > | entwickelt zu |
| < | entwickelt aus |

## Hier finden Sie allgemeine Tipps zur Namengebung:


| | |
|---|---|
| Wie entstehen Modenamen? | Seite 74 |
| Name und Persönlichkeit | Seite 89 |
| Klang und Namen | Seiten 108/109 und 234/235 |
| Ausgefallene oder beliebte Namen? | Seite 142 |
| Ein oder mehrere Namen? | Seite 171 |
| Vornamen für Zwillinge | Seite 273 |
| Angleichung von Mädchen- und Jungennamen | Seite 287 |
| Rechtliche Hinweise | hintere Klappe |

# Namen für Mädchen

# A

**Abelia:** aus dem Spanischen, weibliche Form von Abel: zu hebr. hebel »Hauch, Vergänglichkeit«, als Anspielung auf Abels vorzeitigen Tod. Nach der Bibel war Abel der zweite Sohn Adams, der von seinem Bruder Kain erschlagen wurde.

**Abelina:** Erweiterung von Abel(a), einer älteren niederdeutschen Kurzform von ▸Apollonia, ▸Alberta oder von einem alten weibl. Vorn., der aus altsächs. aval »Kraft« gebildet wurde.

**Abigail,** (überkonfessionelle Form:) Abigajil: aus der Bibel, hebr. 'abīgayil »der Vater hat sich gefreut«.

**[1]Ada,** (auch:) Adda: Kurzform von Namen, die mit »Adel-« gebildet sind, gewöhnlich von ▸Adelheid, auch spanisch, italienisch und englisch [ˈeɪdə].

**[2]Ada:** aus der Bibel, hebräischer Ursprung, Bedeutung etwa »der Herr hat geschmückt«.

**Adela:** Nebenform von ▸Adele, auch spanisch.

**Adelaide:** eingedeutschte Form des französischen Namens Adélaïde [adelaˈid], der dem deutschen Namen ▸Adelheid entspricht.

**Adele:** Eindeutschung von französ. Adèle [aˈdɛl], Kurzform von Adélaïde (▸Adelheid).

**Adelheid:** alter deutscher Vorname, zu ahd. adal »edel, vornehm; Abstammung, [edles] Geschlecht« + ahd. heit, dem germanisch *haidu- »Art und Weise, Gestalt« zugrunde liegt; etwa »von edler Art, edlem Wesen«.

**Adelia:** Weiterbildung von ▸Adele, auch italienisch.

**Adeline,** (auch:) Adelina: Weiterbildung von ▸Adele. Französ. Aussprache: [adˈlin].

**Adeltraud,** (auch:) Adeltrud; Edeltraud; Edeltrud; Altraud; Altrud: alter deutscher Vorname, ahd. adal »edel, vornehm; Abstammung, [edles] Geschlecht« + german.

A

*þrūþi »Kraft, Stärke«, in althochdeutscher Zeit umgedeutet zu trūt »vertraut, lieb«.

**Adila:** weibliche Form des arab. Vornamens Adil (arab. 'ādil »gerecht« zu arab. 'ādala »gerecht handeln«). Türk. Form: Adile.

**Adina:** Weiterbildung von ▸ [1]Ada oder ▸ [2]Ada.

**Adriana,** (auch:) Adriane: weibl. Form von Adrian: zu lat. [H]adriānus »der aus der Stadt [H]adria«. Der Beiname des Kaisers Publius Aelius Hadrianus geht nach antiker Tradition auf den Herkunftsort seiner Eltern, Hadria, heute Atri, Provinz Teramo, zurück.

**Adrienne** [adriˈɛn]: französische Form von ▸ Adriana.

**Aenne:** ▸ Änne.

**Agata:** Schreibvariante von ▸ Agatha, auch italienisch [ˈagata].

**Agatha:** zu griech. agathós, -ḗ, -ón »gut«, auch englisch [ˈægəθə].

**Agathe:** deutsche Form von ▸ Agatha.

**Agda:** schwedische und dänische Form von ▸ Agathe.

**Aglaia,** (auch:) Aglaja; Aglaë: zu griech. aglaós »glänzend, prächtig«.

**Agnes:** vulgärlateinischer Ursprung, nach griech. hagnós, -ḗ, -ón »keusch, rein; hehr; geheiligt« mit einem falschen Nominativ gebildet; aufgrund der Klangähnlichkeit an lat. agnus »Lamm« angelehnt.

**Agneta,** (auch:) Agnete; Agnetha: Weiterbildung von ▸ Agnes.

**Aida:** geht zurück auf die Gestalt der äthiopischen Sklavin in G. Verdis Oper »Aida«. Der Name wurde von dem Autor der Vorlage, Auguste Mariette, vielleicht nach dem altägyptischen Namen 'Iiti geschaffen.

**Aike:** ▸ Eike.

**Aiko:** zu japan. ai »Liebe« + japan. ko »Kind«.

**Aila:** ▸ Eila.

**Aileen,** (auch:) Ayleen [eɪˈliːn]: aus dem Englischen, Schreibvariante von ▸ Eileen.

**Ailina,** an die deutsche Schreibweise angepasste Erweiterung von ▸ Aileen.

**Aimée** [ɛˈme]: weibl. Form von französisch Aimé (»geliebt«).

**[1]Aina:** katalanische und estnische Variante von ▸ Anna.

**[2]Aina:** aus dem Lettischen, zu lett. aina »Bild (im übertragenen Sinn)«.

**Aischa:** zu arab. ʻāʼischa »lebendig, wohlauf«.

**Akila,** (auch:) Akilah: aus Kenia und Tansania; geht zurück auf Suaheli »intelligent« (zu arab. ʻāqil »intelligent«).

**Alamea:** hawaiische Herkunft, bedeutet »kostbar«.

**Alana:** weibl. Form von Alan: aus dem Englischen [əˈlɑ:nə], keltischer (bretonischer) Ursprung, vielleicht zu al- »Fels«, kam durch die normannischen Eroberer nach England.

**Alanis:** weibl. Bildung zu Alan (▸ Alana).

**Alannah:** englische Schreibvariante von ▸ Alana, die wohl unter dem Einfluss biblischer Namen wie ▸ Hannah, ▸ Sarah entstanden ist.

**Alara:** türkische Herkunft, nach dem gleichnamigen Fluss im türkischen Taurusgebirge.

**Alba:** zu lat. albus, -a, -um »weiß«.

**Alberta,** (auch:) Alberte: weibl. Form von Albert, einer jüngeren Form von Adalbert: alter deutscher Vorname, ahd. adal »edel, vornehm; Abstammung, [edles] Geschlecht« + ahd. beraht »glänzend«; etwa »von glänzender Abstammung«.

**Albertina,** (auch:) Albertine: weibl. Form von Albert (▸ Alberta).

**Alda:** verselbstständigte italienische Kurzform von Namen, die mit »Alde-« gebildet wurden (z. B. Aldegund), zu ahd. alt »alt, erfahren« oder ahd. adal »edel, vornehm; Abstammung, [edles] Geschlecht«.

**Alea:** verselbstständigte friesische Kurzform von Namen, die mit »Adel-« gebildet sind (z. B. ▸ Adelheid).

**Aleka,** (auch:) Aleke; Alika; Alike: niederdeutsche Koseform von Namen, die mit »Adel-« gebildet sind, besonders von ▸ Adelheid.

**[1]Alena,** (deutsch auch:) Alene: tschechische Kurzform von ▸ Magdalena. Tschech. Betonung: Alena.

**[2]Alena:** russische Kurzform von ▸ Alexandra oder ▸ Jelena.

**Alenka:** Koseform von ▸ [1]Alena oder ▸ [2]Alena.

**Alessa:** aus dem Italienischen, Kurzform von Alessandra (▸ Alexandra).

**Alessandra:** italienische Form von ▸ Alexandra.

**Alessia:** weibl. Form von Alessio, der italienischen Form von Alexis (▸ Alexis).

**Alexa:** Kurzform von ▸ Alexandra.

**Alexandra:** weibl. Form von Alexander: lateinische Form von griech. Aléxandros (zu aléxō »abwehren, schützen, vertei-

A

## Die schönsten norddeutschen Mädchennamen

Antje * Eilika * Frauke * Gesina * Hilke * Ilka * Imke * Janna * Kerstin * Maike * Nele * Sirke * Sünje * Telsa

digen« + anḗr, andrós »Mann«; etwa »der Männer Abwehrende, Schützer«).

**Alexandrine,** (auch:) Alexandrina: weibl. Form von Alexander (▸ Alexandra).

**Alexia:** Kurzform von ▸ Alexandra oder weibl. Form des männl. Vornamens Alexis (▸ Alexis).

**Alexis:** identisch mit dem männl. Vornamen Alexis: griechischer Ursprung, verselbstständigte Kurzform von Namen, die mit »Alex-« (zu griech. aléxō »abwehren, schützen, verteidigen«) gebildet sind.

**Alfa:** weibl. Form von Alf, einer Kurzform von Namen, die mit »Alf-« beginnen, besonders von Alfred (▸ Alfreda).

**Alfreda,** (auch:) Alfrede: weibliche Form des aus dem Englischen übernommenen Vornamens Alfred (altengl. Ælfred, zu altengl. ælf »Elf, Naturgeist« + altengl. rǣd »Rat«).

**Alice:** geht zurück auf Adaliz, Aliz, die altfranzösischen Kurzformen von ▸ Adelheid.

**Alicia:** Latinisierung, englische und spanische Form von ▸ Alice.

[1]**Alida,** (auch:) Alide; Alita: niederdeutsch-friesische Kurzformen von ▸ Adelheid.

[2]**Alida:** verselbstständigte italienische Kurzform von germanischen Namen, die mit adal »edel, vornehm; Abstammung, [edles] Geschlecht« zusammengesetzt wurden.

**Alieke:** niederländische Koseform von ▸ Adelheid.

**Alija:** ▸ Aliya.

**Alina:** polnische und tschechische [Alina] Kurzform von Adelina (▸ Adeline), auch deutsche Variante von ▸ Aline.

**Aline:** aus dem Französischen [aˈlin], Kurzform von Adeline, einer Weiterbildung von ▸ Adele.

**Alisa:** niederländische Nebenform von ▸ Alice.

**Alise** [ˈalise]: lettische Form von ▸ Alice.

**Alisha** [əˈlɪʃə]: aus dem Englischen, phonetische Schreibweise von engl. Alicia, ▸ Alice.

**Alison,** (auch:) Allison, Allyson [ˈælɪsn]: aus dem Englischen, ursprünglich französische Koseform von ▸ Alice.

**Alissa:** niederländische, englische [əˈlɪsə] oder russische Nebenform von ▸ Alice.

**Aliya,** (auch:) Aliyah; Aaliyah; Alija: zu arab. ʻalīa »die Hohe, Erhabene, Ausgezeichnete«.

**Aliza,** (auch:) Alizah [aliˈza:]: zu neuhebr. ʻalizā »die Fröhliche«.

**Alizée** [aliˈze]: zu französ. alizé »Passatwind«.

**Alja,** (auch:) Alia: russische Kurzform von ▸ Alexandra.

**Aljona:** russische Koseform von ▸ Alexandra oder Jelena (▸ Helene).

**Alke,** (auch:) Alka: niederdeutsche Koseform von Namen, die mit »A(de)l-« gebildet sind, besonders von ▸ Adelheid.

**Allegra:** zu italien. allegro, -a »fröhlich, lebhaft, munter«.

**Allison:** ▸ Alison.

**Allmut:** ▸ Almut.

**Ally,** (auch:) Alli: Koseform von Alla, einer ostfriesischen und niederländischen Kurzform von Namen, die mit »A(de)l-« gebildet sind.

**Allyson:** ▸ Alison.

**¹Alma:** aus dem Italienischen, zu lat. almus, -a, -um »nährend, Segen spendend, fruchtbar«.

**²Alma:** verselbstständigte Kurzform von Namen, die mit »Amal-« gebildet wurden (z. B. Amalberga, Amalgunde).

**Almas:** persische Herkunft, pers. almās »Diamant«.

**Almira:** Variante von ▸ Elmira.

**Almut,** (auch:) Almute; Almuth; Allmut: jüngere Form von Adelmut; ahd. adal »edel, vornehm; Abstammung, [edles] Geschlecht« + ahd. muot »Sinn, Gemüt, Geist«; etwa »von edlem Sinn«.

**Aloisa,** (auch:) Aloise; Aloysa; Aloisia; Aloysia: weibl. Form von Alois, dem eine altfranzösische Form von Ludwig (▸ Ludovica) zugrunde liegt.

**Alva:** schwedische oder englische [ˈælvə] Herkunft, weibliche Form von Alf (▸ Alfa) oder Alvar: Bestandteile entspre-

A

## Die schönsten Mädchennamen aus der römischen Geschichte

Adriana * Antonia * Aurelia * Camilla * Celia * Claudia * Cornelia * Eliana * Emilia * Flavia * Julia * Lavinia * Lelia * Livia * Lucia * Lucilla * Marcia * Marina * Terzia * Valeria

chen ahd. alb »Elf, Naturgeist« + ahd. heri »Heer, Heerführer, Krieger«.

**[1]Alvina:** weibl. Form von Alvin: aus dem Englischen, geht zurück auf altengl. Æðelwine oder Ælfwine zu altengl. æðel »edel« bzw. ælf »Elf, Naturgeist« + altengl. wine »Freund«.

**[2]Alvina:** Nebenform von ▸ Alwine.

**Alwine,** (auch:) Alwina: weibl. Form von Alwin, einer jüngeren Form von Albwin (ahd. alb »Elf, Naturgeist« + ahd. wini »Freund«) oder von Adalwin (ahd. adal »edel, vornehm; Abstammung, [edles] Geschlecht«.

**Amalie,** (auch:) Amalia; Amelie: verselbstständigte Kurzform von Namen, die mit »Amal-« gebildet wurden (z. B. Amalberga, Amalgund). Der Namenbestandteil »Amal-« ist kennzeichnend für das ostgotische Königsgeschlecht der Amaler oder Amelungen; vgl. got. *amals »tüchtig, tapfer«.

**Amancaya:** geht zurück auf den Namen einer Blume in der Sprache der Quechua-Indianer.

**Amanda:** weibl. Form von Amandus: zu lat. amandus, -a, -um »liebenswürdig, lieblich«, zu amāre »lieben«.

**Amaranta:** aus griech. amárantos »unverwelkbar, unvergänglich«, zu maraínō »lösche aus, vernichte«; eigentlich ein Blumenname: Amarant »Gartenfuchsschwanz«.

**Amaryllis:** Name einer Hirtin in der altgriechischen und lateinischen Hirtendichtung, im 18. Jh. auf die gleichnamige exotische Zierpflanze übertragen.

**Amata:** zu lat. amātus, -a, -um »geliebt«, zu amāre »lieben«.

**Amber:** zu engl. amber »Bernstein«; engl. Aussprache [ˈæmbə].

**Ambra:** zu italien. ambra »Bernstein«.

**Amei:** oberdeutsche Kurzform von ▸ Annemarie.

**Amelia,** (auch:) Amelie: geht wahrscheinlich zurück auf den römischen Geschlechternamen Amelius (wohl etruskische Herkunft). Gelegentlich wird Amelia auch als Nebenform von ▸ Amalie empfunden.

**Amelie:** Nebenform von ▸ Amalie.

**Amélie:** französische Form von ▸ Amelia oder ▸ Amalie.

**Amely** [ˈæməlɪ]: englische Form von ▸ Amelia oder ▸ Amalie.

**Ämilia:** ▸ Emilie.

[1]**Amina:** arabischer Ursprung, weibl. Form von Amin: zu arab. al amīn »der Vertrauenswürdige«, Beiname des Propheten Mohammed.

[2]**Amina:** zu arab. amina »sicher sein, sich sicher fühlen«.

[3]**Amina:** verselbstständigte Kurzform von Namen, die mit »Amal-« gebildet wurden (vgl. ▸ Amalie, ▸ Amke).

**Amira:** zu arab. amīra »Herrin, Prinzessin«.

**Amita:** aus Indien, zu sanskrit. amitā »grenzenlos«.

**Amke:** verselbstständigte niederdeutsch-friesische Koseform von Namen, die mit »Amal-« gebildet wurden, ▸ Amalie.

**Amöna:** lateinischer Ursprung, zu lat. amoenus, -a, -um »anmutig, lieblich, reizend«.

[1]**Amra:** arabische Herkunft (zu arab. ʼamara »lange leben«).

[2]**Amra:** literarische Herkunft, gebildet aus den Anfangsbuchstaben von ▸ Anna, ▸ Margarete, ▸ Rosa und ▸ Amalie, ist der Rufname einer Gestalt aus der Erzählung »Luischen« (1900) von Thomas Mann.

**Amrei:** ursprünglich süddeutsche Kurzform von ▸ Annemarie.

**Amrit,** (auch:) Amrita: identisch mit bzw. weibl. Form zu dem männl. Vornamen Amrit: zu sanskrit. amṛta »unsterblich«.

**Amy** [ˈeɪmɪ]: aus dem Englischen, geht zurück auf altfranzös. amée »geliebt« , vgl. ▸ Aimée, ▸ Amata.

**Ana:** spanische, aber auch bulgarische, serbische, kroatische Form von ▸ Anna.

**Anabel:** Nebenform von ▸ Annabella; auch spanische Doppelform aus ▸ Ana und ▸ Isabel. Spanische Betonung: Anabẹl.

## Die schönsten Namen von Sängerinnen

Adele * Alanis Morissette * Alicia Keys * Amy Winehouse * Billie Holiday * Bonnie Tyler * Christina Aguilera * Diana Krall * Edith Piaf * Ella Fitzgerald * Emmylou Harris * Florence Welch * Gianna Nannini * Janis Joplin * Katy Perry * Kylie Minogue * Miriam Makeba * Nelly Furtado * Norah Jones * Romina Power * Sarah Connor * Sheryl Crow * Shirley Bassey * Tracy Chapman

**Anaëlle** [ana'ɛl]: Koseform von ▸ Anna.

**Anaïs:** aus dem Französischen, wird als Weiterbildung von ▸ Anna aufgefasst.

**Ananda:** weibl. Form von Anand: aus Indien, zu sanskrit. ānanda »Glück, Freude«.

**Anastasia:** zu griech. anástasis »Auferstehung«.

**Andina,** (auch:) Andine: Nebenform von ▸ Antina oder weibl. Bildung zu Andreas (zu griech. anḗr, andrós »Mann«).

**Andra:** Kurzform von ▸ Alexandra oder Nebenform von ▸ Andrea.

**Andrea:** weibl. Form von Andreas: griechischer Ursprung, verselbstständigte Kurzform von Namen, die mit »Andr-« (zu griech. anḗr, andrós »Mann«) gebildet sind.

**Andreana:** weibl. Form des im Italienischen männl. Vornamens Andrea, der italienischen Form von Andreas (▸ Andrea).

**Andrée** [ã'dre], (deutsch auch:) Andree: französische Form von ▸ Andrea.

**Andreina:** weibl. Form des im Italienischen männl. Vornamens Andrea, der italienischen Form von Andreas (▸ Andrea).

## Die schönsten langen Mädchennamen

Alexandra * Alexandrina * Angelika * Angelina * Berenike * Dominika * Donatella * Esmeralda * Felizitas * Katharina * Magdalena * Margarita * Maximiliane * Nicolina * Penelope * Teresina * Valentina

**Andrina:** niederländische und englische [ænˈdri:nə] Erweiterung von ▸ Andrea.

**Anette,** (auch:) Anett: Schreibvariante von ▸ Annette.

**Angel** [ˈeɪndʒəl]: identisch mit dem männl. Vornamen Angel, der englischen Form von Angelos: zu griech. ángelos »Bote, Bote Gottes, Engel«.

**Angela,** (auch:) Angela: zu lat. angelus »Engel« aus griech. ángelos »Bote; Bote Gottes, Engel«, auch englisch [ˈændʒɪlə] und italienisch [ˈandʒela].

**Angèle** [ãˈʒɛl]: französische Form von ▸ Angela.

**Angelika,** (auch:) Angelica: zu lat. angelicus, -a, -um, griech. angelikós »zum Engel gehörend, engelhaft«, Ableitung von ángelos »Bote; Bote Gottes, Engel«.

**Angelina,** (auch:) Angeline: Koseform von ▸ Angela, ursprünglich italienisch [andʒeˈli:na].

**Angélique** [ãʒeˈlik]: französische Form von ▸ Angelika.

**Angie** [ˈændʒɪ]: englische Koseform von ▸ Angela.

**Anica** [ˈanitsa]: slowenische, kroatische, bulgarische, makedonische Koseform von ▸ Anna.

**Aniela:** polnische Form von ▸ Angela.

**Anika:** ▸ Annika.

**Anima:** zu lat. anima »Seele, Lebenskraft, Atem«.

[1]**Anissa:** russische umgangssprachliche Form von Anissija, zu griech. ánysis »Erfüllung, Vollendung«.

[2]**Anissa:** niederländische Erweiterung von ▸ Anna.

[3]**Anissa:** zu arab. anīssa »die Freundliche, die Höfliche«.

**Anita:** spanische Koseform von ▸ Anna oder Kurzform von Juanita (▸ Johanna).

**Ani̱tra:** geht zurück auf eine arabische Sklavin in Henrik Ibsens dramatischem Gedicht »Peer Gynt« (1867). Der Name wurde wohl von Ibsen selbst geprägt.

**Ạnja:** russische Form von ▸ Anna.

**Anjuli,** (auch:) Anjulie [ˈandʒuli]: eigentlich indische Bezeichnung für die zum Gruß und zum Trinken aneinandergelegten Hände. Der Vorname wurde in Deutschland bekannt durch die Anjuli in Mary M. Kayes Roman »Palast der Winde« (deutsche Übersetzung 1979).

**Anju̱ta:** russische Koseform von ▸ Anna.

**Ạnka:** niederdeutsche oder polnische (auch bulgarische, slowenische) Koseform von ▸ Anna.

**Ạnke:** niederdeutsch-friesische Koseform von ▸ Anna.

**Ạnn:** ▸ Anna, auch englisch [æn]. Häufig Bestandteil von Doppelformen wie z. B. Annchristi̱n oder Ạnnkat(h)rin.

**Ạnna:** zu hebr. hannā »Anmut, Liebreiz«. Anna hieß nach der christlichen Überlieferung die Mutter Marias. Anna ist häufig Bestandteil von Doppelformen wie z. B. Annakat(h)ri̱n.

**Annabẹlla,** (auch:) Annabẹll; Annabẹl; Ạnabel: entweder Doppelform aus ▸ Anna und ▸ Bella oder Umgestaltung des weibl. Vornamens Amabel (lat. amābilis, -e »liebenswert«, vgl. ▸ Mabel) zu Anabel und weiter zu Annabella.

**Ạnne:** Nebenform von ▸ Anna. Anne ist häufig Bestandteil von Doppelformen wie z. B. ▸ Annemarie.

**Ạ̈nne,** (auch:) Aenne: Nebenform von ▸ Anna.

**Ạnneke:** niederdeutsche Koseform von ▸ Anna.

**Ạnneli,** (auch:) Ạnnelie; Ạnnely: süddeutsche Koseform von ▸ Anna.

**Ạnnemarie,** (auch:) Annemari̱a: Doppelform aus ▸ Anne und ▸ Maria.

**Ạnnemie:** Koseform von ▸ Annemarie.

**Annẹtte,** (auch:) Annẹtt; Anẹtte; Anẹtt: aus dem Französischen, Koseform von ▸ Anna.

**Ạnni:** Koseform von ▸ Anna.

**Annịck:** französische Schreibung von Annaig, einer bretonischen Ableitung von ▸ Anna.

**[1]Ạnnie:** Nebenform von ▸ Anni.

**[2]Annie:** französische [aˈnɪ] und englische [ˈænɪ] Koseform von ▸ Anna.

**Ạnnika,** (auch:) Ạnnike: niederdeutsche und schwedische Koseform von ▸ Anna.

**Annina:** Weiterbildung von ▸ Anna; auch italienisch.

**Anny:** Schreibvariante von ▸ Anni oder von ▸ ²Annie.

**Anouk** [aˈnuk]: aus dem Französischen, Koseform von ▸ Annick.

**Anthea:** zu griech. ántheios »blütenreich«.

**Antina,** (auch:) Antine; Andina; Andine: ostfriesische und niederländische Erweiterung von ▸ Anna.

**Antje,** (auch:) Antja: friesische und niederländische Koseform von ▸ Anna.

**Antoinette** [ãtwaˈnɛt]: aus dem Französischen, Koseform von französ. Antoine (▸ Antonia).

**Antonella:** italienische Koseform von ▸ Antonia.

**Antonetta:** italienische Koseform von ▸ Antonia.

**Antonia,** (auch:) Antonie: weibl. Form von Anton(ius): lateinischer Ursprung, geht zurück auf einen altrömischen Geschlechternamen.

**Antonietta:** italienische Koseform von ▸ Antonia.

**Antonina:** weibl. Form von Antonino: aus dem Italienischen, geht zurück auf den römischen Geschlechternamen Antoninus.

**Anuk:** eindeutschende Schreibweise von ▸ Anouk.

**Anuschka:** russische Koseform von ▸ Anna, auch eindeutschende Schreibung von ung. Annuska.

**Apollonia,** (auch:) Apollonie: weibl. Form von lat. Apollōnius, griech. Apollṓnios (zum griechischen Götternamen Apóllōn).

**April** [ˈeɪprəl]: aus dem Englischen, geht zurück auf den gleichlautenden Monatsnamen.

**Arabella,** (auch:) Arabelle: wahrscheinlich schottische Herkunft, vielleicht Nebenform von ▸ Annabella.

**Arantxa** [aˈrantʃa]: baskische Herkunft, Koseform des weibl. Vornamens Arántzazu, der auf das gleichnamige Marienheiligtum im Baskenland zurückgeht.

**Ardita:** zu italien. ardito, -a »kühn, wagemutig«.

**Aria:** niederländische Kurzform von ▸ Adriana.

**Ariadne,** (auch:) Ariadna: aus der griechischen Mythologie, vorgriechischer Ursprung, griechisch volksetymologisch als ari [verstärkende Vorsilbe] + hagnḗ »die Heilige« gedeutet. Ariadne war der Name der Tochter des Königs Minos von Kreta. Nach der griechischen Sage gab Ariadne Theseus, den sie liebte, ein Wollknäuel, mit dem er nach seinem Kampf mit dem Minotauros aus dem Labyrinth herausfand.

## Die schönsten süddeutschen Mädchennamen

Amei * Anneli * Christel * Fritzi * Gerti * Kati * Leni * Liesel * Loni * Marei * Rosi * Sanna * Trudi * Vreni * Vroni

**[1]Ariane,** (auch:) Ariana: weibl. Form von Arian, einer friesischen und niederländischen Nebenform von Adrian (▸ Adriana).

**[2]Ariane** [aˈrjan]: französische Form von ▸ Ariadne.

**Arianna:** italienische Form von ▸ Ariadne.

**Ariela:** weibl. Form von Ariel: hebräischer Ursprung, der noch nicht sicher geklärt ist (hebr. ʼarīʼēl »Löwe Gottes« oder »Altar-Herd«?).

**Arina:** niederländische Kurzform von ▸ Adriana oder russische Nebenform von ▸ Irina.

**Aris:** zu neuhebr. ʼerez »Zeder«.

**Arleen,** (auch:) Arlene; Arline; Arlyne: aus dem Englischen [ɑːˈliːn], vermutlich Neubildung aus ▸ Marlene oder Charlene (▸ Charleen).

**Arlette,** (auch:) Arlett: aus dem Französischen [arˈlɛt], geht vielleicht zurück auf die Kurzform eines mit german. *harja (vgl. ahd. heri »Kriegsschar, Heer«) gebildeten Namens.

**Armelle,** (auch:) Armella: weibl. Bildung zu dem französischen Vornamen Armel, dem Namen eines bretonischen Heiligen aus dem 6. Jh.

**Armina:** weibl. Form von Armin: geht zurück auf den Namen des Cheruskerfürsten Arminius, Kurzform zu einem mit german. *ermana, *irmina »allumfassend, groß« gebildeten Namen.

**Arnhild:** alter deutscher Vorname, zu ahd. arn »Adler« + ahd. hiltja »Kampf, Kriegerin«.

**Arnika:** latinisierende Koseform von Namen, die mit »Arn-« beginnen (▸ Arnhild), gleichlautend mit der Bezeichnung für die Heilpflanze.

**Artemis,** (auch:) Artemisia: aus der griechischen Mythologie. Artemis, Tochter des Zeus und Zwillingsschwester Apolls, war die Göttin der Jagd.

**Ashley** [ˈæʃlɪ]: identisch mit dem männl. Vornamen Ashley: aus dem Englischen, ursprünglich Orts- und Familienname, altengl. æsc-lēah »Eschenhain«.

**Aspasia:** zu griech. aspásios »willkommen; freudig«.

**Asta:** Kurzform von ▸Anastasia, ▸Astrid oder Augusta (▸Auguste).

**Astrid:** aus dem Nordischen, german. *ans- »Gottheit« + altnord. fríðr »schön«.

**Athanasia:** weibl. Form von Athanasius: zu griech. a-thánatos »unsterblich«.

**Athena,** (auch:) Athene: vorgriechischer Ursprung, geht zurück auf Athḗnē, die griechische Göttin der Weisheit, des Krieges und des Friedens, die Schutzherrin von Athen; Bedeutung unklar.

**Audrey** [ˈɔːdrɪ]: aus dem Englischen, geht zurück auf altenglisch Æðelþryð, zu altengl. æðel »edel« + þrȳð »Stärke, Macht«.

**Auguste,** (auch:) Augusta: weibl. Form von August: zu lat. augustus, -a, -um »heilig; ehrwürdig; erhaben«. Lat. Augustus war ehrender Beiname des ersten römischen Kaisers Gaius Octavianus, dem zu Ehren der achte Monat des Kalenderjahres benannt ist (lat. [mēnsis] Augustus).

**Augustine,** (auch:) Augustina: weibl. Form von Augustin(us): Weiterbildung von Augustus (▸Auguste).

**Aurelia,** (auch:) Aurelie: weibl. Form von Aurel(ius): lateinischer Ursprung, geht zurück auf einen altrömischen Geschlechternamen vorrömischer Herkunft.

**Aurica,** (auch:) Aurika: zu rumän. aur aus lat. aurum »Gold«.

**Aurora,** (auch:) Aurore: zu lat. Aurōra »[Göttin der] Morgenröte«.

**Ava:** germanische Herkunft, Ausgangsform ungeklärt, vielleicht zu altsächs. aval »Kraft«. Engl. Aussprache: [ˈɑːvə], [ˈeɪvə].

**Avery** [ˈeɪvrɪ]: identisch mit dem männl. Vornamen Avery: ursprünglich ein englischer Familienname, der auf eine mittelalterliche Form von Alfred (▸Alfa) zurückgeht.

**Axinja,** (auch:) Axinia: russische und ukrainische Herkunft, volkstümliche Form von ▸Xenia.

**Ayla:** türkische Herkunft, Bedeutung »Lichtkranz«.
**Ayleen:** ▸ Aileen, ▸ Eileen.
**Ayline,** (auch:) Aylina; Aylin: ▸ Ailina.
**Ayşe** [aɪˈʃɛ]: türkische Form von ▸ Aischa.
**Azra** [azˈraː]: zu arab. ʻazrā »Jungfrau«.



# B

**Babette,** (auch:) Babett: aus dem Französischen [baˈbɛt] übernommene Koseform von ▸ Barbara oder ▸ Elisabeth.
**Barbara:** zu lat. barbarus, -a, -um »fremd, ausländisch, barbarisch« aus gleichbedeutend griech. bárbaros.
**Bärbel:** Koseform von ▸ Barbara.
**Barbra:** norwegische, niederländische und englische [ˈbɑːbrə] Nebenform von ▸ Barbara.
**Barbro:** schwedische und norwegische Form von ▸ Barbara.
**Basma:** arabische Herkunft (arab. basma »Lächeln«).
**Bastienne** [bastˈjɛn]: weibl. Form von Bastien, französ. Kurzform von Sebastian (zu griech. sebastós »erhaben« oder zu griech. Sebastianós »Mann aus Sebaste«).
**Batseba,** (auch:) Bathseba: aus der Bibel, zu hebr. batšebaʻ »Tochter der Fülle, des Glücks«.
**Batya,** (auch:) Batyah: zu neuhebr. batyāh »Tochter Gottes«.
**Bea:** Kurzform von ▸ Beate und ▸ Beatrix.
**Beate,** (auch:) Beata: zu lat. beātus, -a, -um »glücklich«.
**Beatrice** [beaˈtriːsə], italien. Aussprache: [beaˈtriːtʃe]: italienische Form von ▸ Beatrix.
**Beatrix,** (auch:) Beatrix: zu lat. beātus, -a, -um »glücklich«, Bedeutung etwa »die glücklich Machende«.
**Becky:** englische Koseform von ▸ Rebekka.
**Bele:** Kurzform – eigentlich Lallform aus der Kindersprache – von ▸ Elisabeth, selten auch von ▸ Sybille, ▸ Gabriele.
**Belina:** Erweiterung von ▸ Bele.

**Belinda,** (auch:) Belinde: aus dem Englischen [bɪˈlɪndə], erster Bestandteil vielleicht zu german. *badu- »Kampf«, der zweite entspricht ahd. lind »sanft, weich, mild«.

**¹Bella:** zu italien. bello, -a »schön«.

**²Bella:** Kurzform von ▸ Isabella.

**Benedetta:** italienische Form von ▸ Benedikta.

**Benedicta:** ▸ Benedikta.

**Bénédicte:** französische Form von ▸ Benedikta.

**Benedikta:** weibl. Form von Benedikt, zu lat. benedictus »gepriesen, gesegnet«.

**Benita:** spanische Form von ▸ Benedikta.

**Benja:** russische Koseform von ▸ Benedikta.

**Berenice:** Nebenform von ▸ Berenike.

**Bérénice** [bereˈnis]: französische Form von ▸ Berenike.

**Berenike,** (auch:) Berenice: makedonischer Ursprung, zu griech. Phereníkē »die Siegbringerin«.

**Bergit,** (auch:) Bergita: nordische Herkunft, Nebenform von ▸ Birgit.

**Berit,** (auch:) Berrit: nordische Herkunft, Nebenform von ▸ Birgit.

**Berna:** verselbstständigte Kurzform von Namen, die mit »Bern-« (german. *ber(a)nu- »Bär«) gebildet sind.

**Bernadette,** (auch:) Bernadett: aus dem Französischen [bɛrnaˈdɛt] übernommene weibl. Form von Bernard, der französischen und englischen Form von Bernhard (▸ Bernharda).

**Bernarda:** italienische und spanische Form von ▸ Bernharda.

**Bernharda:** weibl. Form von Bernhard: alter deutscher Vorname, zu german. *ber(a)nu- »Bär« + ahd. harti, herti »hart, kräftig, stark«.

**Berni:** Koseform von Namen, die mit »Bern-« beginnen (▸ Bernharda).

**Bernice** [ˈbəːnɪs]: englische Nebenform von ▸ Berenice.

**Berrit:** deutsche Schreibvariante von ▸ Berit, die unter dem Einfluss friesischer Namen wie ▸ Gerrit entstanden ist.

**Berta,** (älter auch:) Bertha: alter deutscher Vorname, zu ahd. beraht »glänzend«. Ursprünglich war Berta eine Kurzform von weiblichen Vornamen, die mit »Bert-« oder »-berta« gebildet wurden (z. B. Berthild oder Amalberta).

**Berti:** Koseform von Namen, die mit »Bert-« oder »-berta« gebildet sind.

**Bertina:** Kurzform von ▸ Albertina oder Erweiterung von ▸ Berta.

B

## Die schönsten englischen Mädchennamen

Amber * Amy * Becky * Charleen * Debbie * Eileen * Emily * Gillian * Helen * Hilary * Jane * Kate * Lily * Megan * Pamela * Sally

**Beryl,** (auch:) Beryll: aus dem Englischen ['bɛrɪl], geht zurück auf die englische Bezeichnung für den glashellen Halbedelstein Beryll.

**Bess:** englische Koseform von Elizabeth (▸ Elisabeth).

**Bessy,** (auch:) Bessie: englische Koseform von Elizabeth (▸ Elisabeth).

**Beta,** (auch:) Betha: Kurzform von ▸ Elisabeth.

**Beth** [bɛθ]: englische Kurzform von ▸ Elisabeth.

**Bethany** ['bɛθənɪ]: englische Herkunft, geht zurück auf das im Neuen Testament erwähnte Dorf Bethanien.

**Betina:** Erweiterung von ▸ Beta oder Schreibvariante von ▸ Bettina.

**Betsy:** englische Koseform von Elizabeth (▸ Elisabeth).

**Betta:** italienische Kurzform von Elisabetta (▸ Elisabeth).

**Bette:** Koseform von ▸ Elisabeth, auch englisch.

**Betti:** Koseform von ▸ Elisabeth.

**Bettina,** (deutsch auch:) Bettine: italienische Kurzform von Elisabettina, einer Weiterbildung von Elisabetta (▸ Elisabeth).

**Betty:** englische Koseform von Elizabeth (▸ Elisabeth).

**Beverley,** (auch:) Beverly: aus dem Englischen ['bɛvəlɪ], geht zurück auf den Ortsnamen Beverly in Yorkshire/England bzw. den davon abgeleiteten Familiennamen.

**Bianca,** (auch:) Bianka: zu italien. bianco, -a »weiß«, das aus dem Germanischen stammt, vgl. ahd., mhd. blanc »weiß, glänzend; schön«.

**Bibiana:** Variante von ▸ Viviana. Die Schreibung Bibiana beruht auf der griechischen Wiedergabe des lat. V durch B.

**Biggi,** (auch:) Bigi; Biggy: Koseform von ▸ Brigitte oder ▸ Birgit.

**Billie:** aus dem Englischen, als weibl. Vorname gebrauchte

Koseform von William, der englischen Form von Wilhelm: zu ahd. willio »Wille« + ahd. helm »Helm«.

**Bịrga,** (auch:) Bịrge: Kurzform von ▸ Birgit, ▸ Birgitta.

**Bịrgit,** (auch:) Bịrgitt; Bịrgid; Bẹrgit; Be̱rit: nordische Herkunft (▸ Birgitta).

**Birgịtta,** (auch:) Birgịtte: schwedische, norwegische, dänische Form von ▸ Brigitte.

**Bịrte,** (auch:) Bịrtha; Bịrthe: dänische Kurzform von ▸ Birgit.

**Bitja̱:** biblische Herkunft (hebr. bityāh, batyāh »Tochter Gottes«). Nach dem Alten Testament war Bitja die Tochter eines Pharao, doch deutet der Name eher auf jüdische Herkunft. Neuhebr. Formen: Bitya̱, Bithia̱, Bithia̱h.

**Blạnca:** ▸ Blanka.

**Blanche** [blã:ʃ]: zu französ. blanc, blanche »weiß«, das aus dem Germanischen stammt, vgl. ahd., mhd. blanc »weiß, glänzend; schön«.

**Blạnda:** zu lat. blandus, -a, -um »schmeichelnd; liebkosend; freundlich; reizend«.

**Blạnka,** (auch:) Blạnca: zu span. blanco, -a »weiß«, das aus dem Germanischen stammt, vgl. ahd., mhd. blanc »weiß, glänzend; schön«.

**Bo̱:** phonetische Schreibweise von Beau (französisch beau »schön«), in den USA als männl. und weibl. Vorname gebraucht, z.T. auch nach chinesisch bo »kostbar, wertvoll, unschätzbar«. Der Name ist durch die amerikanische Schauspielerin Bo Derek bekannt geworden.

**Bọbby,** (auch:) Bọbbie: englische Koseform von ▸ Roberta.

**Bogda̱na:** weibl. Form von Bogdan: aus dem Polnischen oder Russischen, bedeutet – wie auch Theodor – eigentlich »Gottesgeschenk«, zu urslaw. *bogъ »Gott« + dan, zu urslaw. *dati »geben«.

**Bọhdana:** weibl. Form von Bohdan, der tschechischen und slowakischen Form von Bogdan (▸ Bogdana).

**Boni̱ta:** vielleicht eine Erweiterung von Bona, zu lat. bonus, -a, -um »gut«, vielleicht aber auch eine Entlehnung des im 20. Jh. in den USA aufgekommenen Vornamens Bonita, zu span. bonito, -a »hübsch«.

**Bọnnie,** (auch:) Bọnny: zu engl., bes. schott. bonny »hübsch, nett«, auch »Liebling«.

**Brạnka:** serbische, kroatische oder slowenische Herkunft, weibl. Form von Branko, einer Kurzform von Branislav,

## Die schönsten Namen großer Forscherinnen

Ada Lovelace (Mathematikerin) * Cécile DeWitt-Morette (Physikerin) * Dian Fossey (Zoologin) * Emmy Noether (Mathematikerin) * Fabiola Gianotti (Physikerin) * Irène Joliot-Curie (Physikerin und Chemikerin) * Jane Goodall (Zoologin) * Marcella Carollo (Astrophysikerin) * Marie Curie (Chemikerin und Physikerin) * Rita Levi-Montalcini (Medizinerin und Neurobiologin) * Rosalind Franklin (Biochemikerin) * Ruby Payne-Scott (Astronomin)

zu urslaw. *borniti »[be]kämpfen« + urslaw. *slava »Ruhm, Ehre«.

**Brẹnda:** schottische/irische Herkunft, vielleicht Kurzform eines mit »Brand-« gebildeten Namens (vgl. ahd. brant »Brand«, dichterische Umschreibung für das Schwert). In Irland wird Brenda aufgefasst als weibl. Form von Brendan, der englischen Schreibweise des altirischen Namens Bréanainn (»Prinz«).

**Bridget** [ˈbrɪdʒət]: englische Form von ▸ Brigitte.

**Brịgida:** latinisierte Form von ▸ Brigitte.

**Brigịtte,** (auch:) Brigịtt; Brigịtta: zu urkeltisch *briganti »der/die Hohe, Erhabene«. Brigantia war der Name einer altirischen Lichtgottheit, und viele ihrer Attribute wurden in die Legende über die heilige Brigitta von Kildare, die Nationalheilige Irlands, übernommen. Mit Brigitte identisch ist der nordische Vorname ▸ Birgitta, der gleichfalls auf den Namen der irischen Heiligen zurückgeht.

**Brịnja:** Herkunft und Bedeutung unbekannt.

**Brịt,** (auch:) Brịtt: aus dem Schwedischen, Kurzform von ▸ Birgit, ▸ Birgitta.

**Brịtney,** (auch:) Brịttney: aus dem Englischen [ˈbrɪtnɪ], Nebenform von ▸ Brittany.

**Brịtta,** (auch:) Bri̱ta: aus dem Schwedischen, Kurzform von ▸ Birgitta.

**Brittany** [ˈbrɪtənɪ]: englische Herkunft, hervorgegangen aus »Britannia«, der symbolischen Verkörperung von Großbritannien.

**Brọnja,** (auch:) Brọnia: polnische Herkunft, Kurzform von Bronisława, zu urslaw. *borniti »[be]kämpfen« + urslaw. *slava »Ruhm, Ehre«.

**Brooke,** (auch:) Brook [brʊk]: ursprünglich englischer Orts- bzw. Familienname, zu engl. brook »Bach«.

**Bru̱na:** Kurzform von ▸ Brunhild oder weibl. Form von ▸ Bruno.

**Bru̱nhild,** (auch:) Brụnhild; Brunhịlde; Brü̱nhild; Brụ̈nhild; Brünhịlde: alter deutscher Vorname, zu ahd. brunnia »Brünne, Brustpanzer« + ahd. hiltja »Kampf, Kriegerin«.

# C

**Cäci̱lie,** (auch:) Cäci̱lia; Cäzi̱lia; Ceci̱lie; Ceci̱lia; Zäzi̱lie; Zäzi̱lia: lateinischer Ursprung. Lat. Caecilia ist die weibl. Form zu dem altrömischen Geschlechternamen Caecilius, der vielleicht etruskischen Ursprungs ist und später volksetymologisch zu lat. caecus, -a, -um »blind« gestellt wurde.

**Caitlín,** (auch:) Caitlin [ˈkætliːn]: aus altfranzös. Catheline entstandene irische Form von ▸ Katharina.

**Ca̱ja:** ▸ Kaja.

**Cameron** [ˈkæmərən]: identisch mit dem männl. Vornamen Cameron, der auf einen schottischen Familiennamen zurückgeht. So heißt einer der großen Clans in den Highlands, zu gäl. cam shron »gekrümmte Nase«.

**Camịlla,** (auch:) Kamịlla: weibl. Form von Camillus: lateinische Herkunft; Camillus war der Beiname des altrömischen Geschlechts der Furii und wird in Verbindung gebracht mit den camillī, edelgeborenen Knaben, die den Priestern bei den Opfern halfen.

**Camille** [ka'mij]: französische Form von ▸ Camilla.

**Candice** ['kændɪs]: englische Herkunft, anscheinend eine moderne Form von Candace, einem Vornamen, der auf einen in der Apostelgeschichte überlieferten Titel äthiopischer Königinnen (griech. kandákē) zurückgeht. Die Namensform Candice ist wohl unter dem Einfluss von Namen mit der Endung »-ice« (▸ Janice) entstanden.

**Candida:** weibl. Form von Candidus: zu lat. candidus, -a, -um »blendend weiß; fleckenlos; heiter; rein, lauter, ehrlich«.

**Candy,** (auch:) Candie ['kændɪ]: vielleicht englische Kurzform von ▸ Candice, ▸ Candida, eher jedoch Neubildung zu amerikanisch-englisch candy »Süßigkeiten, Konfekt«.

**Cara,** (auch:) Kara: weibl. Form von Caro: zu lat. cārus, -a, -um »lieb, wert, geschätzt« bzw. italien. »lieb, teuer«.

**Careen** [kə'ri:n]: aus dem Englischen, entweder eine Erweiterung von ▸ Cara mit dem irischen Kosesuffix »-een« oder eine Nebenform von ▸ Karen.

**Caren:** ▸ Karen.

**Carena:** ▸ Karena.

**Carima:** ▸ Karima.

**Carin:** ▸ Karin.

**Carina:** Schreibvariante von ▸ Karina. Dies gilt z. T. auch für den italienischen Vornamen Carina, der sonst auch auf die weibl. Form des römischen Beinamens Carinus, eine Ableitung von Carus (lat. cārus »lieb, wert, geschätzt«), zurückgehen kann.

**Carine:** ▸ Karina.

**Carissima:** zu italien. carissima »die Liebste, Teuerste«.

**Carla:** latinisierende Schreibung von ▸ Karla, auch italienisch, spanisch und katalanisch.

**Carleen,** (auch:) Carlin: englische Weiterbildung von ▸ Carla. Engl. Aussprache: [kɑ:'lɪn].

**Carlina,** (auch:) Carline: ▸ Karlina.

**Carlota:** spanische Form von ▸ Charlotte.

**Carlotta:** italienische Form von ▸ Charlotte.

**Carmela:** aus dem Spanischen oder Italienischen, Nebenform von ▸ Carmen; geht zurück auf die lateinische Bezeichnung des Berges Karmel, Mōns Carmēlus.

**Carmen:** aus dem Spanischen, bezieht sich auf die Virgen del Carmen (die »Jungfrau [Maria] vom Berge Karmel«) und ist unter dem Einfluss von lat. carmen »Gedicht, Gesang« entstanden.

**Carmina:** Koseform von ▸ Carmen.

**Caro:** Kurzform von ▸ Carola, ▸ Carolina, auch niederländisch.

**Carol** ['kærəl]: englische Kurzform von ▸ Caroline.

**Carola,** (auch:) Karola: weibl. Form von Carolus: latinisierte Form von Karl (▸ Karla).

**Carole:** französische Form von ▸ Carola.

**Carolin,** (auch:) Carolin; Karolin; Karolin: Verkürzung von ▸ Carolina und ▸ Caroline.

**Carolina,** (auch:) Karolina: Weiterbildung von ▸ Carola.

**Caroline:** ▸ Karoline, auch englisch ['kærəlaɪn] und französisch [karɔ'lin].

**Carolyn** ['kærəlɪn]: aus dem Englischen, moderne Nebenform von ▸ Caroline.

**Carrie,** (auch:) Carry ['kærɪ]: englische Koseform von ▸ Carol oder ▸ Caroline.

**Carsta:** ▸ Karsta.

**Cassandra:** ▸ Kassandra.

**Cassie,** (auch:) Cassy ['kæsɪ]: englische Koseform von ▸ Kassandra.

**Cassiopeia:** nach einer Gestalt aus der griechischen Mythologie, auch Name eines Sternbildes.

**Cassy:** ▸ Cassie.

**Catalina:** spanische Form von ▸ Katharina.

**Catarina:** ▸ Katharina.

**Caterina:** italienische Form von ▸ Katharina.

**Catharina:** ▸ Katharina.

**¹Catherine** [ka'trin]: französische Form von ▸ Katharina.

**²Catherine** ['kæθərɪn]: englische Form von ▸ Katharina.

**Cathleen,** (auch:) Kathleen ['kæθli:n]: englische Form des irischen Vornamens ▸ Caitlín.

**Cathrin:** Schreibvariante von ▸ Kathrin.

**Cathrina:** ▸ Kathrina.

**Cathy** ['kæθɪ]: englische Koseform von ▸ Katharina.

**Catrice,** (auch:) Katrice [ka'trɪs]: vermutlich Neubildung zu ▸ Katharina in Anlehnung an Namen auf »-ice« wie französ. Alice u. a.

**Catrin:** ▸ Kathrin.

## Die schönsten Unisexnamen

Chris * Conny * Corry * Danny * Eike * Erin * Gillian * Glenn * Jamie * Jo * Kai * Kim * Luka * Leslie * Nicki * Pat * Ricky * Ronny * Robin * Sandy * Shannon * Siggi * Toni * Tracy * Ulli * Vivian

**Catrina:** ▸ Kathrina.

**Catriona:** in den 1980er-Jahren aus dem Englischen entlehnt, englische Schreibweise einer gälischen (schottischen, irischen) Form von ▸ Katharina. Engl. Aussprache: [kəˈtrɪənə], [kəˈtriːnə], [kætrɪˈəunə].

**Cay:** ▸ Kai.

**Caya:** ▸ Kaya.

**Cécile** [seˈsil]: französische Form von ▸ Cäcilie.

**¹Cecilia,** (auch:) Cecilie: Nebenform von ▸ Cäcilie.

**²Cecilia** [tʃeˈtʃiːli̯a]: italienische Form von ▸ Cäcilie.

**Cecily** [ˈsɪsɪlɪ]: englische Form von ▸ Cäcilie.

**Celeste:** zu lat. caelestis »himmlisch«.

**Celia:** lateinischer Ursprung, weibl. Form des römischen Geschlechternamens Caelius, vielleicht zu lat. caelum »Himmel«, heute aber als Kurzform von ▸ Cäcilie aufgefasst.

**Celina,** (auch:) Celine; Celin: deutsche Varianten des französischen Vornamens ▸ Céline.

**Céline** [seˈlin]: französische Form des römischen Frauennamens Caelina, einer Ableitung von Caelia (▸ Celia), oder Kurzform von ▸ Marceline.

**Ceres:** geht zurück auf den Namen der Göttin des Ackerbaus in der römischen Mythologie.

**Ceyhan** [dʒeɪˈhɑn]: zu türk. ceyhan »Gazelle«.

**Chantal** [ʃãˈtal]: aus dem Französischen, geht zurück auf den Nachnamen der französischen Heiligen Jeanne Françoise Frémyot de Chantal.

**Charis:** zu griech. cháris »Anmut, Liebreiz; Huld, Gnade«.

**Charleen,** (auch:) Charlene [tʃɑːˈlin]: englische Herkunft, weibl. Bildung zu Charles, der englischen Form von Karl (▸ Karla).

**Charlie,** (auch:) Charley [ˈtʃɑːlɪ]: englische Koseform von ▸ Charlotte.

**Charline:** französische [ʃarˈlin] und englische [tʃɑːˈlin] weibl. Form von Charles.

**Charlotte:** aus dem Französischen, weibl. Form von Charles, der französischen Form von Karl (▸ Karla).

**Chelsea** [ˈtʃɛlsɪ]: aus dem Englischen, geht zurück auf den Namen eines Londoner Stadtteils.

**Cher** [(t)ʃɛə]: Kurzform von ▸ Cheryl.

**Chérie** [ʃeˈri]: vereinzelt vorkommender Vorn. zu französ. chérie »Liebling«. Dieser Vorname ist in Frankreich nicht üblich, begegnet aber im Englischen in der Schreibweise »Cherie«.

**Cherry** [ˈtʃɛrɪ]: englische Herkunft, war früher als Koseform von Charity in Gebrauch, wird heute aber als englische Schreibweise von ▸ Chérie angesehen. Gelegentlich geht die Vergabe dieses Vornamens auch auf engl. cherry »Kirsche« zurück.

**Cheryl** [ˈtʃɛrɪl]: aus dem Englischen, entstand aus ▸ Cherry unter dem Einfluss von ▸ Beryl.

**Cheyenne,** (auch:) Chayenne [ʃaɪˈæn]: aus dem Angloamerikanischen, geht zurück auf den Namen eines zum Verband der Algonkin gehörenden Indianerstammes.

**Chiara** [ˈki̯aːra]: italienische Form von ▸ Clara.

**Chloe:** zu griech. chlóē »junges Grün; junger Trieb; junges Mädchen«. In der griechischen Mythologie ist Chloe der Beiname der Erd- und Muttergöttin Demeter.

**Chris,** (auch:) Kris; Cris: aus dem Englischen, Kurzform von ▸ Christine.

**Christa,** (auch:) Crista; Krista: Kurzform von ▸ Christiane.

**Christel,** (oberdeutsch auch:) Christl: Koseform von ▸ Christiane oder deren Kurzform ▸ Christa.

**Christella:** latinisierte Form von ▸ Christelle.

**Christelle** [krisˈtɛl]: französische Umwandlung von ▸ Christine mit der Endung »-elle«.

**Christiane,** (auch:) Christiana; Kristiane: weibl. Form von Christian: lat. Chrīstiānus »zu Christus gehörend, Anhänger Christi, Christ«.

## Die schönsten schwedischen Mädchennamen

Agda * Annika * Barbro * Birgitta * Kaja * Kajsa * Kari * Kirsten * Lillemor * Linnea * Maj * Maret * Marit * Mikaela * Svea * Ylva

**Christie:** englische Koseform von ▸Christine.

**Christien:** niederländische Form von ▸Christine oder Eindeutschung von französ. Christine [kris'tin].

**Christin,** (auch:) Cristin; Kristin: Nebenform von ▸Christine.

**Christine,** (auch:) Christina: Nebenform von ▸Christiane.

**Christl:** ▸Christel.

**Cilla:** ▸ ¹Zilla.

**Cilli,** (auch:) Cilly; Zilli: Kurzform von ▸Cäcilia.

**Cinderella** [s...]: zu engl. cinders »Asche«, nach der bekannten Märchenfigur; Cinderella ist die englische Bezeichnung für »Aschenputtel«.

**Cindy,** (auch:) Sindy [s...]: englische Kurzform von Namen wie Lucinda (▸Lucinde), ▸Cynthia und ▸Cinderella.

**Cintia** ['θintia]: spanische Form von ▸Cynthia.

**Claire** ['klɛ:r]: französische Form von ▸Clara.

**Clara,** (auch:) Klara: zu lat. clārus, -a, -um »hell, leuchtend, klar, deutlich, berühmt«.

**Cläre:** eindeutschende Schreibung von ▸Claire.

**Clarissa,** (auch:) Klarissa: geht zurück auf eine mittellateinische Ableitung von ▸Clara.

**Clarisse:** Nebenform von ▸Clarissa, auch französisch [kla'ris].

**Claude** [klo:d]: französische Form von ▸Claudia.

**Claudia,** (auch:) Klaudia: weibl. Form von Claudius: geht zurück auf einen römischen Geschlechternamen, Herkunft und Bedeutung unbekannt.

**Claudina:** italienische Koseform von ▸Claudia.

**Claudine** [klo'din]: französische Koseform von ▸Claudia.

**Clea:** latinisierte Form von griech. kléō »rühmen«.

**Clelia:** geht zurück auf lat. Cloelia, die weibl. Form zu dem altrömischen Geschlechternamen Cloelius (vgl. lat. cluēre »gepriesen werden«).

**Clementine,** (auch:) Clementina; Klementina; Klementine: weibl. Form von Clemens: zu lat. clēmēns »mild, gnädig«.

**Cleo:** verselbstständigte Kurzform von mit griech. kléō »rühmen« zusammengesetzten Namen, z. B. ▸ Cleopatra; auch Variante von ▸ Clio.

**Cleopatra:** lateinische Form des griechischen Namens Kleopátra, zu griech. kléō »rühmen« und griech. patḗr »Vater«.

**Clio:** geht zurück auf den Namen der Muse der Geschichte, zu griech. kleíō, kléō »rühmen, preisen, verkünden«; auch Variante von ▸ Cleo.

**Coco:** französische Lallform zu verschiedenen Vornamen.

**Coletta:** italienische Kurzform von ▸ Nicoletta.

**Colette** [kɔˈlɛt]: französische Kurzform von ▸ Nicolette.

**Coline:** Koseform von ▸ Nicole, zum Teil auch französische Wiedergabe des englischen Vornamens ▸ Colleen.

**Colleen** [...ˈliːn]: zu irisch-englisch colleen, gäl. cailín »Mädchen«. Dieser Vorname ist besonders in den USA und Australien verbreitet, wird aber in Irland nicht als Vorname gebraucht.

**Collien:** eindeutschende Schreibung von ▸ Colleen.

**Concetta** [...ˈtʃɛta]: italienischer Ursprung, zu lat. concepta, Partizip von concipere »empfangen«. Der Name bezieht sich auf das Fest von der Unbefleckten Empfängnis Marias.

**Conchita** [...ˈtʃita]: Koseform des spanischen Vornamens Concepción (▸ Concetta).

**Connie,** (auch:) Conny: Koseform von ▸ Cornelia, auch englische Koseform von ▸ Constance.

**Constance:** ▸ Constanze, auch englisch [ˈkɔnstəns] und französisch [kõsˈtãːs].

**Constanze,** (auch:) Konstanze: zu lat. cōnstantia »Beständigkeit, Festigkeit«.

**[1]Cora,** (auch:) Kora: Kurzform von ▸ Cordula, ▸ Cordelia oder ▸ Cornelia.

**[2]Cora:** ▸ [2]Kora.

**Coral** [ˈkɔrəl]: zu engl. coral »Koralle«.

**Coralie:** im Englischen oder Französischen entstanden, zu lat. corallium, engl. coral, französ. (älter) coral »Koralle«, gelegentlich auch als Erweiterung von ▸ [2]Cora aufgefasst.

## Die schönsten nordischen Mädchennamen

Ellida * Freia * Freydis * Hedda * Hjördis * Inga * Inger * Jorid * Liv * Sirid * Siv * Svende * Thyra * Tora

**Coraline:** französische Erweiterung von ▸ Coralie.

**Cordelia,** (auch:) Kordelia: geht zurück auf die Gestalt der Cordelia in Shakespeares Drama »König Lear«. Der Name von König Lears tugendhafter Tochter hieß in seinen Quellen Cordeilla, Cordila, Cordilla, sodass es sich wohl um eine bereits in der Antike belegte Nebenform von ▸ Cordula handelt.

**Cordula,** (auch:) Kordula: wahrscheinlich zu lat. cordus »spät geboren, spät entwickelt«, später mit lat. cor, cordis »Herz« in Verbindung gebracht; »Herzchen«.

**Coretta:** angloamerikanische Erweiterung von ▸ ²Cora mit der italienischen Endung »-etta«.

**¹Corinna,** (auch:) Corina; Corine; Korina; Korinna: Weiterbildung von ▸ ¹Cora.

**²Corinna:** ▸ ²Korinna.

**Corinne** [kɔˈrin]: französische Form von ▸ ²Korinna.

**Cornelia,** (auch:) Cornelie; Kornelia: weibl. Form von Cornelius: lateinischer Ursprung, geht zurück auf einen altrömischen Geschlechternamen.

**Cornell:** Kurzform von ▸ Cornelia.

**Corona:** zu lat. corōna »Kranz, Krone«.

**¹Corry,** (auch:) Corrie: niederländische Koseform von ▸ Cornelia oder Kurzform von ▸ Corinna.

**²Corry,** (auch:) Corrie: identisch mit dem männl. Vornamen Corry, der auf den engl. Familiennamen Corey (aus einem altnordischen Personennamen) zurückgeht.

**Cosima,** (auch:) Cosma: weibl. Form von Cosimo: italienische Form von Kosmas (zu griech. kósmios »geschmückt, wohlgeordnet, bedacht«).

**Cosmea:** nach einer Blumenbezeichnung zu griech. kósmos

»Anordnung, Ordnung, Schmuck« (dt. »Schmuckkörbchen«).

**Crescentia,** (auch:) Kreszentia; Creszenz; Kreszenz: zu lat. crēscēns »wachsend, gedeihend«.

**Cris:** ▸ Chris.

**Crista:** ▸ Christa.

**Cristin:** ▸ Christin.

**Cristina:** italienische und spanische Form von ▸ Christine.

**Crystal,** (auch:) Krystal; Krystle: zu engl. crystal »Kristall«.

**Cynthia:** griechischer Ursprung, Bedeutung »die vom Berge Kynthos auf der Insel Delos Stammende«, Beiname der Göttin Artemis. Nach der griechischen Sage wurden Apollo und Artemis auf dem Berg Kynthos geboren.

# D

**[1]Dafina:** albanische Herkunft (»Lorbeer«).

**[2]Dafina:** aus Kenia oder Tansania stammender Vorname, der auf Suaheli »kostbar« bedeutet.

**Dafne:** ▸ Daphne.

**Dagmar:** aus dem Dänischen, ursprünglich kein germanischer Name, sondern eine Entstellung des alttschechischen Namens Drahomíra. Der Name kam durch die böhmische Königstochter Dragomira Margareta, die König Waldemar II. heiratete, nach Dänemark. Dort wurde Dragomira als Dagmar (wie altsächs. dag »Tag« + māri »berühmt«) aufgefasst.

**Dahlia,** (auch:) Dalia: nach der Blume, die nach dem schwedischen Botaniker A. Dahl benannt wurde.

**Daisy** [ˈdeɪzi]: aus dem Englischen, zu engl. daisy »Maßliebchen, Gänseblümchen«, aus altengl. dæges ēage »des Tages Auge«.

## Die schönsten polnischen Mädchennamen

Aniela * Anka * Bronja * Dorota * Hanka * Irka * Janka * Lenka * Minka * Pola * Salka * Valeska

D

**Dajana,** (auch:) Dayana: seit den 1960er-Jahren in Deutschland anzutreffen. Falls es sich nicht einfach um eine eindeutschende Schreibweise des engl. Namens ▸Diana [daɪ'ænə] handelt, könnte der Name aus dem Serbischen oder Kroatischen übernommen sein (wahrscheinlich zu türk. dayanmak »Widerstand leisten«, also »die Widerstehende«, oder zu arab. dāya »Amme«).

[1]**Dalia:** ▸Dahlia.

[2]**Dalia,** (auch:) Daliah: wahrscheinlich eine Kurzform des biblischen Namens Gedalja (hebr. »Gott hat Großes getan«), der als weibl. Vorn. umgedeutet wurde.

**Damaris:** zu griech. Damarís, wohl zu dámar »Gattin, Geliebte«.

**Damiana:** weibl. Form von Damian: zu griech. damázō »bezwingen«.

[1]**Dana:** weibl. Form von Dan: aus der Bibel, hebräischer Ursprung, Bedeutung »Er [Gott] hat gerichtet«. Nach dem Alten Testament war Dan, ein Sohn Jakobs, der Ahnherr einer der zwölf Stämme Israels.

[2]**Dana:** polnische, tschechische, bulgarische oder rumänische Herkunft, Kurzform von Namen wie ▸Daniela, ▸Danuta, ▸Bogdana, ▸Bohdana.

[3]**Dana:** zu altnord. Dana »Dänin«.

**Danae** ['da:nae]: nach einer Gestalt aus der griechischen Mythologie, griech. Danáē. Danaë war die Tochter des Königs Akrisios von Argos, aus deren Verbindung mit Zeus Perseus geboren wurde.

**Danella,** engl. Aussprache: [də'nelə]: aus dem Englischen, weibliche Bildung zu Daniel (▸Daniela) mit der italienischen Koseendung »-ella«.

**Dania,** (auch:) Danja: Kurzform von slawischen Namen, die mit »Dan-« beginnen (z. B. russ. Daniila, tschech. Daniela) oder auf »-dana« ausgehen (z. B. russ. Bogdana, tschech. Bohdana).

**Danica** [ˈdanitsa]: aus dem Kroatischen, Serbischen oder Slowenischen; Bedeutung »Morgenstern«.

**Danice** [dæˈnɪs]: aus dem Englischen, weibl. Bildung zu Daniel, dessen Herkunft unsicher ist: zu hebr. din'ēl »Gott richtet« oder akkad. danānu-ēl »Gott ist mächtig.«

**Daniela:** weibl. Form von Daniel: aus der Bibel, Herkunft unsicher, zu hebr. din'ēl »Gott richtet« oder akkad. danānu-ēl »Gott ist mächtig«.

**Daniele:** Nebenform von ▸ Daniela.

**Daniella:** aus dem Italienischen, weibl. Form des männl. Vornamens Daniele, der italienischen Form von Daniel (▸ Daniela).

**Danielle,** (auch:) Danièle [daˈnjɛl]: aus dem Französischen, weibl. Form von Daniel (▸ Daniela).

**Danika:** serbische oder kroatische Koseform von ▸ Daniela.

**Danila:** weibl. Form von Danilo, der serbischen, kroatischen, bulgarischen, makedonischen Form von Daniel (▸ Daniela).

**Danja:** ▸ Dania.

**Danny** [ˈdænɪ]: identisch mit dem männlichen Vornamen Danny, einer engl. Kurzform von Daniel (▸ Danice).

**Danuta:** aus dem Polnischen, litauische Herkunft. Der Vorname hängt möglicherweise mit dem litauischen Namen Danejko zusammen, der vielleicht von Daniil, der russischen Form von Daniel (▸ Daniela), abgeleitet ist.

**Daphne,** (auch:) Daphna; Dafne: zu griech. dáphnē »Lorbeer; Lorbeerbaum«. Der Name geht zurück auf eine griechische Sagengestalt. Nach der griechischen Sage war Daphne eine Nymphe, die, von Apollo begehrt und verfolgt, auf ihre Bitte hin in einen Lorbeerbaum verwandelt wurde.

**Daria,** (auch:) Daria; Darya: weibl. Form von lateinisch Darius oder italienisch Dario: persischer Ursprung, geht zurück auf den Thronnamen dreier Perserkönige. Altpersisch Dāraya-vauš »das Gute festhaltend, Inhaber des Guten« ergibt griech. Dareĩos, lat. Dārīus. Auch Schreibvariante von ▸ Darja.

## Die schönsten Mädchennamen mit der Bedeutung »schön«

Amöna (»anmutig, lieblich, reizend«) * Anna (»Anmut, Schönheit«) * Bella (»schön«) * Blanka (»glänzend, schön«) * Bonita (»gut, hübsch«) * Bonnie (»hübsch, nett«) * Charis (»Anmut, Liebreiz«) * Djamila (»schön, hübsch«) * Fatin (»bezaubernd, verführerisch«) * Indira (Schönheit, Glanz«) * Jolie (»hübsch, niedlich «) * Kanti (»Schönheit«) * Nani (»Schönheit, Glanz«) * Nava (»die Schöne, Liebliche«) * Saphira (»die Schöne«) * Tirza (»Anmut, Lieblichkeit«)

**Darina:** Ableitung von russisch bzw. bulgarisch Darija (▸ Darja) oder von italienisch ▸ Daria.

**Darja:** slawische Herkunft (russisch, bulgarisch, serbisch, kroatisch Darija, slowenisch Darja), weibl. Form von Darius (▸ Daria).

**Darla,** engl. Aussprache: [ˈdɑ:lə]: verkürzte Form von ▸ Darleen.

**Darleen,** (auch:) Darlene [dɑ:ˈli:n]: aus dem Angloamerikanischen seit der 2. Hälfte des 20. Jh.s übernommen, wohl eine Umbildung von engl. darling »Liebling« in Anlehnung an Namen wie ▸ Charleen, Charlene.

**Davida:** weibl. Form von David: aus der Bibel, vermutlich hebräischer Ursprung, Bedeutung wahrscheinlich »Liebling«, vielleicht aber auch »Vatersbruder« oder aber ein Thronname.

**Davina,** (auch:) Davinia: englische, besonders schottische Form von ▸ Davida. Engl. Aussprache: [dəˈvi:nə], [dəˈvɪnɪə].

**Davita:** niederländische weibl. Bildung zu David (▸ Davida).

**Deanna,** (auch:) Deana [dɪˈænə]: aus dem Englischen, ursprünglich eine Schreibvariante von ▸ Diana, jetzt auch aufgefasst als weibliche Form von Dean: zu mittelengl. deen aus lat. decānus »Vorsteher eines Kathedralkapitels« oder altengl. denu »Tal«.

**Dẹbbie,** (auch:) Dẹbby: englische Koseform von ▸ Debora.

**Debo̱ra:** aus der Bibel, zu hebr. debōrā »Biene«. Nach der Bibel war Debora eine Richterin und Prophetin in Israel.

**Dẹbra:** englische Kurzform von ▸ Debora.

**Dẹda,** (auch:) Dẹdda; De̱de: niederdeutsch-friesische Kurzform von Namen, die mit »Diet-« (niederdeutsche Form »Det-«; ahd. thiot »Volk«) gebildet sind.

**De̱lia:** griechischer Ursprung, Bedeutung »die von der Insel Delos Stammende«, Beiname der Göttin Artemis. Nach der griechischen Sage wurden Apollo und Artemis auf dem Berg Kynthos auf der Insel Delos geboren.

**Delia̱ne:** Weiterbildung von ▸ Delia.

**Dẹmi:** Kurzform von Demetria, der weibl. Form von Demetrius (griech. Dēmḗtrios »der Fruchtbarkeitsgöttin Demeter zugehörig«).

**Deni̱s:** der Aussprache angepasste Schreibweise von französisch ▸ Denise.

**Denise** [də'ni:z]: weibl. Form von Denis, der französischen Form von Dionys (»der dem Gott Dionysos Geweihte«).

**Desdemo̱na,** (auch:) Desde̱mona: Neubildung nach griech. dysdaímōn »unglücklich«.

**Désirée** [dezi're], (eindeutschend auch:) Desire̱e̱: aus dem Französischen, zu lat. desiderata »die Erwünschte, Ersehnte«.

**[1]Despi̱na:** (neu)griechische Herkunft (griech. déspoina »Herrin, Gebieterin«).

**[2]Despi̱na:** italienische Herkunft, aus Mozarts Oper »Così fan tutte«, verkürzt aus Fiordispina »Dornenblume«.

**Dẹstiny:** in den USA geläufiger Vorname zu engl. destiny »Schicksal, Geschick«.

**Dia̱na,** (auch:) Dia̱ne: aus dem Lateinischen. Diana war der Name der römischen Natur-, Jagd- und Mondgöttin.

**Diạndra:** vermutlich angloamerikanische Neubildung aus ▸ Diana und ▸ Alexandra.

**Diạnna,** (auch:) Diạnne: aus dem Englischen [dai'ænə], unter dem Einfluss von ▸ Anna entstandene Varianten von ▸ Diana bzw. Diane.

**Di̱do:** aus der antiken Mythologie. Nach Vergils Epos »Aeneis« verliebte sich die Königin Dido leidenschaftlich

## Die schönsten italienischen Mädchennamen

Alessandra * Antonella * Bianca * Carlotta * Caterina * Chiara * Donatella * Gemma * Giada * Giorgia * Giulia * Ilaria * Marietta * Ornella * Paola * Raffaela

in Aeneas und nahm sich das Leben, als dieser sie verließ.

**Dilạ:** türkisch-persischer Herkunft (zu pers. dil »Herz«).

**Dilarạ:** türkisch-persische Herkunft, zu pers. dil »Herz«.

**¹Di̱na:** hebräischer Ursprung, Bedeutung nicht sicher geklärt; evtl. »Rechtsstreit« oder »eine, der zum Recht verholfen worden ist«.

**²Di̱na,** (auch:) Di̱ne: Kurzform von Namen, die auf »-dina«, »-dine« ausgehen (z. B. Bernhardine, ▸ Leopoldine).

**Dinah** [ˈdaɪ...]: englische Form von ▸ ¹Dina.

**Dioni̱sia:** italienische Form von ▸ Dionysia.

**Diony̱sia:** weibl. Form von Dionysius: zu griech. Dionýsios »der dem Gott Dionysos Geweihte«.

**Djamila** [dʒaˈmiːla]: weibl. Form von Djamil: zu arab. djamīl »schön, hübsch«.

**Dọlly:** englische Koseform von Dorothy (▸ Dorothea).

**Dolo̱res:** aus dem Spanischen, gekürzt aus Nuestra Señora de los Dolores, einem Beinamen Marias (= lat. Mater dolorosa »schmerzensreiche Mutter«).

**Dome̱nica:** italienische Form von ▸ Dominika.

**Dome̱nika:** deutsche Schreibweise für ▸ Domenica.

**Domi̱nica:** weibl. Form von Dominicus (▸ Dominika).

**Domi̱nika:** weibl. Form von Dominikus: zu lat. dominicus »zum Herrn gehörend«.

**Dominique** [dɔmiˈnik]: französische Form von ▸ Dominika.

**Dona̱ta,** (auch:) Dona̱te: zu lat. dōnāre »schenken«: »die [Gott oder von Gott] Geschenkte«.

## Die schönsten russischen Mädchennamen

Alena * Anjuta * Benja * Dunja * Fenja * Irina * Jelena * Kalinka * Lara * Marija * Nastasja * Natalja * Oxana * Swetlana * Veruschka

**Donatella:** italienische Koseform von ▸ Donata.

**Donja,** (auch:) Donia: russische Koseform verschiedener Vornamen.

**Donna** [ˈdɔnə]: aus dem Englischen, Neuprägung zu italien. donna »Frau«, zum Teil auch aufgefasst als weibliche Form von Donald: aus dem Englischen, zu kelt. *dubno »Welt« + *walos »mächtig«.

**Dora,** (auch:) Dore: Kurzform von ▸ Dorothea oder ▸ Theodora.

**Doreen:** aus dem Englischen [dɔˈriːn], mit der ursprünglich irischen Endung »-een« geprägte Erweiterung von ▸ Dora.

**Dorena,** (auch:) Dorene: Nebenform von ▸ Doreen.

**Dorette,** (auch:) Dorett: aus dem Französischen, Koseform von Dorothée (▸ Dorothea).

**Doria:** weibl. Form von Dorian (▸ Doriana) oder Erweiterung von ▸ Dora.

**Doriana:** weibl. Form von Dorian: aus dem Englischen, vermutlich von Oscar Wilde für die Hauptperson seines Romans »Das Bildnis des Dorian Gray« geschaffen, vielleicht Ableitung von engl. the Dorian »der Dorier«.

**Dorina:** Weiterbildung von ▸ Dora, auch italienisch.

**Dorine** [doˈrin]: französische Erweiterung von ▸ Dora.

**Doris:** aus der griechischen Mythologie. Doris war die Tochter des Okeanos und der Tethys, die Gemahlin des Nereus, Mutter der fünfzig Nereiden. Früher wurde Doris gelegentlich auch als Kurzform von ▸ Dorothea verwandt.

**Dorit:** Kurzform von ▸ Dorothea.

**Dorita:** spanische Koseform von ▸ Dora oder Erweiterung von ▸ Dorit.

**Dorle:** Koseform von ▸ Dora.

**Dorleen:** Weiterbildung von ▸ Dora oder ▸ Doris in Anlehnung an englische Vornamen wie ▸ Charleen, ▸ Darleen.

**Dorota:** polnische Form von ▸ Dorothea.

**Dorothea,** (auch:) Dorothee; Dorothee: zu griech. Dorothéa, zu dṓron »Geschenk, Gabe« und theós »Gott«, etwa »Gottesgeschenk«.

**Dorothy** [ˈdɔrəθɪ]: englische Form von ▸ Dorothea.

**Dorrit:** englische Koseform von Dorothy (▸ Dorothea).

**Dörte** (auch:) Dorte; Dörthe; Dorthe: niederdeutsche Koseform von ▸ Dorothea.

[1]**Dunja,** (auch:) Dunia: russische Koseform von Avdotʼja, mundartliche Nebenform von Jevdokija (griech. eudokía »Wohlgefallen, Wunsch«). Im Serbischen und Kroatischen geht der Name auf die Bezeichnung für eine Frucht (»Quitte«) zurück.

[2]**Dunja:** zu arab. dunyā‘ »Welt«.

# E

**Ebba:** weibl. Form von Ebbo, einer Kurzform von Namen, die mit Eber- (ahd. ebur »Eber«) gebildet sind; auch Kurzform von ▸ Elburg oder von heute nicht mehr gebräuchlichen Namen wie Adelburg und Eberhild; auch schwedisch.

**Edda,** (auch:) Eda: Kurzform von Namen, die mit »Ed-« oder »Edel-« gebildet sind (z. B. ▸ Edith, Edeltraud), auch italienische Form von ▸ Hedda.

**Edit:** Schreibvariante von ▸ Edith, auch ungarisch und nordisch.

**Edita:** ▸ Editha.

**Edith:** zu altengl. ēad »Erbgut, Besitz« + altengl. gȳð »Kampf«.

**Editha:** latinisierte Form von ▸ Edith.

**Edna:** gegen Ende des 19. Jh.s aus dem Englischen entlehnt; englische Form des irischen Namens Eithne, dessen Bedeutung umstritten ist, oder Name einer biblischen Gestalt, der Großmutter des Tobias (zum hebr. Stamm 'dn »Freude; Zierlichkeit«).

**Effi:** Koseform von ▸ Elfriede.

**Efia:** aus Ghana stammender Vorname, der in der Fante-Sprache »geboren an einem Freitag« bedeutet.

**Eike,** (auch) Eika: identisch mit dem männl. Vornamen Eike: niederdeutsche Kurzform von Namen, die mit »Ecke-« oder »Eg-« gebildet sind (zu ahd. ekka »[Schwert]schneide, Spitze«), z. B. Eckehard.

**Eila:** verselbstständigte Kurzform von Namen, die mit »Eil-« (jüngere Form von »Agil-«, zu german. *agi- »Schrecken«) gebildet wurden.

**Eileen,** (auch:) Aileen; Ayleen; Eyleen [ˈaɪliːn]: englische Form des irischen Namens Eibhlín oder Aibhilín, der auf den altfranzösisch-normannischen Namen Aveline (▸ Ava) zurückgeht. Häufig wird Eileen als eine irische Entsprechung von Helen (▸ Helene) aufgefasst.

**Eilika:** alter deutscher Vorname, verselbstständigte niederdeutsch-friesische Koseform von Namen, die mit »Eil-« (jüngere Form von »Agil-«, zu german. *agi- »Schrecken«, später überlagert von ahd. ekka »[Schwert]schneide, Spitze«) gebildet wurden.

**Eilke,** (auch:) Ailke: verselbstständigte Koseform von Namen, die mit »Eil-« gebildet sind (▸ Eilika).

**ˈEla:** Kurzform von Namen, die mit »El-« beginnen, besonders von ▸ Elisabeth, auch Kurzform von ▸ Manuela, ▸ Daniela.

**Elaine** [ɪˈleɪn]: aus dem Englischen, geht zurück auf eine altfranzösische Nebenform von Hélène (▸ Helene).

**Elburg,** (auch:) Elborg: alter deutscher Vorname: »El-« (jüngere Form von »Agil-«, zu german.*agi- »Schrecken«) und »-burg« (ahd. burg »Burg, Zufluchtstätte, Schutz«).

**Elda:** italienische Form von Hilda (▸ Hilde).

**Elea:** Erweiterung von ▸ Ela oder verkürzte Form von ▸ Eleanor, ▸ Eleanore.

**Eleana:** englische Neubildung [ɛlɪˈænə], Mischform aus ▸ Eleanor und ▸ Elena oder Erweiterung von ▸ Elea.

**Eleanor,** (auch:) Eleanora [ˈɛlɪnə], [ɛlɪəˈnɔrə]: englische Formen von ▸ Eleonore.

## Die schönsten Mädchennamen mit verschiedenen positiven Bedeutungen

Akila (»intelligent«) * Aurora (»[Göttin der] Morgendämmerung«) * Clara (»hell, leuchtend, klar, berühmt«) * Esther (»Stern«) * Fadila (»moralische Vortrefflichkeit, Tugend«) * Gloria (»Ruhm«) * Halima (»die Milde, Geduldige«) * Irene (»Frieden«) * Laura (»Lorbeerbaum« = »Symbol des Siegs«) * Malaika (»Engel« [in der Mehrzahl]) * Nike (= Göttin des Sieges) * Tikva (»Hoffnung«) * Valerie (»kräftig, stark«) * Viktoria (»Sieg«)



**Eleanọre:** Eindeutschung von engl. Eleanora, ▸ Eleonore.

**Elẹktra,** (auch:) Elẹctra: aus der griechischen Mythologie, zu griech. ḗlektron »Bernstein«, aber auch Bezeichnung für eine »Legierung aus vier Teilen Gold und einem Teil Silber«, abgeleitet von griech. ḗlektor »glänzend«.

**E̲lena,** (auch:) Ele̲na: italienische und spanische Form von ▸ Helene.

**Elẹ́ni:** neugriechische Form von ▸ Helena.

**Eleonọra:** Variante von ▸ Eleonore, auch italienisch.

**Eleonọre:** altprovenzalische Herkunft (Aliénor), Etymologie ungesichert, der erste Namenbestandteil gehört wohl zu german. *alja- »anders, fremd«. In Deutschland begegnet der Name vor allem in der Form ▸ Leonore.

**Ẹlfe:** Kurzform von Namen, die mit »Elf-« beginnen.

**Ẹlfi,** (auch:) Ẹlfie: Koseform von ▸ Elfriede.

**Elfri̲e̲de,** (auch:) Elfri̲e̲da; Elfri̲da: deutsche Form des englischen Vornamens Elfreda (altengl. ælf »Elf, Naturgeist« + altengl. þrȳð »Kraft, Stärke«).

**Ẹlga:** nordische und italienische Form von ▸ Helga.

**Ẹlgin,** (auch:) Elgi̲ne: Herkunft und Bedeutung unklar; vielleicht eine verselbstständigte Kurzform von Namen, die mit »Adel-« (ahd. adal »edel, vornehm; Abstammung, [edles] Geschlecht«) gebildet sind.

**Eli:** Kurzform von ▸ Elisabeth.

**Elia:** weibliche Form von Elio: italienische oder spanische Form des römischen Geschlechternamens Aelius.

**Eliana:** italienische und spanische Form von ▸ Eliane.

**Eliane:** weibliche Form von Elian: aus dem Französischen, geht zurück auf den Beinamen Aelianus, eine Ableitung des römischen Geschlechternamens Aelius.

**Elida:** Schreibvariante von ▸ Ellida.

**Elif:** türkischer Ursprung, zu arab. alīf, dem ersten Buchstaben des arabischen Alphabets.

**Elin:** nordische Form von ▸ Helene.

**Elina:** nordische Form von ▸ Helene, auch englische Kurzform von ▸ Elinor.

**Elinor** [ˈɛlɪnə]: englische Form von ▸ Eleonore.

**Elisa,** (auch:) Elise: Kurzform von ▸ Elisabeth.

**Elisabeta:** Schreibvariante von ▸ Elisabetha, auch rumänisch.

**Elisabeth,** (überkonfessionelle Form:) Elisabet: aus der Bibel, griech. Form des hebr. Namens Elischeba, Bedeutung »Gott ist Fülle, Vollkommenheit«. In der Bibel ist Elisabeth die Mutter Johannes' des Täufers.

**Elisabetha,** (auch:) Elisabeta: Weiterbildung von ▸ Elisabeth.

**Elisabetta:** italienische Form von ▸ Elisabeth.

**Elise:** ▸ Elisa.

**Élise** [eˈliːz]: französische Kurzform von ▸ Elisabeth.

**Elisheva:** neuhebräische Form von ▸ Elisabeth.

**Eliza** [ɪˈlaɪzə]: englische Kurzform von Elizabeth (▸ Elisabeth).

**Elizabeth** [ɪˈlɪzəbəθ]: englische Form von ▸ Elisabeth.

**Elja:** Schreibvariante von ▸ Elia, auch russische Kurzform verschiedener Vornamen.

**Elke,** (auch:) Elka: verselbstständigte niederdeutsch-friesische Koseform von ▸ Adelheid.

**Ella:** Kurzform von ▸ Elisabeth, ▸ Elfriede oder ▸ Eleonore, auch von italienischen Vornamen auf »-ella« (z. B. ▸ Graziella, ▸ Gabriella).

**Ellen:** englische Variante von ▸ Helen, auch dänische Form von ▸ Helene.

**Elli,** (auch:) Elly: Koseform von ▸ Elisabeth.

**Ellida,** (auch:) Elida: abgeleitet von dem altisländischen

## Die schönsten spanischen Mädchennamen

Anita * Carmen * Catalina * Elena * Elvira * Inés * Isabel * Juana * Lola * Maite * Margarita * Maribel * Marisol * Paloma * Pilar

Schiffsnamen Ellídi »Schnellsegler«, seit 1842 in der Form Ellida als nordischer weibl. Vorname in Gebrauch.

**Ẹllie:** englische Herkunft, Koseform von Namen, die mit »El-« beginnen, vor allem von ▸ Eleanor.

**Ẹllinor:** Nebenform von ▸ Elinor.

**Ẹllis:** Kurzform von ▸ Elisabeth, möglicherweise auch Schreibvariante von engl. Ellice, einer Nebenform von ▸ Alice, oder identisch mit dem männl. Vornamen Ellis: aus dem Englischen, nach dem gleichlautenden Familiennamen, der wiederum auf eine im Mittelalter geläufige Form von Elias (▸ Iljana) zurückgeht.

**Ẹlly:** ▸ Elli.

**Ẹlma:** Kurzform von Namen, die auf »-elma« ausgehen (z. B. ▸ Wilhelma), Doppelform aus ▸ Elisabeth und ▸ Maria oder Variante von ▸ [2]Alma.

**Elmi̲ne:** Erweiterung von ▸ Elma.

**Elmi̲ra,** (auch:) Elmi̲re; Almi̲ra: spanische Herkunft, weibliche Form westgotischer Namen wie Adalmir (ahd. adal »edel, vornehm; Abstammung, [edles] Geschlecht« + ahd. māri »bekannt, berühmt, angesehen«) oder Alamir (got. alls »all, ganz« + ahd. māri).

**Ẹlna:** dänische und schwedische Nebenform von ▸ Elina.

**Élodie** [elɔˈdi]: aus dem Französischen, germanischer Ursprung, zu ahd. al »ganz, vollständig« + ahd. ōt »Besitz, Reichtum«, vgl. ahd. alōd »Allod, freier Besitz«.

**Eloi̲sa:** italienische Form von ▸ Eloïse.

**Eloïse** [elɔˈiz]: französ. Nebenform von Heloïse (▸ Heloise).

**Ẹlsa:** Kurzform von ▸ Elisabeth. Der Name ist bekannt durch die Elsa von Brabant aus der Lohengrinsage und aus Richard Wagners Oper »Lohengrin« (1850).

**Elsbeth:** Kurzform von ▸ Elisabeth.
**Else:** Kurzform von ▸ Elisabeth.
**Elsi:** Koseform von ▸ Elisabeth.
**Elsie,** (auch:) Elsy: englische Koseform von Elizabeth (▸ Elisabeth).
**Elsmarie:** weibl. Vorn., Doppelform aus ▸ Elsa und ▸ Marie.
**Elvi:** Kurzform von ▸ Elvira.
**¹Elvina:** englische Herkunft, ▸ ¹Alvina.
**²Elvina:** ▸ Elwine.
**Elvira,** (auch:) Elvire; Elwira: aus dem Spanischen, westgotische Herkunft, zu got. *gails, vgl. gailjan »erfreuen«, oder *gails »Speer« + wērs »wahr« oder -uara »der [Ab]wehrende, Verteidiger«.
**Elwine:** Nebenform von ▸ Alwine.
**Emanuela:** weibl. Form von Emanuel, einer Nebenform von Immanuel: aus der Bibel, zu hebr. ʻimmānūʼēl »mit uns [ist] Gott«, wohl ein Heilsruf des Tempelkultes; unter diesem Namen kündigt der Prophet Jesaja nach neutestamentlichem Verständnis den Messias an.
**Emelie:** Variante von ▸ Amelie oder Eindeutschung von Emely (▸ Emily).
**Emeline:** geht zurück auf eine Erweiterung von ▸ Emelie.
**Emely:** englische Variante von ▸ Emily.
**Emilia:** Variante von ▸ Emilie, auch spanisch und italienisch.
**Emilie:** weibl. Form von Emil, der – über das Französische – auf einen altrömischen Geschlechternamen zurückgeht.
**Émilie** [emiˈli]: französische Form von ▸ Emilie.
**Emily:** englische Form von ▸ Emilie.
**Emina,** (auch:) Emine: Variante von ▸ ³Amina oder verselbstständigte Kurzform von Namen, die mit »Erm-« beginnen (▸ Ermelind).
**Emine:** türkische Form von ▸ ¹Amina.
**Emma:** alter deutscher Vorname, verselbstständigte Kurzform von Namen, die mit »Erm(en)-«, »Irm(in)-« (german. *ermana, *irmina »allumfassend, groß«, später Namenglied mit verstärkender Bedeutung) gebildet wurden.
**Emmanuelle** [ɛmaˈnɥɛl]: aus dem Französischen, weibl. Form von Emmanuel, einer Nebenform von Emanuel (▸ Emanuela).
**Emmelie,** (auch:) Emmely: deutsche und niederländische Neubildungen zu ▸ Emma und ▸ Emily.

## Die schönsten Formen von Julia

Giulia (italienisch) * Giulietta (italienisch) * Jula, Juli * Julie (deutsch, englisch, französisch) * Juliet (englisch) * Juliette (französisch) * Julika (ungarisch) * Julina, Juline * Julischka (ungarisch)

**Emmeli̲ne:** Schreibvariante von ▸ Emeline, auch englisch.

**Ẹmmi:** Koseform von ▸ Emma.

**Ẹmmy:** Schreibvariante von ▸ Emmi, auch englische Koseform von ▸ Emma, ▸ Emily.

**Emmylou** [ɛmɪˈlu:]: englische Doppelform aus ▸ Emmy und ▸ Lou (Louise).

**E̲na:** evtl. Kurzform von ▸ Helena oder englische Form des irischen Namens Eithne, dessen Herkunft unbekannt ist.

**Enid** [ˈi:nɪd]: keltischer Ursprung, nach einer Gestalt aus der Artussage.

**E̲nie:** wurde zu Beginn des 21. Jh.s durch den Künstlernamen der Fernsehmoderatorin Enie van de Meiklokjes (eigtl. Doreen Grochowski) bekannt. Möglicherweise wurde der Künstlername in Anlehnung an Ennie, eine verselbstständigte friesische Koseform unsicherer Herkunft, gebildet.

**Ẹnja:** russische Herkunft, Ableitung von Enej, dies zu Aeneas: aus der antiken Mythologie, griech. Aineías, lat. Aenēās; unbekannter Ursprung, bereits in der Antike volksetymologisch an griech. ainéein »loben, preisen« sowie an griech. ainós »schrecklich, gefürchtet« angelehnt.

**Ẹnna,** (auch:) Ẹnne: verselbstständigte niederdeutsch-friesische Kurzform von Zusammensetzungen mit »Ein-« (aus »Agin-«/»Egin-«, zu german. *agi- »Furcht, Schrecken«) oder »Arn-« (ahd. arn »Adler«).

**Eno̲la:** gegen Ende des 20. Jh.s aus dem Englischen entlehnt. Die Bedeutung ist nicht gesichert (»Magnolie« aus einer nordamerikanischen Indianersprache?). Möglicherweise wurde der Name aus dem englischen Wort alone »allein«, rückwärts gelesen, geprägt. Zu beachten ist, dass Enola Gay das Flugzeug hieß, aus dem die erste Atombombe auf Hiroshima abgeworfen wurde. Der Pilot hatte seinem Flugzeug den Namen seiner Mutter gegeben. Engl. Aussprache: [ɪˈnoʊlə].

**Enya:** englische Nebenform des irischen Vornamens Eithne, dessen Bedeutung umstritten ist, oder Schreibvariante von ▸ Enja.

**Erica:** ▸ Erika.

**Erika,** (auch:) Erica: weibl. Form von Erich, der hochdeutschen Form des nordischen und niederdeutsch-friesischen Vornamens Erik: zu altnord. Eiríkr aus german. *aina »ein, allein« + altnord. ríkr »mächtig; Herrscher« oder zu altsächs. ēra »Ehre« oder altsächs. ēwa »Gesetz« + altsächs. rīki »mächtig, Herrscher«. Dieser Name vermengte sich mit der aus dem Griechischen stammenden Bezeichnung für das Heidekraut.

**Erin** [ˈeɪrən]: identisch mit dem männl. Vornamen Erin, der englischen Form von gäl. Éirinn, Dativ von Éire »Irland«.

**Ermelind,** (auch:) Ermelinda: alter deutscher Vorname, zu german. *ermana, *irmina »allumfassend, groß«, später Namenglied mit verstärkender Bedeutung + ahd. lind »sanft, weich, mild«.

**Erminia:** weibl. Bildung zu Ermin: verselbstständigte Kurzform von Namen, die mit »Ermen-« (german. *ermana, *irmina »allumfassend, groß«, später Namenglied mit verstärkender Bedeutung) gebildet wurden, in Italien nach einer weibl. Gestalt aus Torquato Tassos Epos »Das befreite Jerusalem«.

**Erna:** Kurzform von ▸ Ernesta, ▸ Ernestina.

**Ernesta:** weibl. Form von Ernestus, einer Latinisierung von Ernst: alter deutscher Vorname, zu ahd. ernust »Ernst, Eifer; Kampf, Sorge«.

**Ernestine,** (auch:) Ernestina: weibl. Form von Ernst (▸ Ernesta) mit der Endung »-ine/-ina«.

**Eska,** (auch:) Eske: friesische Koseform, wohl von Namen, die mit altfries. ēs »Ase (Gott)« gebildet wurden.

**Esmé,** (auch): Esmée: schottischer Vorname, ursprünglich

## Die schönsten Mädchennamen aus der griechischen Mythologie

Aglaia * Ariadne * Chloe * Clio * Cynthia * Danae * Daphne * Delia * Doris * Helena * Hermione * Irene * Iris * Kalliope * Kora * Leda * Penelope * Phöbe * Phyllis * Selene

französische Herkunft (Partizip Perfekt von altfranzös. esmer »lieben, schätzen«).

**Esmerạlda:** zu span. esmeralda »Smaragd«.

**Esperạnza:** zu span. esperanza »Hoffnung«.

**Esrạ:** aus dem Türkischen, zu arab. asra‘ »schneller«.

**Estẹlla:** Latinisierung von französisch ▸ Estelle.

**Estelle** [ɛsˈtɛl]: zu altfranzös. estoile »Stern«.

**Ẹsther,** (auch:) Ẹster: aus der Bibel, Herkunft unsicher, zu altpersisch *star(eh) »Stern« oder zur babylonischen Göttin Ishtar. Nach der Bibel war Esther die Frau des persischen Königs Ahaschwerosch (Xerxes I.). Sie vereitelte die Ausrottung der Juden in Persien.

**Estrella** [esˈtrelja]: zu span. estrella »Stern«.

**Ẹtelka:** ungarische Herkunft, nach dem Königsnamen Etele (= Attila, got. »Väterchen«) + ka 1788 von dem Schriftsteller András Dugonics geschaffen.

**E̲thel:** aus dem Englischen, Kurzform von Namen, die mit »Ethel-« (altengl. æðel »edel«) gebildet sind.

**Euge̲nie,** (auch:) Euge̲nia: zu griech. eugenḗs »wohlgeboren, von edler Abkunft, edel«.

**Eugénie** [øʒeˈni]: französische Form von ▸ Eugenie.

**Eula̲lia,** (auch:) Eula̲lie: zu griech. eúlalos »wohlredend, beredt«.

**Euni̲ke:** zu griech. eū »wohl, gut, schön, reich« + griech. níkē »Sieg«.

**Euphe̲mia:** zu griech. euphēmía »gute Benennung«.

**E̲va,** (auch:) E̲ve: aus der Bibel, Herkunft und Bedeutung nicht sicher geklärt, in der Bibel zu hebr. chajjah »lebendig« gestellt, denn Eva ist die Mutter aller Lebenden, evtl. gehört der Name aber zu aram. chewyā »Schlange«.

**Evamaria,** (auch:) Evamarie: Doppelform aus ▸ Eva und ▸ Maria.

[1]**Eve:** Nebenform von ▸ Eva.

[2]**Eve** [iːv]: englische Form von ▸ Eva.

**Evelin:** eindeutschende Schreibung von ▸ Evelyn.

**Evelina,** (auch:) Eveline: aus dem Englischen, geht zurück auf den altfranzösisch-normannischen Namen Aveline (▸ Ava).

**Evelyn,** (auch:) Evelyn: aus dem Englischen [ˈiːvlɪn], [ˈɛvlɪn], geht zurück auf den gleichlautenden Familiennamen, der sich wiederum von dem Namen Aveline (▸ Evelina) ableitet.

**Evelyne:** Nebenform von ▸ Evelyn.

**Evi:** Koseform von ▸ Eva.

**Evita:** spanische Koseform von ▸ Eva.

**Ewa:** polnische Form von ▸ Eva.

**Eyla:** ▸ Eila.

**Eyleen:** ▸ Eileen.

# F

**Fabia:** weibl. Form von Fabius: lateinischer Ursprung, geht zurück auf einen altrömischen Geschlechternamen, vielleicht zu lat. *fabis »edel«.

**Fabiane,** (auch:) Fabiana: weibl. Form von Fabian: lateinischer Ursprung, geht zurück auf einen mit der Endung »-ānus« zu dem römischen Geschlechternamen Fabius (vielleicht zu lat. *fabis »edel«) gebildeten Beinamen.

**Fabienne** [faˈbjɛn]: französische Form von ▸ Fabiane.

**Fabiola:** aus dem Spanischen, geht zurück auf eine Ableitung von lat. ▸ Fabia.

**Fabrizia:** weibl. Form von Fabrizio: aus dem Italienischen, geht zurück auf den altrömischen Geschlechternamen Fabricius.

**Fadila:** zu arab. fadīla »moralische Vortrefflichkeit, Tugend«.

**Fanni:** eindeutschende Schreibweise von ▸ Fanny.

**Fanny:** aus dem Englischen, Koseform von Frances, der englischen Form von ▸ Franziska, wird in Frankreich häufig, in Deutschland nur gelegentlich als Kurzform von ▸ Stephanie gebraucht.

**Farah,** (auch:) Fara: zu arab. faraḥ »Freude, Heiterkeit, Glück«.

**Fariba:** persische Herkunft, bedeutet »bezaubernd«.

**Farida:** weibl. Form von Farid: zu arab. farīd »einzigartig, unvergleichlich« zu arab. farada »einzigartig/einmalig sein«. Im Arabischen ist farīda auch eine Bezeichnung für »Edelstein«.

**Farin:** persische Herkunft, Bedeutung »die Beste«.

**Fatima,** (auch:) Fatma: zu arab. fātima »die Abstillende«. Die durch Zusammenziehung entstandene Form Fatma ist vor allem türkisch. Fatima hieß die jüngste Tochter Mohammeds.

**Fatin:** zu arab. fātin »bezaubernd, verführerisch«..

**Faustina,** (auch:) Faustine: weibl. Form von Faustin, zu lat. Faustinus, eine Ableitung von Faustus: lateinischer Ursprung, geht zurück auf einen römischen Beinamen, lat. faustus »günstig, beglückend, Glück bringend«.

**Faye,** (auch:) Fay [feɪ]: aus dem Englischen, zugrunde liegt entweder eine Umbildung von faith »Glaube« oder fay »Fee«.

**Fayola:** aus Nigeria, bedeutet in der Yoruba-Sprache »Glück geht einher mit Ehre«.

[1]**Fe:** Kurzform von Namen, die mit »Fe-« beginnen.

[2]**Fe:** zu span. fe »Glaube« (vgl. ▸ Fides).

**Federica:** weibl. Form von Federico, der italienischen und spanischen Form von Friedrich (▸ Friederike).

**Fedora:** weibl. Form von Fedor: aus dem Russischen, transliterierte (buchstabengetreue) Form von Fjodor, der russischen Form von Theodor: zu griech. theós »Gott« und dōron »Geschenk, Gabe«, also »Gottesgeschenk«.

**Fee:** Variante von ▸ [1]Fe, in der Schreibung an das Wort »Fee« angelehnt.

**Felice:** weibl. Bildung zu Felix: zu lat. fēlīx »fruchtbar; glücklich; Glück bringend«, ursprünglich ein römischer Beiname, der als Wunschname aufgefasst werden kann.
**Felicia:** ▸ Felizia.
**Feliciana:** weibliche Form von Felician, einer Weiterbildung von Felix (lat. fēlīx »glücklich; Glück bringend«).
**Felicitas:** ▸ Felizitas.
**Felicity** [fɪˈlɪsɪtɪ]: englische Form von ▸ Felizitas.
**Felina,** (auch:) Feline: unsichere Herkunft, wahrscheinlich Weiterbildung zu lat. fēlīx »fruchtbar; glücklich; Glück bringend«.
**Felisa:** aus dem Spanischen, weibliche Form von Felix (▸ Felice).
**Felizia,** (auch:) Felicia: weibl. Form von Felix (▸ Felice).
**Felizitas,** (auch:) Felicitas: zu lat. fēlīcitās »Fruchtbarkeit; Glück, Glückseligkeit«, auch personifiziert: Göttin des Glücks.
**Femke:** friesische Lall- und Koseform von Namen, die mit »Fried-« gebildet sind.
**Fenella:** aus dem Englischen, gäl. Fionnguala zu fionn »weiß« + guala »Schulter«.
**Fenja:** russische Koseform von ▸ Feodora und anderen Namen.
**Fenna:** niederdeutsch-friesischer Vorname, dessen Herkunft umstritten ist. Am ehesten handelt es sich um eine Kurzform von Aleferna/Alferne (altsächs. al-, ala- »all, ganz« + ferna, Namenbestandteil ungeklärten Ursprungs).
**Feodora:** weibl. Form von Feodor (▸ Fedora)
**Ferdinande,** (auch:) Ferdinanda: weibl. Form von Ferdinand: aus dem Spanischen, germanischer Ursprung, span. Fernando zu got. *frith »Schutz vor Waffengewalt, Friede« + got. *nanth »Kühnheit«, der Name gelangte mit den Westgoten nach Spanien.
**Fernanda:** weibl. Form von Fernando, der spanischen Form von Ferdinand (▸ Ferdinande); auch in Italien geläufig.
**Fia:** Kurzform von Sofia (▸ Sophia).
**Fidelia:** weibl. Form von Fidelius, einer Weiterbildung von Fidelis: geht zurück auf einen spätrömischen Personennamen zu lat. fidēlis »treu, zuverlässig; rechtgläubig; Christ«.
**Fides:** zu lat. fidēs »Glaube«.
**Filippa:** weibl. Form von Filippo, der italienischen Form von

## Die schönsten Mädchennamen mit religiöser Bedeutung

Batya (»Tochter Gottes«) * Dalia (»Gott hat Großes getan«) * Donata (»die [Gott oder von Gott] Geschenkte«) * Dorothea (»Gottesgeschenk«) * Elisabeth (»Gott ist Fülle, Vollkommenheit«) * Jiska (»Jahwe sieht«) * Johanna (»Gott ist gnädig«) * Manuela (»mit uns [ist] Gott«) * Maria (vielleicht »Gottesgeschenk«) * Raphaela (»Gott heilt«) * Salvia (»erlöst in Gott«)

Philipp: zu griech. Philippos, zu griech. phílos »Freund« und híppos »Pferd«, also etwa »Pferdefreund«.

**Filomena:** ▸ Philomena.

**Fina,** (auch:) Fine: Kurzform von Namen, die auf »-fina« ausgehen, besonders von ▸ Josefine, Josefina.

**Finja,** (auch:) Finia; Finnja; Finya: russische Kurzform von Rufinija (▸ Rufina) oder weibl. Bildung zu Finn: nordische Herkunft, bezeichnet einen Angehörigen des finnischen Volkes, oder irischer Ursprung, zu gäl. fionn »weiß, hell, blond«.

**Finola:** Nebenform von ▸ Fenella.

**Fiona:** aus dem Englischen, keltischer Ursprung, zu gäl. fionn »weiß, hell, blond«.

**Fiora:** zu italien. fiore »Blume«.

**Fiorella:** italienische Herkunft, Erweiterung von ▸ Fiora.

**Fioretta:** italienische Herkunft, Erweiterung von ▸ Fiora.

**Fiorina:** italienische Herkunft, Erweiterung von ▸ Fiora.

**Flavia:** weibl. Form von Flavius (lateinischer Ursprung, zu dem römischen Geschlechternamen Flavius, zu lat. flāvus »blond«) oder von Flavio, der italienischen Form von Flavius.

**Fleur** [flœ:r]: zu französ. fleur »Blume«; geht zurück auf die Gestalt der Fleur Forsyte in der »Forsyte Saga« von J. Galsworthy.

**Fleurie** [flœˈri]: Neubildung zu französ. fleurir »blühen«.

**Flor:** verkürzte Form von ▸ Flora, ▸ Florence, ▸ Florenze oder zu span. flor »Blume«.

**Flora:** nach der römischen Göttin der Blumen und des Frühlings, zu lat. flōs, flōris »Blume«, auch weibl. Form des römischen Beinamens Florus: zugrunde liegt das alte lateinische Adjektiv flōrus, das ursprünglich (wie auch flāvus, vgl. ▸ Flavia) »blond« bedeutete, später aber »blühend«.

**Florence:** englische Form von ▸ Florenze.

**Florentine,** (auch:) Florentina: weibl. Form von Florentin: lateinischer Ursprung, geht zurück auf den römischen Beinamen Florentinus, eine Weiterbildung von Florens (zu lat. flōrēns »blühend, jugendlich blühend«).

**Florenze:** weibl. Form von Florenz: lateinischer Ursprung, geht zurück auf den römischen Beinamen Florentius, eine Weiterbildung von Florens (▸ Florentine).

**Floretta:** italienische Koseform von ▸ Flora.

**Floria:** Weiterbildung von ▸ Flora.

**Floriane,** (auch:) Floriana: weibl. Form von Florian: lateinischer Ursprung, geht zurück auf Florianus, eine Weiterbildung von Florus (▸ Flora).

**Florianne:** Nebenform von ▸ Floriane oder Doppelform aus Flori(ane) + ▸ Anne.

**Florica:** rumänische Koseform von ▸ Flora, auch serbisch, kroatisch [ˈfloritsa].

**Florida:** zu lat. flōridus, -a, -um »blühend, blumenreich«.

**Florina:** weibl. Form von Florin: lateinischer Ursprung, geht zurück auf den römischen Beinamen Florinus, eine Weiterbildung von Florus (▸ Flora).

**Florine:** französische Form von ▸ Florina.

**Fokka,** (auch:) Fokke: alte (besonders friesische) Kurzform von Namen, die mit »Volk-« gebildet sind (z. B. ▸ Volkhild).

**Foline,** (auch:) Voline: friesische Erweiterung einer Kurzform von Namen, die mit »Volk-« gebildet sind (z. B. ▸ Volkhild).

**Fortuna:** zu lat. fortūna »Schicksal, Glück«. In der römischen Mythologie ist Fortuna die Schicksals- oder Glücksgöttin.

## Die schönsten Formen von Elisabeth

Bess, Bessy, Beth (englisch) * Betta, Bettina (italienisch) * Betsy, Betty (englisch) * Elisa, Elise * Elisheva (neuhebräisch) * Elissa (englisch) * Eliza (englisch) * Ella, Elli, Elly * Elsa, Else * Isabel (spanisch) * Isabella (italienisch) * Isabelle (französisch) * Lilli, Lilly * Lisa * Lisette (französisch) * Liska (schwedisch, russisch) * Liz, Liza, Lizzy (englisch)

**Frạnca:** italienische Herkunft, weibl. Form von Franco, der italienischen Form von Frank (▸ Franka).

**France** [frãs]: identisch mit dem Ländernamen, französ. France »Frankreich«, zum Teil aber auch als verkürzte Form von ▸ Françoise aufgefasst.

**Frances** [ˈfrɑːnsɪs]: englische Form von ▸ Franziska.

**Francesca** [franˈtʃeska]: italienische Form von ▸ Franziska.

**Francie** [ˈfrɑːnsɪ]: englische Koseform von ▸ Frances.

**Francine** [frãˈsin]: französische Herkunft, weibl. Form von Francin, einer Koseform von Franc, die Frank (▸ Franka) entspricht.

**Francịsca:** Schreibvariante von ▸ Franziska, auch spanisch.

**Françoise** [frãˈswaːz]: französische Form von ▸ Franziska.

**Frạnka:** weibl. Form von Frank: alter deutscher Vorname, zu ahd. Franko »der Franke«.

**Frạnzi,** (auch:) Frạ̈nzi: Koseform von ▸ Franziska.

**Franzi̲ne:** weibl. Form von Franz (▸ Franziska).

**Frạnzis:** Kurzform von ▸ Franziska.

**Franzịska,** (auch:) Francịsca: weibl. Form von spätlat. Franciscus (»Franke, fränkisch«, später »Franzose, französisch«), daraus italienisch Francesco. Der Name geht zurück auf

## Die schönsten türkischen Mädchennamen

Alara * Ayla * Beyza * Dilara * Elif * Gülay * Ilayda * Irem * Lale * Melek * Meryem * Selin * Sena * Yasemin

den heiligen Franz von Assisi, der eigentlich Giovanni Bernardone hieß. Ihm wurde vom Vater oder von Freunden der Spitzname Francesco (»Franzose«) gegeben.

**Frauke:** friesische und niederdeutsche Koseform, unklare Herkunft, zu ahd. frouwa »Frau, Herrin« oder zu ahd. frawa- »fröhlich, heiter«.

**Freda,** (auch:) Frede: Kurzform von ▸ Frederika.

**Frederica:** weibl. Form von Fredericus, einer latinisierten Form von Friedrich (▸ Friederike).

**Frederika,** (auch:) Frederike: weibl. Form von Frederik: niederdeutsche, dänische und niederländische Form von Friedrich (▸ Friederike).

**Frédérique:** französische Form von ▸ Friederike.

**Freia,** (auch:) Freya; Freyja: nordische Herkunft. In der nordischen Mythologie war Freyja ursprünglich eine Erdgöttin, später wurde sie als Göttin der Liebe und des Frühlings verehrt. Ihr Name gehört zu altnord. frjá »lieben«.

**Freydis:** nordische Herkunft, zu altnord. frjá »lieben« und altnord. dís »Göttin«.

**Friderica:** weibl. Form von Fridericus, einer latinisierten Form von Friedrich (▸ Friederike).

**Frieda,** (auch:) Friede; Frida: Kurzform von Namen, die mit »Fried-« oder »-friede« gebildet sind, besonders von ▸ Friederike und ▸ Elfriede.

**Friedel,** (auch:) Fridel: Koseform von Namen, die mit »Fried-« oder »-friede« gebildet sind, besonders von ▸ Frieda, ▸ Friederike und ▸ Elfriede.

**Friederike,** (auch:) Friederika; Friedericke; Friedericka; Friderike: weibl. Form von Friedrich: alter deutscher Vorname, zu ahd. fridu »Schutz vor Waffengewalt, Friede« +

ahd. rīhhi »Herrschaft, Herrscher, Macht; reich, mächtig, hoch«.

**Frịgga:** aus dem Schwedischen oder Norwegischen, geht zurück auf Frigg, zu altnord. frjá, altengl. frēogan »lieben«, vgl. altindisch priyā »Ehegattin, Geliebte«. Frigg(a) war die Göttin der Ehe. In der nordischen Sage tritt Frigg(a) manchmal unter dem Namen Freyja (▸ Freia) in Erscheinung. Der Vorname Frigga ist auch als Kurzform von schwed. Fredrika, norweg. Fredrikke (▸ Friederike) in Gebrauch.

**Frịtzi,** (auch:) Frịzzi: Koseform von ▸ Friederike.

**Fụlvia:** weibl. Form von Fulvio (zu lat. fulvus, -a, -um »rotblond«).

# G

**Ga̲bi,** (auch:) Ga̲by: Koseform von ▸ Gabriele.

**Gabrie̲le,** (auch:) Gabrie̲la: weibl. Form von Gabriel: aus der Bibel, zu hebr. gabar »stark sein« + 'ēl »Gott«, also etwa »Gott hat sich stark gezeigt«, oder zu hebr. geber »Mann« + 'ēl »Gott«, etwa »Mann Gottes«.

**Gabriẹlla:** italienische Form von ▸ Gabriele.

**Gabrielle** [gabriˈɛl]: französische Form von ▸ Gabriele.

**Ga̲by:** ▸ Gabi.

**Gail** [geɪl]: englische Kurzform von ▸ Abigail.

**Gạla:** russische Kurzform von ▸ Galina, gelegentlich auch von ▸ Jelena.

**Galate̲a:** zu griech. Galáteia, schon in der Antike zu griech. gála »Milch« gestellt und entweder als »die Milchweiße« gedeutet oder als »der wie Milch weiße Schaum des Meeres«; in der griechischen Mythologie Name einer Meeresnymphe.

**Gali̲na:** russischer Vorname, zu griech. galḗnē »Ruhe«.

**Garda:** Kurzform von Namen, die mit »-gard« gebildet sind (z. B. ▸ Hildegard).

**¹Gea:** (kindersprachliche) Verkürzung verschiedener Namen (z. B. ▸ Gertrud, ▸ Gerlinde u. a.).

**²Gea:** griech. Gaia, Erdgöttin, zu griech. gē »Erde«.

**Gebba:** niederdeutsch-friesische Kurzform von Gerburg (ahd. gēr »Speer« + ahd. burg »Burg, Zufluchtsstätte, Schutz«).

**¹Gela,** (auch:) Gele: Kurzform von ▸ Gertrud oder von Namen, die mit german. *gaila- »lustig, lüstern« gebildet wurden.

**²Gela:** Kurzform von ▸ Angela.

**Geli:** Kurzform von ▸ Angelika.

**Gemma** [ˈdʒɛmma]: zu italien. gemma »Edelstein«.

**Geneva** [dʒɪˈniːvə]: aus dem Englischen, identisch mit dem englischen Namen der Stadt Genf, aufgekommen aber eher als latinisierende Kurzform von ▸ Genoveva.

**Geneviève** [ʒənˈvjɛːv]: französische Form von ▸ Genoveva.

**Genovefa:** ▸ Genoveva.

**Genoveva:** wahrscheinlich zu german. *ginu- »weit, geräumig, ausgedehnt« + german. *waifō- »die sich Bewegende«, also »die weithin [im Kampf] sich Bewegende«.

**Georgette** [ʒɔrˈʒɛt]: aus dem Französischen, weibl. Form von Georges, der französischen Form von Georg (▸ Georgia).

**Georgia:** engl. Aussprache [ˈdʒɔːdʒə]: weibl. Form von Georg zu griech. geōrgós »Landmann, Bauer«.

**Georgina,** (auch:) Georgine: weibl. Form von Georg (▸ Georgia) mit der Endung »-ine/-ina«.

**Geraldine** [ˈdʒɛrəldiːn]: aus dem Englischen, weibl. Form von Gerald, dessen Bestandteile ahd. gēr »Speer« + ahd. walt zu waltan »walten, herrschen« entsprechen.

**Gerda:** nordische Herkunft, Ableitung des altnordischen Frauennamens Gerðr, dem – wie auch dem deutschen Namenglied »-gard« (vgl. ▸ Hildegard, ▸ Irmgard) – german. *gardaz »Zaun, Einfriedung« zugrunde liegt. In der nordischen Mythologie ist Gerðr die schöne Tochter eines Riesen, die den Gott Freyr heiratet.

**Gerdi:** Koseform von ▸ Gerda.

**Gerdina,** (auch:) Gerdine: Weiterbildung von ▸ Gerda oder Kurzform von Gerhardina.

**Gerdis:** schwedische Herkunft, Neubildung aus ▸ Gerda nach dem Vorbild von ▸ Hjördis.

**Gerhild,** (auch:) Gerhilde: alter deutscher Vorname, zu ahd.

## Die schönsten arabischen Mädchennamen

Aischa * Aliya * Amina * Amira * Azra * Djamila * Fadila * Halima * Leila * Malaika * Naila * Naima * Salwa * Samira * Yamina

G

gēr »Speer« + ahd. hiltja »Kampf, Kriegerin«, etwa »die im Speerkampf bewährte Kriegerin«.

**¹Geri:** Koseform von Namen, die mit »Ger-« gebildet sind, z. B. ▸ Gerhild, ▸ Gerlinde.

**²Geri** [ˈdʒɛrɪ], [ˈgɛrɪ]: englische Herkunft, Schreibvariante von ▸ Gerry.

**Gerke:** niederdeutsch-friesische Koseform von Namen, die mit »Ger-« gebildet sind, besonders von ▸ Gertrud.

**Gerlinde,** (auch:) Gerlind: alter deutscher Vorname, zu ahd. gēr »Speer« + ahd. lind »sanft, weich, mild«. Eine Sagengestalt ist Gerlind, die Mutter des Normannenkönigs Hartmut im Kudrunepos.

**Gerline:** Koseform von Namen, die mit »Ger-« gebildet sind, oder Doppelform aus ▸ Ger(hild), ▸ Ger(trud) + Line (▸ Lina).

**Germaine** [ʒɛrˈmɛn]: weibl. Form von Germain, der französischen Form von German: zu lat. Germānus »Germane« oder lat. germānus, -a »Bruder, Schwester«.

**Gerrit,** (auch:) Gerit: identisch mit dem männl. Vornamen Gerrit, durch Zusammenziehung entstandene friesische Form von Gerhard: alter deutscher Vorname, zu ahd. gēr »Speer« + ahd. harti, herti »hart, kräftig, stark«.

**Gerry** [ˈdʒɛrɪ]: englische Herkunft, Kurzform von ▸ Geraldine.

**Gerta:** Kurzform von ▸ Gertrud.

**Gerti,** (auch:) Gertie; Gerty: Koseform von ▸ Gerta, ▸ Gertrud.

**Gertje:** friesische Koseform von ▸ Gerta.

**Gertrud,** (auch:) Gertruda; Gertrude: alter deutscher Vorname, zu ahd. gēr »Speer« + german. *þrūþi »Kraft,

Stärke«, in althochdeutscher Zeit umgedeutet zu trūt »vertraut, lieb«.

**Gertrudis:** latinisierte Form von ▸ Gertrud.

**Gesa,** (auch:) Gese: niederdeutsch-friesische Koseform von ▸ Gertrud.

**Gesche:** niederdeutsch-friesische Koseform von ▸ Gertrud.

**Gese:** ▸ Gesa.

**Gesina,** (auch:) Gesine: Erweiterung von ▸ Gesa.

**Geske:** niederdeutsch-friesische Koseform von ▸ Gertrud.

**Ghislaine** [giz'lɛn]: weibl. Form des französischen Namens Ghislain, der den Namenbestandteil »gisel-/gisil-« (zu ahd. *gisil »kleiner Speer, Pfeilschaft«) enthält.

**Giada** ['dʒa:da]: zu italien. giada »Jade«.

**Gianna** ['dʒanna]: italienische Kurzform von Giovanna (▸ Johanna).

**Giannina** [dʒan'nina]: italienische Koseform von ▸ Gianna.

**Giesela:** ▸ Gisela.

**Gil** [dʒɪl]: Kurzform von ▸ Gillian.

**Gila:** Kurzform von ▸ Gisela.

[1]**Gilda** ['dʒilda]: aus dem Italienischen, weibl. Form von Gildo, einer italienischen Kurzform von Ermenegildo (zu german. *ermana, *irmina »allumfassend, groß« + ahd. gelt »Entgelt, Lohn, Opfer«).

[2]**Gilda:** verselbstständigte Kurzform von Namen, die mit »Gild-« (ahd. gelt »Entgelt, Lohn, Opfer«) gebildet wurden.

**Gillian** ['dʒɪlɪən], ['gɪlɪən]: englische Form von ▸ Juliana.

[1]**Gina:** Kurzform von ▸ Regina.

[2]**Gina** ['dʒi:na]: aus dem Italienischen, weibl. Form von Gino: Koseform von italienischen Namen, die auf »-gi« (z. B. Luigi) oder »-gio« (z. B. Giorgio) enden.

**Ginette** [ʒi'nɛt]: französische Koseform von ▸ Geneviève.

**Ginger** ['dʒɪndʒə]: zu engl. ginger »Ingwer, ingwerfarben; rötlichgelb« oder kindliche Spielform von ▸ Virginia.

**Ginia:** Kurzform von ▸ Virginia.

**Ginny** ['dʒɪnɪ]: englische Koseform von ▸ Virginia.

**Gioia** ['dʒɔ:i̯a]: zu italien. gioia »Freude; Juwel«.

**Giorgia** ['dʒɔrdʒa]: weibl. Form von Giorgio, der italienischen Form von Georg (▸ Georgia).

**Giovanna** [dʒo'vanna]: italienische Form von ▸ Johanna.

**Giovannina** [dʒovan'ni:na]: italienische Koseform von Giovanna (▸ Johanna).

## Die schönsten Namen großer Schriftstellerinnen

Charlotte Brontë * Daphne du Maurier * Emily Brontë * Grazia Deledda * Isabel Allende * Jane Austen * Joanne K. Rowling * Juli Zeh * Marguerite Duras * Nadine Gordimer * Nathalie Sarraute * Nelly Sachs * Sidonie-Gabrielle Colette * Simone de Beauvoir * Virginia Woolf



**Gisa:** Kurzform von ▸Gisela und Namen, die mit »Gis-« gebildet sind (z. B. Gislind).

**Gisela:** alter deutscher Vorname, zu ahd. *gisil »kleiner Speer, Pfeilschaft«.

**Gisèle** [ʒiˈzɛl]: französische Form von ▸Gisela.

**Gisella** [dʒiˈzɛlla]: italienische Form von ▸Gisela.

**Giselle:** Schreibvariante von ▸Gisèle.

**Gitta,** (auch:) Gitte: Kurzform von ▸Brigitte, Brigitta.

**Gitti:** Koseform von ▸Gitta.

**Giulia** [ˈdʒuːli̯a]: italienische Form von ▸Julia.

**Giuliana** [dʒuˈli̯aːna]: italienische Form von ▸Juliana.

**Giulietta** [dʒuˈli̯etta]: italienische Koseform von Giulia (▸Julia).

**Giuseppina** [dʒuzepˈpiːna]: weibl. Form von Giuseppe, der italienischen Form von Josef (▸Josefa).

**Glenda:** aus dem Englischen, walisische Herkunft, Neuprägung aus gäl. glan »sauber, rein, heilig« + da »gut« oder weibl. Form des männl. Vornamens Glenn (▸Glenn).

**Glenn:** identisch mit dem männl. Vornamen Glenn: aus dem Englischen, geht wahrscheinlich zurück auf einen von gäl. gleann »Tal« abgeleiteten Familiennamen.

**Glenna:** weibl. Bildung zu ▸Glenn.

**Gloria:** zu lat. glōria »Ruhm, Ehre«; es kann sich hierbei sowohl um einen Wunschnamen handeln als auch um einen christlich motivierten Namen, der den Preis Gottes (Gloria in excelsis Deo = Ehre sei Gott in der Höhe) zum Ausdruck bringt.

**Goda:** Kurzform von Namen, die mit »God-« (ahd. got »Gott«) gebildet sind.
**Godje,** (auch:) Gotje: niederdeutsch-friesische Koseform von Namen, die mit »Gode-« (ahd. got »Gott«) gebildet sind.
**Grace** [greɪs]: aus dem Englischen (▸ Grazia).
**Gracia:** ▸ Grazia.
**Grazia:** deutsche und italienische Form von lat. Gratia (»Anmut, Huld, Gnade«).
**Graziella:** italienische Koseform von ▸ Grazia.
**Greet,** (auch:) Greeta; Greete: niederdeutsch-friesische Kurzform von ▸ Margarete.
**Gret:** ▸ Grete.
**Greta:** Kurzform von Margareta (▸ Margarete), auch schwedisch.
**Gretchen:** Koseform von ▸ Grete.
**Grete:** Kurzform von ▸ Margarete.
**Gretel:** Koseform von ▸ Grete.
**Grethe:** ▸ Grete.
**Gretje,** (auch:) Gretjen: friesische Koseform von ▸ Grete.
**Griet,** (auch:) Grieta: friesische und niederländische Varianten von ▸ Gret, ▸ Greta.
**Grietje:** friesische und niederländische Koseform von ▸ Grete.
**Griselda,** (latinisiert:) Griseldis: aus dem Italienischen, germanischer Ursprung (zu altfranzös. grīs aus german. *græ-wa »grau« + ahd. hiltja »Kampf«). Nach der italienischen Sage erduldet Griselda gehorsam und demütig die harten Bewährungsproben, die ihr Ehemann ihr auferlegt.
**Grit,** (auch:) Gritt: Kurzform von Margrit (▸ Margarete).
**Grita,** (auch:) Gritta: Kurzform von Margrit (▸ Margarete).
**Guda:** alter deutscher Vorname, zu ahd. guot »gut«, oder Kurzform von Namen, die mit altsächs. gūth »Kampf« bzw. mit ahd. got »Gott« gebildet wurden.
**Gudrun,** (auch:) Gutrun; Gutrune: nordische Herkunft, altnord. Guðrún zu altnord. guð »Gott« + altnord. rún »Geheimnis, geheime Beratung«. In der nordischen Sage ist Gudrun Sigurds Gemahlin (entsprechend Kriemhild und Siegfried im »Nibelungenlied«).
**Gudula:** alter deutscher Vorname, Weiterbildung von ▸ Guda.
**Gülay:** zu pers./türk. gül »Rose« + türk. ay »Mond«.

## Die schönsten Formen von Johanna

Gianna, Giannina (italienisch) * Giovanna (italienisch) * Hanna, Hanne, Hanni * Iwana, Iwanka (russisch) * Jana (polnisch, tschechisch) * Jane, Janet (englisch) * Janna, Janne, Janni * Jean (englisch) * Jeanne, Jeannette, Jeannine (französisch) * Jenny (englisch) * Joan (englisch) * Juana, Juanita (spanisch) * Shauna (irisch) * Sian (walisisch)

**Günay:** identisch mit dem männl. Vornamen Günay (türk. gün »Sonne« + türk. ay »Mond«).

**Gunda,** (auch:) Gunde: alter deutscher Vorname, Kurzform von Namen, die mit »Gund-/Gunt-« oder »-gund[e]« (zu ahd. gund »Kampf«) gebildet sind.

**Gundel:** Koseform von Namen, die mit »Gund-/Gunt-« oder »-gund[e]« (zu ahd. gund »Kampf«) gebildet sind.

**Gundela:** Erweiterung von ▸ Gundel.

**Gundis:** aus dem Schwedischen, Neubildung aus den Bestandteilen altnord. gunnr »Kampf, Streit« + altnord. dís »Göttin«.

**Gundula:** Weiterbildung von ▸ Gunda.

**Gunhild,** (auch:) Gunhild: dänische/schwedische Herkunft, zu altnord. gunnr »Kampf, Streit« + altnord. hildr »Kampf, Streit«, etwa »im Kampf bewährte Kriegerin«.

**Gunilla:** in Schweden entstandene latinisierte Form von ▸ Gunhild.

**Gunna:** dänische/schwedische Kurzform von ▸ Gunhild und anderen Namen, die mit »Gun-« beginnen.

**Gusta:** Kurzform von Augusta (▸ Auguste).

**Guste:** Kurzform von ▸ Auguste.

**Gustel:** Koseform von ▸ Auguste.
**Gwen:** Kurzform von ▸ Gwendolin.
**Gwenda:** Neubildung zu walis. gwen »weiß, schön, glücklich« und walis. da »gut«.
**Gwendolin,** (auch:) Gwendolen; Gwendoline; Gwendolyn: zu walis. gwen »weiß, schön, glücklich« + dolen »Ring, Bogen«.

# H

**Hadassa** (eigentlich: Hadassa): aus der Bibel, zu hebr. hadassā, weibl. Form zu hebr. hadas »Myrte«, ursprünglicher Name der ▸ Esther.
**Hadwig,** (auch:) Hedwig: alter deutscher Vorname, ahd. hadu- »Kampf« + ahd. wīg »Kampf, Kriegerin«, etwa »im Kampf bewährte Kriegerin«.
**Haide:** ▸ Heide.
**Haidée,** (auch:) Haydée: geht wahrscheinlich zurück auf den neugriechischen Namen Chaído, zu neugriech. cháidi »Zärtlichkeit, Liebkosung« oder neugriech. aidṓs »Bescheidenheit«.
**Haidi:** ▸ Heidi.
**Haike:** ▸ Heike.
**Hakima:** weibl. Form von Hakim: zu arab. ḥakīm »weise, vernünftig, klug«.
**Halima:** zu arab. ḥalīma »die Milde, Geduldige«.
**Halina:** wahrscheinlich eine polnische Ableitung von ▸ Helene.
**Halka:** Koseform von ▸ Halina.
**Hana:** zu japan. hana »Blume, Blüte«.
**Hania:** polnische Koseform von ▸ [1]Hanna.
**Hanja:** Koseform von ▸ [1]Hanna oder ▸ [2]Hanna in Anlehnung an russische Koseformen wie ▸ Anja, ▸ Tanja.

## Die schönsten hebräischen Mädchennamen

Abigail * Aris * Batya * Dalia * Dina * Jael * Mara * Michal * Noa * Rivka * Schira * Tikva * Varda



**Hạnka:** polnische oder tschechische Koseform von ▸ ²Hanna.

**Hạnke:** niederdeutsch-friesische Koseform von ▸ Johanna.

**¹Hạnna,** (auch:) Hạnnah: zu hebr. hannā »Anmut, Liebreiz«.

**²Hạnna,** (auch:) Hạnne: Kurzform von ▸ Johanna. Hanne ist häufig Bestandteil von Doppelformen wie z. B. Hạnnelore oder Hạnnelena.

**Hạnnelore:** Doppelform aus Hanne (▸ ²Hanna) und ▸ Lore.

**Hạnni:** Koseform von ▸ Johanna.

**Hạnsi:** Koseform von ▸ Johanna.

**Hạrriet** ['hærɪət]: aus dem Englischen, weibl. Bildung zu Harry: Nebenform von Henry, der englischen Form von Heinrich (▸ Heinrike).

**Hau̲ke:** identisch mit dem männl. Vornamen Hauke, einer friesischen Koseform von Hugo und von Zusammensetzungen mit »Hug-« (ahd. hugu »Gedanke, Verstand, Geist, Sinn«).

**¹Hauke̲a:** weibliche Bildung zu Hauke, einer seit dem ausgehenden Mittelalter gebräuchlichen friesischen Koseform von Hugo, und von Zusammensetzungen mit »Hug-« (ahd. hugu »Gedanke, Verstand, Geist, Sinn«).

**²Hauke̲a:** aus Hawaii stammender Vorname (»schneeweiß«).

**Havi̲va:** neuhebräische Herkunft (zu neuhebr. chaviv »lieb, nett«).

**Haydé̲e̲:** ▸ Haidée.

**Hayley,** (auch:) Hailey; Haley ['heɪlɪ]: englische Herkunft, ursprünglich ein Familienname, der wiederum auf einen Ortsnamen zurückgeht.

## Die schönsten Mädchenvornamen aus Songs

Anna Molly (Incubus) * Aurélie (Wir sind Helden) * Cecilia (Simon & Garfunkel) * Corinne (Metronomy) * Deanna (Nick Cave) * Jolene (Dolly Parton) * Layla (Eric Clapton) * Luzia (Wanda) * Maggie May (Rod Steward) * Mary Lou (Ricky Nelson) * Matilda (Harry Belafonte) * Ophelia (The Lumineers) * Polly (The Kinks) * Rosanna (Toto) * Roxie (Chicago) * Valerie (Amy Winehouse)

**Heather** [ˈhɛðə]: zu engl. heather »Erika, Heidekraut«.

**Hẹdda:** nordische Kurzform von ▸ Hedvig.

**Hẹddi,** (auch:) Hẹddy: Koseform von ▸ Hedda.

**Hedi,** (auch:) Hedy: Koseform von ▸ Hedwig.

**Hedvig:** dänische, schwedische, norwegische Form von ▸ Hedwig.

**Hedwig:** alter deutscher Vorname, jüngere Form von ▸ Hadwig.

**Hedy:** ▸ Hedi.

**Heide,** (auch:) Haide: Kurzform von ▸ Adelheid. Der Name wird oft mit der gleichlautenden Pflanzenbezeichnung in Verbindung gebracht. Der Name kommt auch als Bestandteil von Doppelformen wie z. B. Heidegard (▸ Hildegard) oder Heidelind(e) vor.

**Heidi,** (auch:) Haidi: Koseform von ▸ Adelheid, auch als Koseform von Doppelformen mit ▸ Heide verwendet.

[1]**Heike:** weibl. Form von Heiko, einer niederdeutsch-friesischen Koseform von Heinrich (▸ Heinrike).

[2]**Heike,** (auch:) Heika; Haike: niederdeutsch-friesische Koseform von ▸ Heinrike.

**Heinrike,** (auch:) Heinrika: weibl. Form von Heinrich: alter deutscher Vorname, der sich aus Heimrich (ahd. heim »Haus« + ahd. rīhhi »Herrschaft, Herrscher, Macht; reich, mächtig, hoch«) entwickelt hat.

**He̱la:** ▸ [1]Hella.

**Hẹlen,** (auch:) He̱len: verkürzte Form von ▸ Helene, auch englisch.

**Hele̱ne,** (auch:) Hẹlena: griech. Helénē. In der griechischen Sage ist Helena, Gemahlin des Königs Menelaos von Sparta, eine Frau von außerordentlicher Schönheit. Ihre Entführung bzw., nach einer anderen Version der Sage, die Entführung ihres Trugbildes durch Paris löst den Trojanischen Krieg aus.

**Hélène** [eˈlɛn]: französische Form von ▸ Helene.

**Hẹlga:** nordische Herkunft, weibl. Form des männl. Vornamens Helge: zu altnord. heilagr »heilig«.

**Hẹlge:** deutsche Nebenform von ▸ Helga.

**Hẹlja:** Neubildung aus den beiden Namen ▸ Hel(ene) und Ja(kob) (▸ Jakoba).

**[1]Hẹlla,** (auch:) He̱la: Kurzform von ▸ Helene.

**[2]Hẹlla:** norwegische Variante von ▸ Helga.

**Hẹlma:** Kurzform von Zusammensetzungen mit »Helm-« oder »-helma« (z. B. Helmtraud und ▸ Wilhelma).

**Helmi̱ne,** (auch:) Helmi̱na: Kurzform von ▸ Wilhelmine.

**Heloi̱se:** deutsche Form des französischen Namens Héloïse [elɔˈiːz], germanische Herkunft, wahrscheinlich zu ahd. heil »gesund, unversehrt, heil« + ahd. witu »Holz, Wald«.

**Hendri̱ke,** (auch:) Hendri̱ka: weibl. Form von Hendrik, der niederländischen Form von Heinrich (▸ Heinrike).

**Hendri̱kje:** niederländische Herkunft, Koseform von ▸ Hendrike.

**Hendri̱na:** weibliche Bildung zu Hendrik, der niederländischen Form von Heinrich (▸ Heinrike).

**Hẹnja,** (auch:) Hẹnia: Ableitung von Namen, die mit »Hen-« beginnen (z. B. ▸ Hendrike).

**Hẹnni,** (auch:) Hẹnny: Koseform von ▸ Henriette oder auch von ▸ Johanna.

**Henri̱ca:** Schreibvariante von Henrika (▸ Henrike).

**Henriẹtta:** latinisierte Form von ▸ Henriette.

**Henriẹtte:** aus dem Französischen [ãˈrjɛt], weibl. Form von Henri, der französischen Form von Heinrich (▸ Heinrike).

**Henrike,** (auch:) Henrika; Henrieke: weibl. Form von Henrik, einer niederdeutsch-friesischen Form von Heinrich (▸ Heinrike).

**[1]Hera:** Kurzform von Namen, die mit »Her-« (zu ahd. heri »Kriegsschar, Heer«) beginnen (z. B. Herlinde).

**[2]Hera:** aus der griechischen Mythologie. Die Göttin Hera, Gemahlin des Zeus, war die Beschützerin von Ehe und Familie.

**Herdis:** nordische Herkunft, zu altnord. Herdís; der erste Namenbestandteil entspricht ahd. heri »Kriegsschar, Heer«, der zweite enthält altnord. dís »Göttin«.

**Herma:** weibl. Form von Herm, einer Kurzform von Hermann, oder Kurzform von ▸ Hermine.

**Hermine,** (auch:) Hermina: weibl. Bildung zu Hermann: alter deutscher Vorname, zu ahd. heri »Kriegsschar, Heer« + ahd. man »Mann«.

**Hermione:** griech. Hermiónē, zum Götternamen Hermes. In der griechischen Mythologie war Hermes der Sohn des Zeus und Bote der Götter des Olymps.

**Hero:** griechischer Ursprung, bekannt durch die tragische Liebesgeschichte zwischen Hero und Leander.

**Herta,** (auch:) Hertha: beruht auf einer falschen Lesart des Namens der germanischen Göttin Nerthus (Tacitus, Germania, Kap. 40).

**Hester:** englische Form von ▸ Esther.

**Heta,** (auch:) Hete; Hetta: Kurzform von ▸ Hedwig.

**Heti,** (auch:) Hetti, Hetty: Koseform von ▸ Heta.

**Hikari:** japanische Herkunft (japan. hikari »Licht, Helligkeit«).

**Hilaria:** weibl. Form von Hilarius: zu lat. hilarus, -a, -um »heiter, fröhlich«.

**Hilary** [ˈhɪlərɪ]: englische Form von ▸ Hilaria.

**Hilde,** (auch:) Hilda: alter deutscher Vorname, Kurzform von Namen, die mit »Hilde-« oder »-hild[e]« gebildet sind (z. B. ▸ Hildegard und ▸ Mathilde). Eine Sagengestalt ist Hilde, die Mutter Gudruns, in der Gudrunsage.

**Hildegard,** (auch:) Hildegarda; Hildegarde; Hildegart; Hildegardis: alter deutscher Vorname, zu ahd. hiltja »Kampf« + german. *gardaz »Zaun, Einfriedung«, vgl. ahd. garto »Garten«.

**Hildis:** latinisierte Form von ▸ Hilde oder schwedische Neubildung, zu altnord. hildr »Kampf« + altnord. dís »Göttin«.

## Die schönsten hawaiischen Mädchennamen

Alamea * Haukea * Kaia * Kailani * Kalani * Luana * Moana * Nani * Ola

**Hịlja:** finnische Herkunft, Neubildung (19. Jh.) zu finn. hiljainen »ruhig, still«.

**Hịlke,** (auch:) Hịlka: niederdeutsch-friesische Koseform von Namen, die mit »Hild(e)-« oder »-hild(e)« gebildet sind.

**Hịlla,** (auch:) Hịlle: Kurzform von Namen, die mit »Hilde-« oder »-hild(e)« gebildet sind.

**Hịlma:** weibl. Bildung zu einer friesischen Kurzform von Hilmar, einer jüngeren Form von Hildemar (ahd. hiltja »Kampf« + ahd. māri »bekannt, berühmt, angesehen«).

**Hịltje:** friesische Koseform von Namen, die mit »Hild(e)-« oder »-hild(e)« gebildet sind.

**Hịltrud,** (auch:) Hịltraud; Hiltru̲de: alter deutscher Vorname, zu ahd. hiltja »Kampf« + german. *þrūþi »Kraft, Stärke«, in althochdeutscher Zeit umgedeutet zu trūt »vertraut, lieb«.

**Hinderi̲ka:** weibl. Form von Hinderk, einer friesischen Form von Heinrich (▸ Heinrike).

**Hindri̲ke,** (auch:) Hindri̲ka: weibl. Form von Hindrik, einer friesischen Form von Heinrich (▸ Heinrike).

**Hinneri̲ka:** weibl. Form von Hinnerk, einer niederdeutsch-friesischen Form von Heinrich (▸ Heinrike).

**Hinri̲ke,** (auch:) Hinri̲ka: weibl. Form von Hinrik, einer niederdeutsch-friesischen Form von Heinrich (▸ Heinrike).

**Hjọrdis,** (auch:) Jọrdis: nordische Herkunft, altnord. Hjǫrdís zu altnord. hjǫrr »Schwert« + altnord. dís »Göttin«. In der nordischen Sage ist Hjördis die Mutter des Sigurd.

**Họlda,** (auch:) Họlde: Nebenform von ▸ [1]Hulda.

**Họlle:** durch Zusammenziehung entstandene Form von Holde (▸ Holda).

**Họlly:** Koseform von ▸ Holle; auch englischer Vorname nach der gleichlautenden Pflanzenbezeichnung (engl. holly »Stechpalme, Stechpalmenzweig«).

**Hortense** [ɔrˈtã:s]: französische Form von ▸ Hortensia.

**Hortensia,** (auch:) Hortensie: weibl. Form des römischen Geschlechternamens Hortensius, zu lat. hortus »Garten«, auch nach dem gleichlautenden Zierstrauch (vgl. ▸ Lilie). Die Pflanzenbezeichnung »Hortensie« wurde von dem französischen Botaniker P. Commerson (18. Jh.) nach dem Frauennamen ▸ Hortense geprägt.

[1]**Hulda,** (auch:) Holda; Holde: zu ahd. hold »gnädig, günstig; dienstbar; treu«.

[2]**Hulda:** aus der Bibel, hebr. »Wiesel«, im Alten Testament der Name einer Prophetin.

**Hyazintha:** weibl. Form von Hyazinth(us): zu griech. Hyákinthos, dessen Bedeutung unklar ist. Nach der griechischen Sage wurde Hyazinth, der Liebling Apolls, von diesem versehentlich mit einem Diskus getötet. Aus seinem Blut entsprang die Hyazinthe.

# I

**Ida:** alter deutscher Vorname, verselbstständigte Kurzform von heute nicht mehr gebräuchlichen Vornamen, die mit »Ida-« (vielleicht zu altnord. ídh »Werk, Tätigkeit«) gebildet wurden.

**Idoya** [iˈdoja]: aus Spanien stammender Vorname nach einem Marienheiligtum in Navarra.

**Ika:** verselbstständigte friesische Kurzform, Ursprung unbekannt; auch schwedische Kurzform von ▸ Annika.

**Ike:** identisch mit dem männl. Vornamen Ike, einer verselbstständigten friesischen Kurzform unbekannten Ursprungs.

**Ilana:** weibl. Form von Ilan: serbische, kroatische Ableitung von Ilija (▸ Iljana) oder neuhebräischer Ursprung, Bedeutung »Baum«.

**Ilaria:** italienische Form von ▸ Hilaria.

**Ilayda:** aus dem Türkischen; zugrunde liegt der Name einer Wasserfee.

**Ildiko:** ungarische Koseform von ▸ Hilde.

**Ileana:** rumänische Form von ▸ Helene.

**Ileane:** deutsche Variante von ▸ Ileana.

**Ilena,** (auch:) Ilene: wohl eine vereinfachte Form von ▸ Ileana.

**Ilenia,** (auch:) Ylenia: Erweiterung von ▸ Ilena.

**Ilga,** (auch:) Ilge: knüpft vielleicht an den bislang ungeklärten Namen der seligen Ilga von Schwarzenberg/Vorarlberg an.

**Ilia:** wohl Kurzform von Namen, die auf »-ilia« enden, auch italienisch.

**Iliana:** Schreibvariante von ▸ Iljana, auch schwedische Kurzform von ▸ Juliana.

**Iljana:** weibl. Bildung zu dem männl. Vornamen Ilja, der russischen Form von Elias: aus der Bibel, zu hebr. 'ēlīyāh »[mein] Gott ist Jahwe«. Nach der Bibel war Elias ein großer Prophet.

[1]**Ilka:** zugrunde liegen kann u. a. eine ungarische ['ilkɔ] Koseform von ▸ Ilona, eine russische Koseform von Ilarija (▸ Hilaria) oder eine weibliche Form von Ilko, einer bulgarischen Koseform von Ilija (▸ Iljana).

[2]**Ilka,** (auch:) Ilke: verselbstständigte friesische Koseform unbekannten Ursprungs.

[1]**Ilma:** zu finn. ilma »Luft«.

[2]**Ilma:** ungarische Herkunft, Neuprägung aus ▸ Il(ona) und (Vil)ma (▸ Wilma) des ungarischen Dichters Mihály Vörösmarty für eine Gestalt seines Märchenspiels »Csongor und Tünde«.

**Ilona,** (auch:) Ilona: ungarische Form von ▸ Helene.

**Ilonka,** (auch:) Ilonka: aus dem Ungarischen, Koseform von ▸ Ilona.

**Ilsa:** ▸ Ilse.

**Ilsabe,** (auch:) Ilsbet: Nebenform von ▸ Elisabeth.

**Ilse,** (auch:) Ilsa: Kurzform von ▸ Elisabeth. Ilse kommt auch vor als Bestandteil von Doppelformen wie z. B. Ilsedore oder Ilsegret.

**Ilske:** niederdeutsche Koseform von ▸ Ilse.

**Ilva:** italienische Herkunft, geht zurück auf Ilva, den lateinischen Namen der Insel Elba, oder Schreibvariante von ▸ Ylva.

**Imke,** (auch:) Imka: friesische Koseform von Namen, die mit »Irm-« gebildet sind, besonders von ▸ Irmgard.

**Imogen:** aus Shakespeares Drama »Cymbeline«, beruht offensichtlich auf einem Setzfehler, da Shakespeares Quelle Innogen, vielleicht von altirisch *eni-genā »Tochter, Mädchen«, hat.

**Ina:** Kurzform von Namen, die auf »-ina« ausgehen.

**Inamaria:** Doppelform aus ▸ Ina und ▸ Maria.

**Inci** [inˈdʒi]: türkische Herkunft, zu türk. inci »Perle«.

**Indira:** zu sanskrit. indira »Schönheit, Glanz«, Beiname der Göttin Lakschmi, Wischnus Gattin.

**Indra:** weibl. Form von Indri, einer bulgarischen Koseform von Andreas (▸ Andrea).

**Ineke:** ▸ Inke.

**Ines:** deutsche Variante von Inés, der spanischen Form von ▸ Agnes.

**Inga:** nordische Kurzform von Namen, die mit »Ing-« gebildet sind, z. B. ▸ Ingeborg.

**Inge:** Eindeutschung von ▸ Inga, auch dänisch. Inge kommt auch als Bestandteil von Doppelformen wie z. B. Ingedore oder Ingelene vor.

**Ingeborg:** aus dem Dänischen oder Schwedischen, zu altnord. Yngvi – Name einer germanischen Gottheit + altnord. borg »Zufluchtstätte, Schutz«.

**Ingegerd:** Vorn. dänischer/schwedischer Herkunft (altnord. Ingigerðer; zum ersten Namensbestandteil ▸ Ingeborg, zum zweiten ▸ Gerda).

**Inger:** jüngere Form von Ingegerd.

**Ingrid:** zu altnord. Ingiríðr; zum ersten Namenbestandteil siehe ▸ Ingeborg, der zweite enthält altnord. fríðr »schön«.

[1]**Inja:** Neubildung aus ▸ In(geborg) und ▸ Ja(koba).

[2]**Inja:** russische Kurzform von Innokentja (▸ Innocentia).

**Inke,** (auch:) Inka; Inken; Ineke; Ingke: friesischer Vorname unsicherer Herkunft, vielleicht Koseformen von Namen, die mit »Ing(e)-« beginnen oder auf »-ina/-ine« ausgehen.

**Inkeri:** finnische Form von ▸ Ingrid.

**Inna:** verselbstständigte friesische Kurzform unsicherer Herkunft (vgl. ▸ Inke), auch russische Kurzform verschiedener Namen.

## Die schönsten Namen großer Schauspielerinnen

Audrey Tautou * Charlotte Rampling * Corinna Harfouch * Diane Keaton * Emma Thompson * Geraldine Chaplin * Isabella Rossellini * Julia Jentsch * Juliette Binoche * Karoline Herfurth * Natalie Portman * Nicole Kidman * Olivia Colman * Sienna Miller

I

**Innocentia:** weibl. Form von Innozenz: geht zurück auf den römischen Beinamen Innocentius, zu lat. innocēns »unschuldig«.

**Inse,** (auch:) Insa: verselbstständigte friesische Koseform unsicherer Herkunft, vgl. ▸ Inke.

**Inska,** (auch:) Inske: Weiterbildung von ▸ Inse.

**Ioanna:** Schreibvariante von ▸ Johanna.

**Iolanda:** ▸ Jolanda.

**Iolanthe:** ▸ Jolanda.

**Iona** [aɪˈoʊnə]: aus dem Englischen, nach einer kleinen Insel der Hebriden.

**Ira:** Kurzform von ▸ Irena oder ▸ Irina.

**Irem:** türkischer Vorn. arabischer Herkunft (»Paradies«).

**Irena:** latinisierte Form von ▸ Irene.

**Irene:** zu griech. eirḗnē »Frieden«, auch Name der griechischen Friedensgöttin.

**Irène:** französische Form von ▸ Irene.

**Iria:** galizische (nordwestspanische) Herkunft, geht auf den Namen der antiken Stadt Iria Flavia bei Padrón (A Coruña) zurück.

**Irina:** russische Form von ▸ Irene.

**Irini:** neugriechische Form von ▸ Irene.

**Iris:** geht zurück auf griech. Íris, den Namen der Götterbotin. In der griechischen Mythologie wurde die Botin der Götter mit dem Regenbogen gleichgesetzt und íris appellativisch im Sinne von »Regenbogen« gebraucht. Heute denkt man bei dem Vornamen gewöhnlich an die gleichnamige Blume.

## Wie entstehen Modenamen?

Den Stars aus Film, Sport und Fernsehen kommt als Vorbildern für die Namengebung eine weit geringere Rolle zu als gemeinhin angenommen. Zu dem Zeitpunkt, an dem ein Name noch als unbekannt und exotisch gilt, wählen ihn nur wenige, besonders mutige Eltern aufgrund der Tatsache, dass ihn ein Star trägt. Damit ein solcher Name Mode wird, muss zunächst ein Nachahmungseffekt eintreten. Dann sind Vorbilder in der unmittelbaren Umgebung sehr viel prägender als einzelne bekannte Namensträger in der Öffentlichkeit.

## Die schönsten indischen Mädchennamen

Amrit * Indira * Jaya * Kali * Kanti * Lalita * Mohini * Nanda * Navina * Padma * Prema * Rani * Sarala * Sitara * Vinita

**Irit,** (auch:) Irith: zu neuhebr. irīt »Asphodele; ein Liliengewächs«.

**Ịrka:** tschechische und polnische Koseform von ▸ Irena.

**Ịrma:** alter deutscher Vorname, verselbstständigte Kurzform von Namen, die mit »Irm-« gebildet sind (z. B. ▸ Irmgard und ▸ Irmtraud).

**Ịrmalotte:** Doppelform aus ▸ Irma und ▸ Lotte.

**Ịrmela:** Koseform von ▸ Irma.

**Ịrmelind,** (auch:) Irmelịnde; Ịrmlind; Irmlịnde: alter deutscher Vorname, zu german. *ermana, *irmina »allumfassend, groß«, später Namenglied mit verstärkender Bedeutung, + ahd. lind »sanft, weich, mild«, auch beeinflusst durch ahd. linta »Linde, Schild aus Lindenholz«.

**Ịrmgard,** (auch:) Ịrmengard; Ịrmingard: alter deutscher Vorname, zu german. *ermana, *irmina »allumfassend, groß«, später Namenglied mit verstärkender Bedeutung, + german. *gardaz »Zaun, Einfriedung«, vgl. ahd. garto »Garten«.

**Ịrmhild,** (auch:) Irmhịlde: alter deutscher Vorname, zu german. *ermana, *irmina »allumfassend, groß«, später Namenglied mit verstärkender Bedeutung, + ahd. hiltja »Kampf«.

**Ịrmi:** Koseform von Namen, die mit »Irm-« gebildet sind.

**Ịrmingard:** ▸ Irmgard.

**Ịrmtraud,** (auch:) Ịrmtraut; Ịrmtrud: alter deutscher Vorname, zu german. *ermana, *irmina »allumfassend, groß«, später Namenglied mit verstärkender Bedeutung, + *þrūþi »Kraft, Stärke«, in althochdeutscher Zeit umgedeutet zu trūt »vertraut, lieb«.

**Isa:** Kurzform von ▸ Isabella, gelegentlich auch von ▸ Elisa, ▸ Isolde und ▸ Luisa/Luise.

**Isabe:** wohl Kurzform von ▸ Isabella.

**Isabel:** spanische Form von ▸ Elisabeth, die aus der griechisch-lateinischen Form Elisabel hervorgegangen ist.

**Isabell,** (auch:) Isabell: Schreibvariante von ▸ Isabel oder ▸ Isabelle.

**Isabella:** italienische Form von ▸ Isabel.

**Isabelle** [izaˈbɛl]: französische Form von ▸ Isabel.

**Isadora:** Nebenform von ▸ Isidora.

**Isaura:** griechischer/lateinischer Ursprung, weibl. Form zu lat. Isaurus, »der Isaurier«, nach der antiken Landschaft Isaurien in Kleinasien (heute südliche Türkei, etwa zwischen Konya und Silifke gelegen).

**Ishild,** (auch:) Ishilde: alter deutscher Vorname, zu ahd. īsan »Eisen« + ahd. hiltja »Kampf«.

**Isidora,** (auch:) Isidore: weibl. Form von Isidor: zu griech. Isídōros »Geschenk der Göttin Isis«.

**Isis:** geht zurück auf den Namen der ägyptischen Göttin.

**Iska,** (auch:) Iske: niederdeutsch-friesische Koseform von Namen, die mit »Is-« (ahd. īsan »Eisen«) gebildet sind.

**Ismene:** griechischer Ursprung, Bedeutung unklar. In der griechischen Sage ist Ismene eine Tochter des Ödipus und die Schwester der Antigone.

**Isobel** [ˈizəbɛl]: vor allem schottische Variante von ▸ Isabel.

**Isolde:** Herkunft unklar, vielleicht zu ahd. īsan »Eisen« oder īs »Eis« + ahd. hiltja »Kampf, Kriegerin«. Der Name wurde im Mittelalter durch die Sage von »Tristan und Isolde« bekannt.

**Isra:** zu arab. isrā' »nächtliche Reise«.

**Israela:** weibl. Form von Israel: aus der Bibel, zu hebr. Yisrā'el, dessen Herkunft unklar ist (zu hebr. 'el »Gott« + hebr. sārā »kämpfen, herrschen«, also »Gott herrscht« bzw. »kämpft«, oder zu hebr. yāšār »aufrecht«). Neuhebr. Form: Yisraela.

**Iva:** weibl. Form von Ivo: alter deutscher Vorname, zu ahd. īwa »Eibe; Bogen aus Eibenholz«; auch Kurzform von ▸ Ivana.

**Ivana:** ▸ Iwana.

**Ivanka:** ▸ Iwanka.

**Ivette:** deutsche Schreibvariante von ▸ Yvette.

**Ivo̲na,** (auch:) Ivo̲ne: weibl. Bildung zu Ivo (▸ Iva) oder Variante von ▸ Ivonne.

**Ivọnne,** (auch:) Ivọnn: deutsche Schreibvariante des französischen Vornamens ▸ Yvonne.

**Ivy** [ˈaɪvɪ]: zu engl. ivy »Efeu«.

**Iwa̲na,** (auch:) Iva̲na: weibl. Form von Iwan, russische Form von Johannes (▸ Johanna).

**Iwạnka,** (auch:) Ivạnka: Koseform von ▸ Iwana.

# J



**Jackie,** (auch:) Jacky [ˈdʒækɪ]: englische Koseform von ▸ Jacqueline.

**Jacklyn,** (auch:) Jaclyn: englische Schreibvarianten von ▸ Jacqueline.

**Jacqueline,** französ. Aussprache: [ʒaˈklin], engl. Aussprache: [ˈdʒækli:n]: aus dem Französischen, weibl. Form von Jacques, der französischen Form von Jakob (▸ Jakoba).

**Jacquelyn** [ˈdʒækli:n]: englische Variante von ▸ Jacqueline.

**Ja̲de:** nach dem Edelstein; auch englisch [dʒeɪd] und französisch [ʒad].

**Ja̲el,** (auch:) Ya̲el: aus der Bibel, zu hebr. yāʿēl »Steinbock, Bergziege«.

**Jako̲ba:** weibl. Form von Jakob: aus der Bibel, hebräischer Ursprung, bedeutet eigentlich »Er [Gott] möge schützen«, wird aber bereits im Alten Testament volksetymologisch als »Fersenhalter« und »er betrügt« verstanden. Nach der Bibel brachte Jakob seinen Zwillingsbruder Esau durch List um dessen Erstgeburtsrecht und durch Betrug um den väterlichen Segen.

**Ja̲le:** friesische Kurzform von Namen, deren erster Bestandteil german. *gailan »lustig, lüstern« enthält.

**Jamie** [ˈdʒeɪmɪ]: weibl. Bildung zu James, der englischen Form von Jakob (▸ Jakoba).

**Jamila:** ▸ Djamila.

**Jamina:** ▸ Yamina.

**Jana:** weibl. Form von Jan: niederdeutsche, friesische, niederländische, schwedische, polnische, tschechische Form von Johannes (▸ Johanna); auch Kurzform von ▸ Juliana, im Niederländischen von ▸ Adriana.

**[1]Jane:** Kurzform von ▸ Christiane, ▸ Juliane oder Nebenform von ▸ Jana.

**[2]Jane** [dʒeɪn]: englische Form von ▸ Johanna, die aus altfranzös. Je(h)anne hervorgegangen ist.

**Janet** [ˈdʒænɪt]: englische Kosefom von ▸ [2]Jane.

**Janetta:** latinisierende Form von ▸ Janet oder Erweiterung von ▸ Jana.

**Janette:** Erweiterung von engl. ▸ Janet oder vereinfachte Schreibung von französ. ▸ Jeannette; gelegentlich auch Weiterbildung von ▸ Jana.

**Janice** [ˈdʒænɪs]: englische Koseform von ▸ [2]Jane.

**Janika:** weibl. Bildung zu Janik, einer slowenischen oder eingedeutschten tschechischen (Janík) Koseform von Jan (▸ Jana), oder Schreibvariante von ▸ Jannika.

**Janin:** deutsche Variante von ▸ [2]Janine.

**Janina:** weibl. Form von Jan (▸ Jana).

**[1]Janine:** deutsche und niederländische Variante von ▸ Janina.

**[2]Janine,** auch englisch [ʒəˈniːn]: vereinfachte Schreibweise von französ. ▸ Jeannine.

**Janis** [ˈdʒænɪs]: englische Variante von ▸ Janice.

**Janita,** engl. Aussprache: [dʒəˈniːtə]: weibl. Bildung zu Jan (▸ Jana), im Englischen vereinfachte Form von ▸ Juanita oder Erweiterung von ▸ Janet.

**Janja:** Koseform mehrerer russischer Vornamen; vielleicht auch weibl. Bildung zu Jan, in zahlreichen Sprachen Kurzform von Johannes (▸ Johanna).

**[1]Janka** [ˈjɔŋkɔ]: ungarische Koseform von ▸ Johanna.

**[2]Janka:** polnische und tschechische Koseform von ▸ Johanna.

**Janna,** (auch:) Janne: niederdeutsch-friesische Kurzform von ▸ Johanna.

**Janneke:** niederdeutsch-friesische Koseform von ▸ Johanna.

## Die schönsten biblischen Mädchennamen

Ada * Anna * Debora * Elisabeth * Esther * Judith * Lea * Magdalena * Maria * Martha * Noemie * Rahel * Sara * Tamar



**Jannette:** Erweiterung von Janna mit der Endung »-ette« oder Eindeutschung von ▸ Jeannette.

**Janni,** (auch:) Janny: Koseform von ▸ Janna.

**Jannika:** weibl. Bildung zu Jannik: Ableitung von Johannes (▸ Johanna), deren genaue Herkunft nicht eindeutig zu ermitteln ist, am ehesten neu belebte Koseform von Jann, einer niederdeutsch-friesischen Variante von Jan, vielleicht Entlehnung des dänischen Vornamens Jannik, der wiederum deutschen oder slawischen Ursprungs sein kann, oder Schreibvariante des bretonischen Namens Yannick.

**Jannina:** Erweiterung von ▸ Janna oder Variante von ▸ Janina.

**Jantje:** friesische Herkunft, weibl. Bildung zu Jan, Kurzform von Johannes (▸ Johanna).

**Jaqueline:** deutsche Schreibvariante von ▸ Jacqueline.

**Jara:** tschechische Kurzform (Jára) von Namen, die mit »Jar-« beginnen (z. B. ▸ Jarmila).

**Jarmila:** tschechische Herkunft, weibl. Form von Jarmil, einer Neubildung aus tschech. jarý »heftig, frisch, stark« und milý »lieb«.

**Jasmin,** (auch:) Jasmina; Jasmine; Yasmin; Yasmina: identisch mit dem Namen des Zierstrauchs. Der Pflanzenbezeichnung liegt letztlich persisch yāsaman mit gleicher Bedeutung zugrunde, das über arab. yāsamīn und span. jazmín ins Deutsche gelangte.

**Jaya** [ˈdʒaja]: indischer Herkunft, weibliche Form von Jay (sanskrit. jaya »Sieg«). Jaya ist Beiname der Gattin des Gottes Schiwa.

**Jean** [dʒiːn]: englische Form von ▸ Johanna.

**Jeanette** [ʒaˈnɛt]: deutsche Variante von ▸ Jeannette.

**Jeanine:** ▸ Jeannine.
**Jeanne** [ʒɑn]: französische Form von ▸ Johanna.
**Jeannette** [ʒaˈnɛt]: Koseform von Jeanne (▸ Johanna).
**Jeannine** [ʒaˈnin]: Koseform von Jeanne (▸ Johanna).
**Jeanny,** (auch:) Jeannie; Jeanie [ˈdʒiː...]: englische Koseform von ▸ Jean.
**Jelẹna:** russische Form von ▸ Helena.
**Jẹlka:** kroatische und slowenische Koseform von ▸ Helene, gleichlautend mit kroat., slowen. jelka »Tanne«.
**Jemi̱ma:** aus der Bibel, zu hebr. yemīmā »Turteltaube«. So heißt im Alten Testament die älteste Tochter Hiobs.
**Jẹnna,** engl. Aussprache: [ˈdʒ...]: aus dem Englischen, latinisierte Form von ▸ Jenny.
**Jẹnni,** (auch:) Jẹnnie; Jẹnny: Koseform von ▸ Johanna oder ▸ Eugenie.
**Jennifer,** (auch:) Jenifer [ˈdʒ...]: aus dem Englischen, geht zurück auf kelt. Guenevere (walis. gwen »weiß, blond; gesegnet, heilig« + hwyfar »glatt, weich«), den Namen der Gemahlin von König Artus.
**Jẹnny,** engl. Aussprache: [ˈdʒɛnɪ]: ▸ Jenni oder englische Koseform von ▸ Jane und Kurzform von ▸ Jennifer.
**Jẹssica,** engl. Aussprache: [ˈdʒ...]: wurde geprägt von Shakespeare für eine Gestalt in seinem Drama »Der Kaufmann von Venedig«, vielleicht in Anlehnung an hebr. Jiska (»Er [Gott] schaut«).
**Jessie,** (auch:) Jessye [ˈdʒ...]: schottische Koseform von ▸ Jean. Jessie wird auch als Kurzform von ▸ Jessica gebraucht.
**Jẹtte,** (auch:) Jẹtta: Kurzform von ▸ Henriette.
**Jill,** (auch:) Jil [dʒɪl]: englische Kurzform von ▸ Jillian.
**Jillian** [ˈdʒɪlɪən]: englische Nebenform von Gillian (▸ Juliana).
**Jimena,** (auch:) Ximena [xiˈmena]: weibl. Form von Jimeno, einem im mittelalterlichen Spanien geläufigen männlichen Namen, dessen Herkunft noch ungeklärt ist.
**Jịrina,** (auch:) Jiri̱na: eindeutschende Schreibung von tschech. Jiřina, weibl. Form von Jiří, der tschechischen Form von Georg (▸ Georgia).
**Jịska:** aus der Bibel, Bedeutung »Jahwe sieht«, Name einer Nichte Abrahams.
**Jo̱:** Kurzform von Namen, die mit »Jo-« beginnen, besonders von ▸ Johanna; engl. Jo [dʒoʊ] ist eine Kurzform von Josephine (▸ Josefine).

## Die schönsten altmodischen Mädchennamen

Alma * Amalia * Amelie * Antonia * Charlotte * Eleonore * Elisabeth * Emilie * Emma * Frieda * Friederike * Greta * Helene * Henriette * Ida * Johanna * Josefine * Lotta, Lotte * Luisa, Luise * Margarete * Martha * Matilda, Mathilde * Paula * Pauline * Rosalia, Rosalie * Sophia, Sophie * Theresa, Therese * Wilhelmine

**Joan** [dʒoʊn]: englische Form von ▸Johanna.

**Joa̱na,** (auch:) Joạnna: Nebenform von ▸Johanna, auch englisch [ʒoʊˈænə].

**Joanne** [ʒɔˈan], engl. Aussprache: [dʒoʊˈæn]: altfranzösische Form von ▸Johanna, es kann aber auch eine deutsche oder englische Doppelform aus Jo, einer Kurzform von Namen, die mit »Jo-« beginnen, und ▸Anne zugrunde liegen.

**Jocelyn,** (auch:) Joceline [ˈdʒɔslɪn]: englischer Vorname normannischer Herkunft (doppelte Verkleinerungsform zu dem Stammesnamen der Goten/Gauten: Gautzelin).

**Jody,** (auch:) Jodie [ˈdʒoʊdɪ]: aus dem Englischen, Herkunft umstritten, möglicherweise eine Koseform von ▸Judith oder eine Erweiterung von ▸Jo.

**Joẹla:** weibl. Form von Joel: aus der Bibel, zu hebr. yōʼēl »Jahwe ist Gott«. Joel war einer der Propheten des Alten Testaments.

**Joelle** [ʒɔˈɛl]: französische Herkunft, weibl. Form von Joel (▸Joela).

**Johạnna,** (auch:) Johạnne; Joa̱na; Joạnna: weibl. Form von Johannes (griechische Form von hebräisch yōḥānān

»Jahwe hat Gnade erwiesen«) oder nach der neutestamentlichen Johanna, einer der Frauen, die Jesus geheilt hatte und die ihm nachfolgten.

**Jola:** Kurzform von ▸Jolanda.

**Jolanda,** (auch:) Jolande; Jolanta; Jolanthe; Iolanthe; Iolanda; Yolanda: Entstehung ungeklärt, vermutlich liegt ursprünglich die altfranzösische Form eines germanischen Namens zugrunde, dessen Bestandteile nicht mehr sicher zu identifizieren sind. Der Name wechselt in der Überlieferung mit Violante und wurde möglicherweise in Anlehnung an griech. íon »Veilchen« + griech. ánthos »Blume, Blüte« bzw. lat. viola »Veilchen« umgedeutet.

**Jolena:** deutsche Variante von ▸Jolene oder Neubildung aus ▸Jo + ▸Lena.

**Jolene** [dʒoʊˈli:n]: In den USA aus ▸Jo und der Endung »-lene« gebildet.

**Jolie** [ʒɔˈli]: zu französ. joli, -e »hübsch, niedlich«. Dieser Vorname ist in Frankreich nicht üblich, begegnet aber in Holland, England und den USA.

**Jolina,** (auch:) Joline: deutsche Variante von ▸Jolene oder Neubildung aus ▸Jo + ▸Lina.

**Jonna:** durch Zusammenziehung entstandene dänische und norwegische Form von ▸Johanna.

**Jorid:** nordische Herkunft, zu altnord. Jóríðr zu altnord. jór »Hengst« + altnord. fríðr »schön«.

**Jorina:** friesische weibliche Bildung zu Gregor: geht zurück auf Gregorius, einen spätrömischen Beinamen (griech. grēgoréō »wachen, wachsam sein«), oder auf Georg (▸Georgia).

**Jorinde:** vielleicht niederdeutsche weibl. Bildung zu Georg (▸Georgia) oder zu Gregor (▸Jorina). Der Name ist bekannt durch das grimmsche Märchen »Jorinde und Joringel«.

**Josefa,** (auch:) Josepha: weibl. Form von Josef: aus der Bibel, zu hebr. yōsep »hinweggenommen hat Jahwe meine [Rahels] Schmach« oder »Jahwe möge [noch einen Sohn] dazugeben«.

**Josefine,** (auch:) Josefina; Josefin; Josephine; Josephina; Josephin: weibl. Form von Josef (▸Josefa).

**Josepha:** ▸Josefa.

**Josephine,** (auch:) Josephina: ▸Josefine.

**Josette** [ʒoˈzɛt]: französische Herkunft, weibl. Bildung zu Joseph (▸Josefa).

## Die schönsten Formen von Katharina

Catalina (spanisch) * Caterina (italienisch) * Catherine (französisch, englisch) * Cathleen (englisch) * Kaja (schwedisch) * Katalin (ungarisch) * Kate (englisch) * Kathi * Kathrin * Käthe * Katinka (ungarisch) * Katja (russisch) * Kitty (englisch)



**Josiane,** (auch:) Josianne [ʒoˈzjan]: aus dem Französischen entlehnt, weibl. Bildung zu Joseph (▸ Josefa).

**Josina:** friesische und niederländische Kurzform von ▸ Josefine.

**Jovana:** weibl. Form von Jovan, der serbischen Form von Johannes: aus der Bibel, hebräischer Ursprung, griechische Form von hebr. yōḥānān »Jahwe hat Gnade erwiesen«.

**Jovanka:** Ableitung von ▸ Jovana.

**Joy** [dʒɔɪ]: aus dem Englischen übernommener Vorname (engl. joy »Freude«).

**Juana** [ˈxu̯ana]: spanische Form von ▸ Johanna.

**Juanita** [xu̯aˈnita]: spanische Koseform von Juana (▸ Johanna).

**Judith,** (überkonfessionelle Form:) Judit: zu hebr. yehūdīt »Judäerin«. Nach den apokryphen Schriften tötete Judith den assyrischen Feldherrn Holofernes mit einer List und rettete so ihre Vaterstadt Bethulia und Jerusalem.

**Judy** [ˈdʒ...]: englische Koseform von ▸ Judith.

**Jula,** (auch:) Jule: Kurzform von ▸ Julia.

**Juli:** Kurzform von ▸ Julia, ▸ Juliana.

**Julia,** (auch:) Julie: weibl. Form von Julius: lateinischer Ursprung, altrömischer Geschlechtername. Der bekannteste Angehörige des Geschlechts der Julier ist Gaius Julius Cäsar, dem zu Ehren der siebente Monat des Kalenderjahrs benannt ist: lat. [mēnsis] Jūlius.

**Juliana,** (auch:) Juliane: weibl. Form von Julianus: geht zurück auf einen von Julius (▸ Julia) abgeleiteten Beinamen.

**Julianna,** (auch:) Julianne: Erweiterung von ▸ Julia in Anlehnung an ▸ Anna/Anne.
**Julie:** ▸ Julia, auch englisch ['dʒu:lɪ] und französisch [ʒy'li].
**Julienne** [ʒy'ljɛn]: französische Form von ▸ Juliana.
**Juliet** ['dʒu:ljət]: geht zurück auf die Heldin von Shakespeares Drama »Romeo and Juliet« (dt. »Romeo und Julia«), Anpassung von italien. Giulietta, Koseform von Giulia (▸ Julia), an das Englische.
**Julietta:** latinisierende Erweiterung von ▸ Julia oder ▸ Juliet.
**Juliette** [ʒy'ljɛt]: französische Koseform von Julie (▸ Julia).
**Julika:** aus dem Ungarischen, Koseform von ▸ Julia.
**Julina,** (auch:) Juline: Weiterbildung von ▸ Julia.
**Julischka:** deutsche Schreibweise von Juliska ['juliʃkɔ], einer ungarischen Koseform von ▸ Julia.
**Junia:** latinisierende Erweiterung von June (zu engl. june »Juni«).
**Jurina:** friesische und niederländische Form von ▸ Georgina.
**Justina,** (auch:) Justine: weibl. Form von Justinus, einer Weiterbildung von Justus: lateinischer Ursprung, lat. iūstus, -a, -um »gerecht; rechtschaffen, redlich«.
**Jutta:** alte Koseform von ▸ Judith.
**Jytte:** dänische Nebenform von ▸ Jutta.

# K

**Kai,** (auch:) Kaj; Kay; Cay: nordische Herkunft, stark verkürzte Form von ▸ Katharina.
**Kaia:** aus Hawaii stammend, weibliche Form von hawaiisch Kai (»Meer«).
**Kaija:** schwedische und finnische Kurzform von ▸ Katharina.
**Kailani:** aus Hawaii stammender Name (»Meer + Himmel«).
**Kaitlyn** ['keɪtlin], ['kætli:n], in den USA häufige Schreibvariante von ▸ Caitlín.

**Kaja,** (auch:) Caja; Kaya; Caya: schwedische Kurzform von ▸Katharina oder weibl. Form von Kai, auch Kaj, Kay, Cai, Cay: friesische oder nordische Herkunft, Bedeutung umstritten, vielleicht friesische kindersprachliche Form von Garrit (▸Gerrit) oder Klais (zu Nikolaus, ▸Nikola), möglicherweise auch Verkürzung des lateinischen Vornamens Caius (Herkunft unbekannt).

**Kajsa:** schwedische Koseform von ▸Karin.

**Kalani:** aus Hawaii stammender Vorname (»der Himmel«).

**[1]Kali:** indische Herkunft (sanskrit. kālī »die Schwarze«), Beiname der Gattin des Gottes Schiwa.

**[2]Kali:** aus der Elfenbeinküste stammend, bedeutet in der Senufo-Sprache »kräftig«.

**Kalinka:** russische Koseform von Kallinika (griech. kalós »schön« + griech. níkē »Sieg«).

**Kalliope:** aus der griechischen Mythologie, zu griech. kalós »schön« + griech. óps, opós »Stimme«; Kalliope war die Muse der Dichtung.

**Kamaria:** in Kenia und Tansania vorkommender Vorname, der auf Suaheli »mondgleich« bedeutet.

**Kamea:** aus Hawaii, Bedeutung »die Einzige«.

**Kamilla:** ▸Camilla.

**Kanti:** indischer Herkunft (sanskrit. kānti »Schönheit«), Beiname der Göttinnen Lakschmi und Durga.

**Kara:** ▸Cara.

**Kareen:** Eindeutschung von ▸Careen.

**Karen,** (auch:) Caren: dänische Form von ▸Katharina.

**Karena:** Erweiterung von ▸Karen.

**Kari:** schwedische und norwegische Kurzform von ▸Katharina.

**Karima:** weibl. Form von Karim: zu arab. karīm »wohltätig, großmütig«. Karim ist eine der Bezeichnungen des Propheten Mohammed.

**Karin:** schwedische Form von ▸Katharina.

**Karina,** (auch:) Karine; Carina; Carine: Weiterbildung von ▸Karin.

**Karla,** (auch:) Carla: weibl. Form von Karl: alter deutscher Vorname, Herkunft umstritten, eher als von ahd. kar[a]l »Mann; Ehemann« ist der Name von einer Koseform eines mit ahd. heri »Kriegsschar, Heer« gebildeten Namens abzuleiten, dem die romanische Koseendung »-olus« angehängt wurde. Auch das Anfangs-K erklärt sich durch romanische Wiedergabe des germanischen H- als C-.

**Karlina,** (auch:) Karline; Carline; Carlina: Weiterbildung von ▸ Karla.

**Karlotta:** eindeutschende Schreibweise von ▸ Carlotta.

**Karna:** südschwedische und dänische Kurzform von ▸ Katharina.

**Karola:** ▸ Carola.

**Karolin:** ▸ Carolin.

**Karolina:** ▸ Carolina.

**Karoline,** (auch:) Caroline: Weiterbildung von ▸ Carola mit der Endung »-ine/-ina«. Eine moderne Variante ist die verkürzte Form ▸ Carolin.

**Karsta,** (auch:) Carsta: niederdeutsche Form von ▸ Christa.

**Kassandra,** (auch:) Cassandra: griechischer Ursprung, Bedeutung nicht sicher geklärt. Nach der griechischen Sage sagte Kassandra – ohne dass jemand ihren Prophezeiungen Glauben schenkte – den Untergang Trojas voraus und warnte vergeblich vor dem hölzernen Pferd.

**Katalin:** ungarische Form von ▸ Katharina.

**Katarina:** ▸ Katharina.

**Kate** [keɪt]: englische Kurzform von Katherine (▸ Katharina).

**Katharina,** (auch:) Katharine; Katarina; Katherina; Katerina; Catarina: griechischer Ursprung, Umdeutung des griechischen Frauennamens Aikaterínē zu griech. katharós »rein«.

**Käthchen:** Koseform von ▸ Käthe.

**Käthe,** (auch:) Käte: Kurzform von ▸ Katharina.

**Katherina:** ▸ Katharina.

**Katherine** [ˈkæθərɪn]: englische Form von ▸ Katharina.

**Kathinka:** ▸ Katinka.

**Kathleen:** aus dem Englischen, Schreibvariante von ▸ Cathleen.

**Kathrein,** (auch:) Katrein: in den 1960er-Jahren wieder aufgenommener Vorname, ursprünglich oberdeutsche Form von ▸ Katharina.

**Kathrin,** (auch:) Katrin; Cathrin; Catrin: verkürzte Form von ▸ Katharina.

**Kathrina,** (auch:) Kathrine; Katrina; Katrine; Cathrina; Catrina: Nebenform von ▸ Katharina.

**Kathryn:** englische Schreibvariante von ▸ Katherine.

**Kathy** [ˈkæθɪ]: Schreibvariante von ▸ Kati, auch englisch.

## Die schönsten Mädchennamen auf -i[e]

Anneli * Elli * Evi * Irini * Irmi * Kari * Leni * Lilli * Magali * Marie * Melanie * Natalie * Niki * Noemi * Sofie * Valerie



**Kạti,** (auch:) Kathi; Katy: Koseform von ▸ Katharina.

**Kạtia:** ▸ Katja.

**Katina:** im 20. Jh. aufgekommener Vorname, Erweiterung von ▸ Kati oder verkürzte Form von ▸ Kathrina.

**Katịnka:** ungarische Koseform von ▸ Katharina, auch Eindeutschung von russ. Katen'ka, Katjonka, tschech. Katynka, Kátěnka.

**Kạtja:** aus dem Russischen, Koseform von Jekaterina (▸ Katharina).

**Katrice:** ▸ Catrice.

**Kạtrin:** ▸ Kathrin.

**Katrina,** (auch:) Katrine: ▸ Kathrina.

**Kạty:** ▸ Kati.

**Kay:** Schreibvariante von ▸ Kai. Im Englischen ist Kay [keɪ] eine Kurzform von Namen, die mit »K-« beginnen, besonders von Katherine (▸ Katharina).

**Kạya:** ▸ Kaja.

**Kea:** ostfriesische Herkunft, eigentlich nur die Endung von latinisierten Namen wie Alkea (▸ Alke), Fraukea (▸ Frauke).

**Keiko** ['keiko]: japanischer Herkunft (japan. kei »Gnade«, »Munterkeit«, »Freude«, »Respekt« + ko »Kind«).

**Keisha** ['ki:ʃə]: verkürzte Form des afroamerikanischen Vornamens ▸ Lakeisha.

**Kẹlly,** (auch:) Kẹllie: identisch mit dem männl. Vornamen Kelly: ursprünglich ein englischer Familienname, dem der irische Familienname O'Ceallaigh »Nachkomme des Ceallach« oder ein schottischer Ortsname zugrunde liegen kann.

**Kẹlsey:** aus dem Englischen, geht zurück auf den gleichlautenden Familiennamen. In den englischsprachigen Ländern ist Kelsey auch ein männlicher Vorname.

**Kendra** ['kɛndrə]: aus dem Englischen, wahrscheinlich eine Neuprägung aus Ken(neth) und ▸(Alexan)dra, wird auch aufgefasst als weibl. Bildung zu Kenneth (▸Kenia).

**Kenia** ['kɛnjə]: englische Neubildung als weibl. Form zu Kenneth: aus dem Englischen, keltischer Ursprung, von zwei gälischen Namen ableitbar, Cinaed (wahrscheinlich »aus Feuer geboren«) und Coinneach (»hübsch«).

**Kẹnja:** deutsche Schreibvariante von ▸Kenia.

**Kẹnya:** Schreibvariante von ▸Kenia.

**Kẹrry:** aus dem Englischen, zugrunde liegt der gleichlautende Name einer irischen Grafschaft.

**Kẹrstin:** niederdeutsche und schwedische Form von ▸Christine.

**Kerstḭna,** (auch:) Kerstḭne: Erweiterung von ▸Kerstin.

**Keshia,** (auch:) Keshya ['kɛʃjə]: Variante des afroamerikanischen Vornamens Keisha (▸Lakeisha).

**Ke̱zia,** (auch:) Ke̱ziah, engl. Aussprache: [kɪ'zaɪə]: aus dem Englischen, biblische Herkunft (hebr. qesiʻā »Kassia«, eine Heil- und Gewürzpflanze).

**Khadḭja,** (auch:) Khadḭdja; Kadḭja, Kadḭdja [xa'di:dʒa]: zu arab. khadīja »frühzeitig geborenes Kind«. Diesen altarabischen Namen trug die erste Frau Mohammeds.

**Kḭa:** schwedische Kurzform von Kristina (▸Christine).

**¹Kiana** [kɪ'ænə]: weibl. Bildung zu Kian: zu irisch cian »alt, anhaltend, fortdauernd«.

**²Kiana** [kɪ'ænə]: hawaiische Form von ▸Diana.

**Kiera** ['kɪərə]: weibl. Bildung zu Kieran: englische Form des irischen Namens Ciarán (zu gäl. ciar »schwarz«).

**Kịm:** Kurzform von ▸Kimberley.

**Kịmberley,** (auch:) Kịmberly: englische Herkunft, zugrunde liegt ein englischer Ortsname bzw. der davon abgeleitete Familienname.

**Kịmi:** Vorname japanischer Herkunft (japan. kimi »einzigartig«).

**Kịra:** russische Form von ▸Kyra.

**Kịrsa:** dänische Kurzform von ▸Kirstin.

**Kịrsten:** niederdeutsche, norwegische, schwedische und dänische Form von ▸Christine.

**Kịrstin:** Nebenform von ▸Kirsten.

**Kirstḭna:** Erweiterung von ▸Kirstin.

## Name und Persönlichkeit

Dass ein als schön empfundener Name für den Träger in vielerlei Hinsicht von Vorteil sein kann, verwundert kaum – nicht ohne Grund legen sich Schauspieler, Sänger und andere Stars klangvolle Künstlernamen zu. Als Durchschnittsbürger sucht man sich weder Vor- noch Familiennamen selbst aus. Von klein auf mit dem Namen gerufen, erkennt sich ein Kind in seinem Namen wieder und identifiziert sich allmählich mit ihm. Aber wer vermag zu sagen, ob ein Name und seine Bedeutung nicht auch Einfluss auf die Persönlichkeit haben? Schließlich verbinden Eltern mit der Entscheidung für einen Vornamen oft auch Wünsche, die den Lebensweg des Neugeborenen betreffen, und wählen deshalb einen Namen mit einer entsprechenden Bedeutung.

K

**Kitty:** aus dem Englischen, Koseform von ▸ Katherine.
**Klara:** ▸ Clara.
**Kläre:** ▸ Claire.
**Klarina:** Weiterbildung von ▸ Klara.
**Klarissa:** ▸ Clarissa.
**Klasina,** (auch:) Klasine: weibliche Bildung zu Klas, einer Kurzform von Nikolaus (▸ Nikola).
**Klaudia:** ▸ Claudia.
**Klementina,** (auch:) Klementine: ▸ Clementine.
**Klothilde:** geht zurück auf den altfränkischen Frauennamen Chlothildis, zu ahd. hlūt »laut, berühmt« + ahd. hiltja »Kampf, Kriegerin«; etwa »berühmte Kriegerin«. Klothilde (Chlothilde) hieß die Gemahlin des Frankenkönigs Chlodwig I.
**Konstantine,** (auch:) Konstantina: weibl. Form von Konstantin: lateinischer Ursprung, geht zurück auf den römischen Beinamen Constantinus, eine Weiterbildung von Constantius (zu lat. cōnstāns »standhaft«).
**Konstanze:** ▸ Constanze.
**¹Kora:** ▸ ¹Cora.
**²Kora,** (auch:) Cora: griechischer Ursprung, geht zurück auf den Beinamen der Göttin Persephone (griech. kórē »Jungfrau, Mädchen«).
**Kordelia:** ▸ Cordelia.
**Kordula:** ▸ Cordula.
**¹Korinna,** (auch:) Korina: ▸ ¹Corinna.
**²Korinna,** (auch:) Corinna: zu griech. kórē »Jungfrau, Mädchen«, ▸ ²Kora.
**Kornelia:** ▸ Cornelia.
**Kosima:** ▸ Cosima.
**Kreszentia,** (auch:) Kreszenz: ▸ Crescentia.
**Kris:** Schreibvariante von ▸ Chris.
**Krista:** (vorwiegend skandinavische) Schreibvariante von ▸ Christa.
**Kristiane,** (auch:) Kristiana: (vorwiegend skandinavische) Schreibvariante von ▸ Christiane.
**Kristin:** (vorwiegend skandinavische) Schreibvariante von ▸ Christin.
**Kristina,** (auch:) Kristine: (vorwiegend skandinavische) Schreibvariante von ▸ Christine.
**Kristy:** englische Kurzform von ▸ Christine.
**Krystal,** (auch:) Krystle: ▸ Crystal.

**Kunigunde:** alter deutscher Vorname, zu ahd. kunni »Geschlecht, Sippe« + ahd. gund »Kampf«.

**Kyla** ['kaılə]: in England neu geprägte, eindeutig weibliche Form von ▸ Kyle.

**Kyle** [kaıl]: identisch mit dem männl. Vornamen Kyle: englischer Ursprung, geht zurück auf einen schottischen Familiennamen, der auf einem Orts- oder Flurnamen (zu gäl. caol »eng«) beruht.

**Kylie** ['kaılı]: australische Herkunft, wohl Erweiterung von ▸ Kyle.

**Kyra:** griechischer Ursprung, weibl. Form von Kyrillos (zu griech. kýrios »Herr [Gott]«) oder von Kyros (persischer Herkunft, Bedeutung unklar). Kyros war der Name des Königs und Gründers des altpersischen Weltreichs (6. Jh. v. Chr.).

# L

**Laetitia,** (auch:) Laetizia; Lätitia: lateinischer Ursprung, zu lat. laetitia »Freude, Fröhlichkeit«.

**Laila:** ▸ Leila.

**Lakeisha** [lə'ki:ʃə]: afroamerikanische Neubildung aus der Vorsilbe »La-«, einem »-k-« als Gleitlaut und wohl einer abgewandelten Form von Aisha, Ayesha (▸ Aischa).

**¹Lale:** kindersprachliche Form von ▸ Lieselotte oder von Namen, die auf »-alie« enden.

**²Lale:** zu türk. lale »Tulpe«.

**Lalita:** indische Herkunft (sanskrit. lalita »ausgelassen, verliebt, bezaubernd, reizend« zu sanskrit. lal »spielen, liebkosen«), ein Name von Durga, Schiwas Gemahlin.

**Lana:** russische Kurzform von Namen, die auf »-lana« ausgehen (z. B. ▸ Swetlana). Im Englischen ist Lana eine Kurzform von ▸ Alana.

**Lara:** russische Kurzform von ▸ Laura oder ▸ Larissa.

**Laraine** [lə'reɪn], Lareen [lə'ri:n]: englische Herkunft, Varianten von ▸ Lorraine.

**Larina:** Erweiterung von ▸ Lara.

**Larissa,** (auch:) Larisa: aus dem Russischen, griechische Herkunft, vielleicht zum Ortsnamen Larissa oder Erweiterung zu griech. larós »lieblich« oder zu griech. láros »Möwe«.

**Latifa:** arabischer Ursprung, weibl. Form zu Latif: gekürzte Form von Abd-el-Latif (arab. ʻabd »Diener« + arab. al latîf »der Gütige, Sanftmütige«, einer der Beinamen Allahs: »Diener [Gottes,] des Gütigen«).

**Lätitia,** (auch:) Lätizia: ▸ Laetitia.

**Latona:** Lātō bzw. Lātōna ist die lateinische Form des Namens der griechischen Göttin Leto, der Mutter des Apollon und der Artemis.

**Laura:** aus dem Italienischen, geht zurück auf einen lateinischen Personennamen der Kaiserzeit, zu lat. laurea »Lorbeerbaum, Lorbeerkranz«. Der Name war ein Wunschname, der auf die Schönheit der Pflanze und auf den Lorbeerkranz als Symbol des Sieges anspielte; bei den frühen Christen war der Lorbeerkranz auch Symbol des Martyriums.

**Laure** [lɔ:r]: französische Form von ▸ Laura.

**Laureen** [lɔ'ri:n]: englische Koseform von ▸ Laura.

**Lauren,** (auch:) Loren ['lɔrən]: aus dem Englischen, vielleicht eine weibl. Bildung zu Laurence, der englischen Form von Laurentius (▸ Laurentia), oder eine Koseform von ▸ Laura.

**Laurena** [lɔ'rɪ:nə]: englische Koseform von ▸ Laura.

**Laurence** [lɔ'rãs]: französische Form von ▸ Laurentia.

**Laurentia:** weibl. Form von Laurentius: lateinischer Ursprung, geht zurück auf den römischen Beinamen Laurentius (»der aus der Stadt Laurentum Stammende«), schon früh durch volkstümliche Anlehnung an lat. laurus »Lorbeer; Lorbeerkranz« zu »der Lorbeerbekränzte« umgedeutet.

**Lauretta:** italienische Koseform von ▸ Laura.

**Laurette,** (auch:) Lorette [lɔ'rɛt]: französische Koseform von Laure (▸ Laura).

**Laurie** ['lɔrɪ]: englische Koseform von ▸ Laura.

**Laurina:** italienische Erweiterung von ▸ Laura.

**Lauryn:** ▸ Laureen.

**Lavinia:** lateinischer Ursprung, Bedeutung unklar. In der römischen Mythologie ist Lavinia die Tochter von Latinus, König von Latium, und die Gattin des Äneas.

**Layla:** ▸ Leila.

**Lea:** aus der Bibel, zu hebr. le'āh »[Wild]kuh«. Nach der Bibel war Lea die Tochter Labans und die ältere Schwester Rachels. Durch Betrug ihres Vaters wurde sie die erste Frau Jakobs.

**Leah** ['liə]: englische Form von ▸ Lea.

**Leana:** Erweiterung von ▸ Lea oder Kurzform von ▸ Ileana.

**Leandra:** weibl. Form von Leander: wohl zu griech. laós, leṓs »Volk« und anḗr, andrós »Mann«.

**Leanne** [lɪ'æn]: englische Doppelform aus ▸ Lee und ▸ Anne.

**Leda:** griechischer Ursprung, Bedeutung unklar. In der griechischen Mythologie zeugt Zeus in Gestalt eines Schwans mit Leda, der Frau des Spartanerkönigs Tyndareos, die Dioskuren Kastor und Pollux.

**Lee,** (auch:) Leigh [li:]: identisch mit dem männl. Vornamen Lee, auch Leigh: ursprünglich ein englischer Familienname, dem ein Örtlichkeitsname zu altengl. lēah »Wald; Lichtung; Wiese« zugrunde liegt.

**Leigh:** ▸ Lee.

**Leila,** (auch:) Laila; Layla; Leyla: arabischer Ursprung, Bedeutung »Dunkelheit, Nacht«. Der Name wurde bekannt durch die arabopersische Liebesgeschichte von Leila und Madschnun.

**Leilani:** aus Hawaii stammender Vorname (»himmlische Blumen«).

**Lelia:** lateinischer Ursprung, weibl. Form des römischen Geschlechternamens Laelius.

**Lena,** (auch:) Lene: Kurzform von ▸ Helene und ▸ Magdalena.

**Lene:** ▸ Lena.

**Leni,** (auch:) Leny: Koseform von ▸ Helene und ▸ Magdalena.

**Lenja:** russische Kurzform von ▸ Helene.

**Lenka:** polnische, tschechische Koseform von ▸ Helene und ▸ Magdalena.

**Lenore:** Nebenform von ▸ Leonore.

**Leny:** ▸ Leni.

**Leona:** weibl. Form von Leon, Variante von Leo, geht zurück auf einen spätrömischen Beinamen zu lat. leo »Löwe«, auch Kurzform von ▸ Leonarda.

**Leonarda:** weibl. Form von Leonardo, der italienischen Form von Leonhard: romanisch *leon(e) aus lat. leo, leōnis »Löwe« und german. hardu »hart, kräftig, stark«; etwa »stark wie ein Löwe«.

**Leonella:** italienische Koseform von ▸ Leona.

**Leonie,** (auch:) Leonie; Leoni; Leony: aus dem Französischen, weibl. Form von Léon, der französischen Form von Leo (▸ Leona).

**Leonilla,** (auch:) Leonille: aus dem Italienischen, Koseform von ▸ Leona.

**Leonina:** Weiterbildung von ▸ Leona, auch italienisch.

**Leonore,** (auch:) Leonora: Kurzform von ▸ Eleonore.

**Leopoldine:** weibl. Form von Leopold: alter deutscher Vorname, der zurückgeht auf die Latinisierung von Luitpold (zu ahd. liut »Volk« + ahd. bald »kühn«).

**Leslie,** (auch:) Lesley: identisch mit dem männl. Vornamen Leslie: aus dem Englischen, zugrunde liegt ein schottischer Orts- und Familienname; seit den 1960er-Jahren in den USA häufiger als Mädchenname verwendet.

**Leticia,** (auch:) Letitia; Letizia: ▸ Laetitia.

**Levinia:** seit den 1980er-Jahren gelegentlich vergeben, eigtl. weibliche Form zu niederdeutsch Levin (altsächs. liof »lieb, wert, freundlich« + altsächs. wini »Freund«), doch eher aufgefasst als Eindeutschung der englischen Aussprache von ▸ Lavinia.

**Levke,** (auch:) Lefke: niederdeutsche Koseform von Zusammensetzungen mit altsächs. liof, niederdt. lēf »lieb, wert, freundlich«.

**Lexa:** Kurzform von ▸ Alexandra.

**Leyla:** ▸ Leila.

**Li:** chinesische Herkunft, identisch mit dem männl. Vornamen Li (Bedeutung »Pflaumenbaum«).

[1]**Lia:** griechisch-lateinische Form (Léia, Lia) des biblischen Namens ▸ Lea.

[2]**Lia:** Kurzform von Namen, die auf »-lia« ausgehen, besonders von ▸ Julia.

**Liah:** Schreibvariante von ▸ [1]Lia in Anlehnung an ▸ Leah.

**Liane,** (auch:) Liana: Kurzform von Juliane (▸ Juliana). Heute wird der Vorname häufig mit »Liane«, der Bezeichnung der tropischen Schlingpflanze, gleichgesetzt.

## Die schönsten Mädchennamen mit der Bedeutung »Freude, fröhlich«

Aliza (»die Fröhliche«) * Allegra (»fröhlich, lebhaft, munter«) * Farah (»Freude, Heiterkeit, Glück«) * Gioia (»Freude«) * Hilary (»heiter, fröhlich«) * Ilaria (»heiter, fröhlich«) * Joy (»Freude«) * Lätizia (»Freude, Fröhlichkeit«) * Merry (»lustig, fröhlich«) * Nanda (»Freude«) * Noemie (»Freude«) * Serena (»heiter, hell, leuchtend«) * Yoko (»Heiterkeit, Freude« und »Kind«)



**Lianne,** (auch:) Lyanne; Lyann: Umbildung von ▸ Liane in Anlehnung an Anne oder Doppelform aus ▸ Elisabeth und ▸ Anne.

**Libby:** englische Koseform von Elizabeth (▸ Elisabeth).

**Lida:** Kurzform von ▸ Alida, tschechische Kurzform (Lída) von Lidmila (▸ Ludmilla) oder italienische Kurzform von Lidia (▸ Lydia).

**Lidia:** ▸ Lydia, auch polnisch, spanisch, italienisch.

**Lidwina:** ▸ Ludwina.

**Lieke:** zurzeit in den Niederlanden beliebt, Kurzform von Angelieke (▸ Angelika).

**Lies,** (auch:) Liesa; Liese; Lise; Lis: Kurzform von ▸ Elisabeth.

**Liesbeth,** (auch:) Lisbeth: Kurzform von ▸ Elisabeth.

**Liese:** ▸ Lies.

**Liesel,** (oberdeutsch auch:) Liesl: Koseform von ▸ Elisabeth.

**Lieselotte,** (auch:) Lieselott; Liselotte: Doppelform aus ▸ Liese und ▸ Lotte.

**Liesgret,** (auch:) Lisgret: Doppelform aus ▸ Lies und ▸ Grete.

**Liesl:** ▸ Liesel.

**Lil,** (auch:) Lili: ▸ Lilli.

**Lilia,** (auch:) Lilie: nach der Blumenbezeichnung.

**Lilian,** (auch:) Lillian: englische Herkunft, zugrunde liegt wahrscheinlich eine Lallform von ▸ Elisabeth. Heute wird Lilian manchmal als Ableitung von Lily (»Lilie«) aufgefasst.

**Liliana,** (auch:) Liliane; Lilliana; Lilliane: Weiterbildung von ▸ Lilian.

**Lilie:** ▸ Lilia.

**Lilith:** aus der Bibel, zu hebr. līlit < akkadisch lilītū < sumerisch líl »Wind«, ursprünglich der Name eines babylonischen weiblichen Sturmdämons, der in Israel wegen des Anklangs an hebr. layl »Nacht« als Nachtgespenst angesehen wurde.

**Lilla:** kindersprachliche Koseform zu ▸ Elisabeth oder italienische Koseform zu Namen wie ▸ Angela, ▸ Lilia oder ▸ Raffaella bzw. nordische Kurzform zu ▸ Lillemor.

**Lillemor:** zu schwed. lilla mor »kleine Mutter«.

**Lilli,** (auch:) Lil; Lill; Lili: Koseform – eigentlich Lallform aus der Kindersprache – von ▸ Elisabeth.

**Lillian:** ▸ Lilian.

**Lilly:** ▸ Lilli und ▸ Lily.

**Lilo:** Kurzform von ▸ Lieselotte.

**Lily:** Variante von ▸ Lilli, auch englischer Vorname zu engl. lily »Lilie«.

**Lina,** (auch:) Line: Kurzform von Namen, die auf »-lina« ausgehen, besonders von ▸ Carolina.

**Linda:** Nebenform von ▸ Linde, auch englisch (hier oft Kurzform von ▸ Belinda, später auch mit span. linda »hübsch« in Verbindung gebracht).

**Linde:** Kurzform von Namen, die mit »-linde« (ahd. lind »sanft, weich, mild«) gebildet sind. Der Vorname wird heute volkstümlich auf das Adjektiv »lind« bezogen oder mit dem Baumnamen »Linde« gleichgesetzt.

**Line:** ▸ Lina, auch französisch [lin].

**Linea:** Schreibvariante von ▸ Linnea.

**Linette,** (auch:) Linett: französische Koseform von Line (▸ Lina).

**Linn:** Kurzform von Namen, die auf »-lin«, »-lina«, »-line« enden.

**Linnea,** (auch:) Linnéa: schwedische Herkunft, nach der Blume, die nach dem schwedischen Botaniker Carl von Linné benannt wurde.

**Lioba:** verselbstständigte Kurzform von Namen, die mit »Li(e)b-« (ahd. liob »lieb«) gebildet sind.

**Liona:** weibl. Form von Lion, einer Variante von Leo(n) (▸ Leona).

**Lionella:** weibl. Bildung zu Lionel: aus dem Englischen, geht zurück auf eine altfranzösische Koseform von Léon (▸ Leona); auch Erweiterung von ▸ Liona.

**Lis:** ▸ Lies.

**Lisa:** Kurzform von ▸ Elisabeth.

**Lisabeth:** Kurzform von ▸ Elisabeth.

**Lisamaria,** (auch:) Lisamarie: Doppelform aus ▸ Lisa und ▸ Maria.

**Lisanne,** (auch:) Lisann; Lysann; Lysanne: Doppelform aus ▸ Lisa und ▸ Anne.

**Lisbeth:** ▸ Liesbeth.

**Lise:** ▸ Lies.

**Liselotte:** ▸ Lieselotte.

**Lisette,** (auch:) Lisett: aus dem Französischen entlehnte Koseform von ▸ Elisabeth.

**Liska:** schwedische und russische Koseform von ▸ Elisabeth.

**Lissi,** (auch:) Lissy: Koseform von ▸ Elisabeth.

**Liv:** norwegische Herkunft, zu altnord. hlíf »Wehr, Schild«, häufig aber mit liv »Leben« in Verbindung gebracht.

**Livia:** weibl. Form von Livius: lateinischer Ursprung, geht zurück auf einen römischen Geschlechternamen ungeklärter Herkunft und Bedeutung.

**Liviana:** eigentlich weibl. Form des römischen Beinamens Līviānus, der von dem römischen Geschlechternamen Livius (▸ Livia) abgeleitet ist, wird heute jedoch eher als Erweiterung von ▸ Livia aufgefasst.

**Liz** [lɪz]: englische Kurzform von Elizabeth (▸ Elisabeth).

**Liza** ['laɪzə]: englische Kurzform von Elizabeth (▸ Elisabeth).

**Lizanne** [lɪ'zæn]: englische Neubildung aus ▸ Liz und ▸ Anne.

**Lizzy,** engl. Aussprache: ['lɪzɪ]: aus dem Englischen übernommene Koseform von Elizabeth (▸ Elisabeth).

**Lois** ['loʊɪs]: aus dem Englischen, biblische Herkunft. Loïs (hebr. »angenehm, wohlgefällig«) heißt die Großmutter des Paulusschülers Timotheus. Der Name wird heute gelegentlich auch als Kurzform von ▸ Louisa oder Eloise (▸ Heloise) aufgefasst.

**Lola:** spanische Koseform (Lallform) von ▸ Dolores, auch kindersprachliche Form von ▸ Carlotta, ▸ Carola, ▸ Leonore und auf Sizilien von ▸ Lorenza.

**Lolita:** spanische Koseform von ▸ Lola.

**Lona:** Kurzform von ▸ Apollonia und ▸ Leona, auch englisch ['loʊnə].

**Loni,** (auch:) Lonni; Lonie; Lony; Lonny: Kurzform von ▸ Apollonia und ▸ Leonie.

**Lora:** Kurzform von Eleonora (▸ Eleonore) oder Nebenform von ▸ Laura.

**Loraine:** ▸ Lorraine.

**Lore:** Kurzform von ▸ Eleonore.

**Loredana:** in den 1950er-Jahren aus dem Italienischen übernommen; der Name kam Anfang des 20. Jh.s in Italien auf. Die Verbreitung dieses Vornamens steht mit der großen Popularität des Romans von L. Zuccoli »L'amore di Loredana« (1908) in Zusammenhang. Der Name der Romanheldin wurde vielleicht in Anlehnung an Loredan, den Familiennamen eines alten venezianischen Patriziergeschlechts, geprägt.

**Lorella:** italienische Koseform von ▸ Lora.

**Loren:** ▸ Lauren.

**Lorena:** ▸ Laurena, auch spanische und italienische Form von ▸ Lorraine.

**Lorenza:** weibl. Form von Lorenzo, der italienischen Form von Laurentius (▸ Laurentia).

**Loretta:** italienische Koseform von ▸ Lora.

**Lorette,** (auch:) Lorett: ▸ Laurette.

**Lori:** Koseform von ▸ Lora, ▸ Lore.

**Lorina:** italienische Erweiterung von ▸ Lora.

**Loris:** phonetische Schreibweise von Laurice [lɔ'rɪs], einem englischen Vornamen, dem der römische Name Lauricia, weibliche Form zu dem Beinamen Lauricius (zu lat. laurus »Lorbeer«), zugrunde liegt.

**Lorna:** englische Herkunft, wurde von R. D. Blackmore für die Heldin seines Romans »Lorna Doone« wohl nach dem schottischen Ortsnamen Lorn geprägt.

**Lorraine:** englische [lɔ'reɪn] oder französische [lɔ'rɛn] Herkunft, identisch mit dem Namen der französischen Region (dt. Lothringen). Der englische und schottische Vorname kann aus einem gleichlautenden Familiennamen, der ursprünglich die Herkunft aus Lothringen

## Die schönsten Formen von Magdalena

Alena * Lena * Leni * Lenka (polnisch, tschechisch) * Maddy (englisch) * Madeleine (französisch) * Madeline (englisch, französisch) * Madelon (französisch) * Madina (italienisch) * Madleen, Madlena * Magda * Maleen, Malena * Malin (nordisch) * Malina (russisch, nordisch)

bezeichnete, oder auch aus einer Umbildung von ▸Lora hervorgegangen sein.

**Lotta:** Kurzform von ▸Carlotta und Charlotta, einer latinisierten Form von ▸Charlotte.

**Lotte,** (auch:) Lotta: Kurzform von ▸Charlotte. Doppelformen mit Lotte sind z. B. Lotteli(e)s und Lottemarie.

**Lou** [lu:]: Kurzform von Louise (▸Luise).

**Louane,** (auch:) Louanne [lu'an]: französische Herkunft, Doppelform aus ▸Lou und ▸Anne.

**Louisa:** latinisierte Form von ▸Louise, auch englisch [lu:ˈi:zə].

**Louise:** weibl. Form des französ. und engl. Vornamens Louis, dt. Ludwig (▸Ludovica). Französ. Aussprache: [lwi:z], engl. Aussprache: [lu:ˈi:z].

**Lourdes** [lurd]: nach dem gleichlautenden Wallfahrtsort in Südfrankreich.

**Lovisa:** weibl. Form von Lovis, einer niederdeutschen Variante von Louis (▸Louise).

**Lu:** Kurzform von ▸Luise.

**¹Luana:** aus Hawaii stammender Vorname (»zufrieden, glücklich«), der durch die Luana in King Vidors Film »The Bird of Paradise« (1932) bekannt wurde.

**²Luana:** eindeutschende Schreibweise des französischen Vornamens ▸Louane.

**Luca:** ▸Luka.

**Luci:** verkürzte Form von ▸Lucia.

**Lucia,** (auch:) Luzia; Lucie; Luzie: weibl. Form von Lucius, auch Luzius: geht zurück auf einen alten, sehr verbreiteten römischen Vornamen (Praenomen), zu lat. lūx »Licht«, also »der Lichte, der Glänzende« oder »der bei Tagesanbruch Geborene«.

**Luciana,** (auch:) Luciane: weibl. Form von Lucian: geht zurück auf den römischen Beinamen Lucianus, Weiterbildung von Lucius (▸ Lucia).

**Lucie:** ▸ Lucia, auch französisch [ly'si].

**Lucienne** [ly'sjɛn]: aus dem Französischen, weibl. Form von Lucien, der französischen Form von Lucianus (▸ Luciana).

**Lucilla:** geht zurück auf einen römischen Beinamen der Kaiserzeit, eine Weiterbildung von Lucius (▸ Lucia); auch italienisch [lu'tʃilla].

**Lucille** [lu'sɪl]: englische Form von ▸ Lucilla.

**Lucinde,** (auch:) Lucinda: Weiterbildung von ▸ Lucia.

**Lucretia:** ▸ Lukretia.

**Lucrezia:** italienische Form von ▸ Lukretia.

**Lucy** ['lu:sɪ]: englische Form von ▸ Lucia.

**Ludmilla:** aus dem Tschechischen (Ludmila), zu urslaw. *l'udь »Volk« + *milь »lieb, teuer«.

**Ludovica,** (auch:) Ludovika; Ludowika: weibl. Form von Ludovicus, einer Latinisierung von Ludwig: alter deutscher Vorname, zu ahd. hlūt »laut, berühmt« + ahd. wīg »Kampf, Krieg«, etwa »berühmter Krieger«.

**Ludwina,** (auch:) Lidwina: weibl. Form von Ludwin, einer Nebenform von Luitwin: alter deutscher Vorname, zu ahd. liut »Volk« + ahd. wini »Freund«.

**Luise,** (auch:) Luisa: eindeutschende Form von ▸ Louise.

**Luitgard,** (auch:) Liutgard; Ludgard; Lutgard: alter deutscher Vorname, zu ahd. liut »Volk« + german. *gardaz »Zaun, Einfriedung«, vgl. ahd. garto »Garten«.

**Luka,** (auch:) Luca: weibl. Form von Lukas: lateinischer Ursprung, mit dem griechischen Suffix »-âs« gebildete Ableitung von Lucius (▸ Lucia); etwa »der große Lúkios/Lucius«.

**Lukretia,** (auch:) Lucretia; Lukrezia: lateinischer Ursprung, weibl. Form des altrömischen Geschlechternamens Lucretius, Herkunft und Bedeutung unbekannt.

**Lulu:** Lallform aus der Kindersprache von Namen, die mit »Lu-« beginnen, z. B. ▸ Ludmilla, ▸ Luise.

**Luna:** nach der römischen Mondgöttin oder zu lat./span./italien. luna »Mond«.

**Lutgard:** ▸ Luitgard.

**Luzia,** (auch:) Luzie: ▸ Lucia.

**Lydia,** (auch:) Lidia: griech. Lydía, Bedeutung »die aus Lydien in Kleinasien Stammende, die Lydierin«.

**Lynn,** (auch:) Lyn; Lynne [lɪn]: aus dem Englischen, Kurzform von ▸ Linda oder von ▸ Carolyn.

**Lysann,** (auch:) Lysanne: ▸ Lisanne.

# M

**Mabel** [meɪbl]: englische Kurzform von Amabel (lat. amābilis »liebenswürdig«).

**Maddy** [ˈmædɪ]: englische Kurzform von Magdalen (▸ Magdalena).

**Madeleine** [maˈdlɛn]: französische Form von ▸ Magdalena, auch englisch [ˈmædlɪn].

**Madeline:** französische [maˈdlin] und englische [ˈmædlɪn] Variante von ▸ Madeleine.

**Madelon** [maˈdlɔ̃]: französische Koseform von ▸ Madeleine.

**Madiha:** arabischer Herkunft (arab. madiḥ »Lob« zu arab. madaḥa »loben«).

**Madina:** italienische Koseform von Maddalena (▸ Magdalena).

**Madita:** Neubildung der Kinderbuchautorin Astrid Lindgren als Koseform von Margareta (▸ Margarete) für eines ihrer Bücher.

**Madlaina,** (auch:) Madleina: rätoromanische Form von ▸ Magdalena.

**Madleen,** (auch:) Madlen; Madlena; Madlene: Kurzform von ▸ Magdalena.

**Madlin:** eindeutschende Schreibung von ▸ Madeline.

**Madlon:** deutsche Schreibvariante von ▸ Madelon.

**Mae** [meɪ]: englische Variante von ▸ May.

**Maëlle** [maˈɛl]: aus dem Französischen entlehnter Vorname, weibl. Form von Maël, einem Vornamen bretonischer Herkunft (altbretonisch mael »Prinz«).

**Maéva** [mae'va]: aus dem Französischen, polynesische Herkunft, Bedeutung »willkommen«.

**Maeve** [meɪv]: englische Form von Meadhbh (»die betrunken macht, die berauscht«), dem Namen einer Königin in der irischen Sage.

**Magali,** (auch:) Magalie: aus dem Französischen, provenzalische Form von ▸ Margarete.

**Magda:** Kurzform von ▸ Magdalena.

**Magdalena,** (auch:) Magdalene: hebräischer Ursprung, Kürzung aus Maria Magdalena (eigentlich »Maria aus dem Ort Magdala am See Genezareth«). Nach der Bibel war Maria Magdalena eine der treuesten Jüngerinnen Jesu. Ihr erschien als Erster der auferstandene Christus.

**Maggie,** (auch:) Maggy ['mægɪ]: englische Koseform von ▸ Margaret.

**Magna:** lateinischer Ursprung, zu lat. māgna »die Große«.

**Mai:** ▸ Maie, auch norwegische und eingedeutschte Form von ▸ Maj, ▸ May.

**Maia:** ▸ [1]Maja, ▸ [2]Maja, ▸ [3]Maja.

**Maibrit,** (auch:) Maibritt; Mai-Britt; Maybrit; Maybritt: eindeutschende Schreibung von schwed. Majbritt bzw. norweg. May-Britt, einer Doppelform aus ▸ Maj bzw. May und Britt (▸ Brit).

**Maie,** (auch:) Mai: niederdeutsch-friesische Kurzform von ▸ Maria.

**Maike,** (auch:) Maiken; Maika: niederdeutsch-friesische Koseform von ▸ Maria.

[1]**Maila:** finnische Koseform von ▸ Maria.

[2]**Maila:** norwegische Herkunft, Variante von Magla, einer durch Zusammenziehung entstandenen Form von Magnhilda (▸ Meinhild) oder ▸ Magdalena.

**Mailin,** (auch:) Mailina; Mailine: Neubildung aus ▸ Mai und ▸ Lin(a), auch norwegische Kosebildung zu ▸ Mai mit der Endung »-lin«.

**Maire** ['mɛərɪ]: irische Form (Máire) von ▸ Maria.

[1]**Maite:** aus dem Spanischen, baskischer Ursprung, Bedeutung »Geliebte«.

[2]**Maite:** spanische Herkunft, entstanden aus María Teresa.

**Maj:** schwedische Kurzform von ▸ Maria.

[1]**Maja:** Kurzform von ▸ Maria, auch schwedisch.

**²Maja:** griechisch-lateinischer Ursprung. In der griechischen Mythologie war Maĩa die schönste der Plejaden. In Rom wurde sie gleichgesetzt mit Māia, der altrömischen Göttin des Wachstums.

**³Maja:** geht zurück auf die altindische Göttin Maya (»Wunderkraft«, auch »Trugbild«).

**Majella:** geht zurück auf den Familiennamen des heiligen Gerhard Majella.

**Makena:** aus Kenia, Bedeutung in der Kikuju-Sprache »die Glückliche«..

**Malaika,** (auch:) Maleika: zu arab. malā'ika, Mehrzahl von »Engel«.

**Maleen,** (auch:) Malen; Malena: Kurzform von ▸ Magdalena.

**Maleika:** ▸ Malaika.

**Mali:** Kurzform von ▸ Amalie.

**Malika:** weibl. Form von Malik: gekürzte Form von Abd-el-Malik (arab. 'abd »Diener« + arab. al mālik »der Besitzer, König«, einer der Beinamen Allahs: »Diener [Gottes,] des Königs«) oder bulgarische Koseform von Namen wie Malomir (urslaw. *malъ »klein« + urslaw. *mirъ »Friede«).

**Malin:** nordische Kurzform von ▸ Magdalena.

**Malina:** Erweiterung von ▸ Malin oder russische Kurzform von Magdalina (▸ Magdalena), vielleicht mit Anlehnung an malina »Himbeere«. In Ingeborg Bachmanns Roman »Malina« ist »Malina« allerdings der (slowenische) Familienname des Geliebten der Hauptperson.

**Malka:** tschechische (Málka) Koseform von ▸ Amalie.

**Mallory** [ˈmælərɪ]: ursprünglich ein englischer Familienname, dem altfranzös. maleuré, maloré »der Unglückliche« zugrunde liegt.

**Malou** [maˈluː]: Doppelform aus ▸ Marie und ▸ Louise.

**Malu:** Doppelform aus ▸ Marie und ▸ Luise.

**Malve,** (auch:) Malva: nach dem gleichlautenden Pflanzennamen.

**Malwine,** (auch:) Malwina; Malvina; Malvine: geht zurück auf den Namen einer Gestalt aus »The Works of Ossian« von James MacPherson. Möglicherweise prägte er den Namen Malvina in Anlehnung an gäl. maol-mhin »glatte Augenbraue«.

**Mandy** [ˈmændɪ]: englische Kurzform von ▸ Amanda.

**Manja:** russische Koseform von ▸ Maria.

**Manon** [maˈnõ]: französische Koseform von ▸ Maria.

**Manuela:** weibl. Form von Manuel, der spanischen Form von Emanuel, einer Nebenform von Immanuel: aus der Bibel, zu hebr. ʻimmānū'ēl »mit uns [ist] Gott«. Unter diesem Namen kündigt der Prophet Jesaja nach neutestamentlichem Verständnis den Messias an.

[1]**Mara:** bulgarische, makedonische, serbische, kroatische Nebenform von ▸ Maria.

[2]**Mara,** (auch:) Marah: aus der Bibel, zu hebr. mārā' »bitter«. Nach der Bibel nahm ▸ Noemi nach dem Tod ihres Mannes Elimelech diesen Namen an.

**Maraike:** ▸ Mareike.

**Marceline** [marsəˈlin]: weibl. Form von Marcelin, der französischen Form von Marcellinus (▸ Marcellina).

**Marcella,** (auch:) Marzella: weibl. Form von Marcell(us), Weiterbildung zu lat. Marcus: aus älterem Mārt-kos »dem Mars zugehörig, geweiht«, wurde ursprünglich den im »Mēnsis Mārtius« (März) Geborenen als Name gegeben.

**Marcellina:** weibl. Form von Marcellinus, einer Weiterbildung zu Marcellus (▸ Marcella).

**Marcia** [ˈmɑːʃə]: aus dem Englischen, lateinischer Ursprung, weibl. Form von Marcius, einem römischen Geschlechternamen; oft auch aufgefasst als weibl. Form von Mark, einer deutschen und englischen Form von Markus (▸ Marcella).

**Mareen:** ▸ Marena.

**Marei:** Nebenform von ▸ Maria.

**Mareike,** (auch:) Mareika; Maraike: niederdeutsche Koseform von ▸ Maria.

**Mareka,** (auch:) Mareke: niederdeutsch-friesische Koseform von ▸ Maria.

**Maren:** dänische Form von ▸ Marina.

**Marena,** (auch:) Marene; Mareen: Weiterbildung von ▸ Maren.

**Maresa:** Neubildung aus ▸ Maria und ▸ Theresa.

**Maret:** norwegische und schwedische Kurzform von ▸ Margarete.

**Marga:** Kurzform von ▸ Margarete.

**Margard:** alter deutscher Vorname, zu ahd. māri »bekannt, berühmt, angesehen« + german. *gardaz »Zaun, Einfriedung«, vgl. ahd. garto »Garten«.

**Margaret** [ˈmɑːgərɪt]: englische Form von ▸ Margarete.

## Die schönsten Namen großer Künstlerinnen

Angelica Kauffmann * Angelina Below * Artemisia Gentileschi * Bridget Riley * Camille Claudel * Dorothea Tanning * Elisabetta Sirani * Frida Kahlo * Gabriele Münter * Käthe Kollwitz * Marianne von Werefkin * Natalja Gontscharowa * Niki de Saint Phalle * Paula Modersohn-Becker



**Margareta:** Nebenform von ▸ Margarete, auch schwedisch.

**Margarete,** (auch:) Margareta; Margarita; (ältere Schreibungen:) Margarethe; Margaretha: zu lat. margarīta »Perle« aus griech. margarítēs »Perle«. Der Vorname wird oft mit dem Blumennamen Margerite gleichgesetzt. Der Blumenname ist aus französ. marguerite »Gänseblümchen, Maßliebchen« entlehnt, das gleichfalls auf lat. margarīta »Perle« zurückgeht. Der Benennung der Blume liegt ein Vergleich der Blütenköpfchen von Gänseblümchen mit Perlen zugrunde.

**Margarita:** lateinische, spanische und russische Form von ▸ Margarete.

**Margaux** [marˈgo]: Schreibvariante von ▸ Margot, eingeführt von der amerikanischen Schauspielerin Margaux (eigtl. Margot) Hemingway in Anlehnung an einen bekannten französischen Rotwein.

**Margit:** schwedische, norwegische und ungarische [ˈmɔrgit] Kurzform von ▸ Margarete.

**Margitta,** (auch:) Margitte: Weiterbildung von ▸ Margit.

**Margot,** französ. Aussprache: [marˈgo]: aus dem Französischen, Koseform von Marguerite (▸ Margarete).

**Margret:** Kurzform von ▸ Margarete.

**Margrit:** Kurzform von ▸ Margarete.

**Marguerite** [margəˈrit]: französische Form von ▸ Margarete.

**Mari:** Kurzform von ▸ Maria.

**Maria:** aus der Bibel, griechische und lateinische Form von hebräisch (aramäisch) Mirjām, dessen Herkunft noch nicht sicher geklärt ist (vielleicht zur hebr. Wurzel rym

»schenken«, also »Gottesgeschenk«, oder zur Wurzel mry »fruchtbar sein«), seit dem 18. Jh. als zweiter Vorname auch an Jungen vergeben, um sie dem Schutz der Jungfrau Maria anzuvertrauen.

**Mariam,** (auch:) Maryam: Variante von Mirjam (▸Maria), auch arabisch.

**Marian** [ˈmærɪən]: englische Herkunft, ursprünglich eine mittelalterliche Schreibvariante von ▸Marion, die im 18. Jh. auch als Doppelform aus ▸Mary und ▸Ann aufgefasst wurde.

**Mariane,** (auch:) Mariana: weibl. Form von Marian, der deutschen Form des römischen Beinamens Marianus, einer Weiterbildung des alten Geschlechternamens Marius, auch weibliche Form eines auf ▸Maria zurückgehenden männl. Vornamens oder Schreibvariante von ▸Marianne, Marianna.

**Marianka:** polnische Koseform von ▸Marianne.

**Mariann:** ▸Marianne, ▸Marian.

**Marianne,** (auch:) Marianna: Doppelform aus ▸Maria und ▸Anna.

**Maribel:** spanische Herkunft, Doppelform aus ▸Mari[a] und ▸[Isa]bel.

**Marie:** Nebenform von ▸Maria, auch französisch.

**Mariechen:** Koseform von ▸Maria.

**Marieke:** niederdeutsch-friesische Koseform von ▸Maria.

**Mariela:** ▸Mariella.

**Mariele:** oberdeutsche Koseform von ▸Maria.

**Marielena,** (auch:) Marielene; Marilena; Marilene: Doppelform aus ▸Maria und ▸Lena.

**Mariell:** eindeutschende Form von ▸Marielle.

**Mariella:** aus dem Italienischen, Koseform von ▸Maria. Deutsch auch Mariela.

**Marielle** [maˈrjɛl]: französische Koseform von ▸Maria.

**Marieluise:** Doppelform aus ▸Marie und ▸Luise.

**Marietheres:** Doppelform aus ▸Marie und ▸Theres[a].

**Marietta:** aus dem Italienischen, Koseform von ▸Maria.

**Mariette** [maˈrjɛt]: französische Koseform von ▸Maria.

**Marija,** (auch:) Marja: russische Form von ▸Maria.

**Marijana:** weibl. Form von Marijan: serbische, kroatische, slowenische Form von Marian (▸Mariane).

**Marijke** [maˈrɛikə]: niederländische Koseform von ▸Maria.

## Die schönsten Mädchennamen auf -iana

Adriana * Diana * Eliana * Floriana * Iliana * Juliana * Kiana * Liliana * Luciana * Mariana * Oriana * Tatiana * Tiziana * Viviana

**Marika:** aus dem Ungarischen [ˈmɔrikɔ], Koseform von ▸ Maria.

**Marike:** ▸ Marieke.

**Mariko:** japanische Herkunft mit verschiedenen Deutungsmöglichkeiten, z. B. japan. ma »wahrhaft, echt« + ri »klug« + ko »Kind« oder Mari [Maria] + ko.

**Marilena,** (auch:) Marilene: ▸ Marielena.

**Marilu:** Doppelform aus ▸ Mari[a] und ▸ Lu[ise].

**Marilyn,** (auch:) Marylin [ˈmæ...]: englische Erweiterung von Mary (▸ Maria) mit der Endung »-lyn«.

**Marina:** weibl. Form von Marinus: lateinischer Ursprung, geht zurück auf den römischen Beinamen Marinus, eine Ableitung von Marius (▸ Mariane). Marinus wurde aber bereits in spätrömischer Zeit in Verbindung gebracht mit lat. marīnus »am Meer lebend«.

**Marinella:** italienische Koseform von ▸ Marina.

**Mariola:** italienische Koseform von ▸ Maria.

**Marion:** aus dem Französischen oder Englischen, Koseform von ▸ Maria.

**Mariona:** Weiterbildung von ▸ Marion.

**Maris:** geht zurück auf lat. Stēlla maris (»Meerstern«), einen Beinamen der Jungfrau Maria (vgl. auch ▸ Stella).

**Marisa,** (auch:) Marise: Doppelform aus ▸ Maria und ▸ Luisa/▸ Luise, ▸ Lisa/▸ Lise, auch spanisch.

**Marischka:** russische Koseform von ▸ Maria oder ▸ Marina; auch Eindeutschung von ungarisch ▸ Mariska.

**Mariska:** Koseform von ▸ Maria.

**Marisol:** spanische Herkunft, Kurzform aus den marianischen Namen María del Sol (span. sol »Sonne«) oder María de la Soledad (span. soledad »Einsamkeit«).

# Klang und Namen

Als besonders wohlklingend werden Namen mit vielen Selbstlauten empfunden, das gilt vor allem für Namen mit den Lauten **i** und **a**, z.B. **Mia, Sophia, Elias, Felix, Noah** etc.

Auffällig viele Vornamen beginnen außerdem mit den Gleitlauten **m** oder **l**, z.B. **Marie, Maja, Maximilian, Moritz, Louisa, Lea, Lena, Lina, Leon, Lukas, Luis.**

Seit längerer Zeit ungebrochen ist daneben der Trend zu einsilbigen Namen, wie etwa **Ben, Finn, Tim,** weil sie schlicht und unkompliziert wirken.

**Marịssa:** Erweiterung von ▸ Maria.
**Ma̲rit:** schwedische und norwegische Kurzform von ▸ Margarete.
**Mari̲ta:** norwegische Variante von ▸ Marit, gelegentlich auch Koseform von ▸ Maria mit der spanischen Endung »-ita«. Eine deutsche Schreibvariante ist Marịtta.
**Mạrja:** friesische, finnische, slowenische Form von ▸ Maria, auch Schreibvariante von ▸ Marija.
**Marja̲na:** ▸ Marijana.
**Mạrla,** (auch:) Mạrle: Kurzform von ▸ Marlene.
**Marle̲ne,** (auch:) Marle̲na; Marle̲n; Marle̲e̲n: Doppelform aus ▸ Maria und ▸ Lena/▸ Lene.
**Mạrlies,** (auch:) Mạrlis; Marli̲e̲se: Doppelform aus ▸ Maria und ▸ Lies.
**Marli̲n:** die englische Aussprache von ▸ Marlene wiedergebende Schreibweise.
**Marli̲na:** ▸ Marline.
**Mạrlind,** (auch:) Marlịnde: Variante von Merlind oder Neubildung aus ▸ Maria und Dietlind, Sieglinde.
**Marli̲ne,** (auch:) Marli̲na: Doppelform aus ▸ Maria und ▸ Lina, ▸ Line. Im Englischen ist Marline eine Variante von ▸ Marlene.
**Mạrlis:** ▸ Marlies.
**Mạrlitt,** (auch:) Mạrlit: vielleicht Neubildung aus ▸ Maria und ▸ Melitta oder nach dem Künstlernamen der Schriftstellerin Eugenie Marlitt (eigtl. John).
**Marlou** [marˈluː]: Doppelform aus ▸ Marie und ▸ Louise.
**Mạrnie,** (auch:) Mạrny: angloamerikanische Ableitung von Marna, einer schwedischen Form von ▸ Marina.
**Mạrsha:** phonetische Schreibweise von ▸ Marcia, die vor allem von afroamerikanischen Eltern bevorzugt wird.
**Mạrtha,** (älter auch:) Mạrthe; Mạrte; (überkonfessionelle Form:) Mạrta: aus der Bibel, zu aram. mārtā' »Herrin«. Nach der Bibel war Martha die Schwester des Lazarus und der Maria von Bethanien. Sie ist die Patronin der Hausfrauen.
**Marti̲na:** weibl. Form von Martin: lateinischer Ursprung, geht zurück auf den römischen Beinamen Martinus (zu lat. Mārs, -tis, dem Namen des Kriegsgottes).
**Martine** [marˈtin]: französische Form von ▸ Martina.
**Mạrtje:** friesische Koseform von ▸ Martha, im Niederländischen auch weibliche Form von Martin (▸ Martina).

**Marụschka:** russische Koseform von ▸ Maria. Bei Mạruschka handelt es sich um eine Eindeutschung von ungarisch Maruska.

**Mary** [ˈmɛərɪ]: englische Form von ▸ Maria.

**Ma̲ryam:** ▸ Mariam.

**Marylin:** ▸ Marilyn.

**Marylou** [mærɪˈluː]: aus dem Englischen, Doppelform aus ▸ Mary und ▸ Lou[isa].

**Marzẹlla:** ▸ Marcella.

**Mạscha:** aus dem Russischen, Koseform von Marija (▸ Maria).

**Masi̲ka:** in Kenia und Tansania vorkommender Vorname, der auf Suaheli »in der Regenzeit geboren« bedeutet.

**Mathịlde,** (auch:) Mathịlda; Matịlde; Matịlda: alter deutscher Vorname, zu ahd. ma[c]ht »Macht, Kraft« + ahd. hiltja »Kampf; Kriegerin«, etwa »starke Kriegerin«.

**Matte̲a:** weibl. Form von Matteo, der italienischen Form von Matthäus: geht zurück auf die griechische/lateinische Form von hebr. Mattai, Kurzform von hebr. mattanyāh »Gabe Jahwes«.

**Matti̲a:** weibl. Form von Matthias: griechische Kurzform von Mattatías, zu hebr. mattityāh »Gabe Jahwes«.

**Maud,** (auch:) Maude [mɔːd]: englische Form von ▸ Mathilde, die auf altfranzös. Mahault zurückgeht.

**[1]Maura** [ˈmɔːrə]: aus dem Englischen, irische Herkunft, ursprünglich keltischer Name, den eine heilige Märtyrerin aus dem 5. Jh. trug, wird in Irland heute jedoch als eine Form von Máire (▸ Maria) aufgefasst.

**[2]Ma̲u̲ra:** weibl. Form von Mauro (lat. maurus »der aus Mauretanien Stammende«).

**Maureen,** (auch:) Moreen [mɔˈriːn]: englische Form des irischen Namens Máirín, einer Koseform von ▸ Maria.

**Mauri̲zia:** weibl. Form von Maurizio, der italienischen Form von Moritz: aus lat. Mauritius, einer Ableitung von Maurus (▸ [2]Maura).

**Mạxi,** (auch:) Mạxie: besonders süddeutsche Kurzform von ▸ Maximiliane.

**Maxi̲me:** weibl. Form von Maxim: deutsche Form des römischen Beinamens Maximus (lat. māximus, -a, -um »der Größte«).

**Maximilia̲ne,** (auch:) Maximilia̲na: weibl. Form von Maximilian: geht zurück auf die vulgärlateinische Form (Maximilianus) des römischen Beinamens Maximillianus, einer Bildung zu lat. māximus »der Größte«.

**Maxine:** weibl. Form von Max: Kurzform von Maximilian (▸ Maximiliane).

**May** [meɪ]: englische Kurzform von ▸ Mary und ▸ Margaret, seit den 1920er-Jahren auch nach dem Monatsnamen.

**Maya:** ▸ [1]Maja, ▸ [2]Maja, ▸ [3]Maja.

**Maybrit,** (auch:) Maybritt: ▸ Maibrit.

**Mechthild,** (auch:) Mechthilde (latinisierte Form:) Mechtildis, davon abgeleitet Mechtilde: alter deutscher Vorname, umgelautete Nebenform von ▸ Mathilde.

**Medea:** zu griech. Mḗdeia, zu griech. mḗdomai »nachdenken; geschickt, fähig sein«. In der griechischen Mythologie ist Medea die zauberkundige Tochter des Königs Aietes in Kolchis, die Jason zum Goldenen Vlies verhilft und später aus Rache an ihm die gemeinsamen Kinder umbringt.

**Meg:** englische Koseform von Margaret (▸ Margarete).

**Megan** [ˈmɛgən]: aus dem Englischen, walisische Koseform von Margaret (▸ Margarete).

**Meggy:** englische Koseform von Margaret (▸ Margarete).

**Meike:** niederdeutsch-friesische Koseform von Namen, die mit »Mein-« gebildet sind (z. B. ▸ Meinhild).

**Meinhild:** alter deutscher Vorname, zu ahd. magan, megin »Kraft, Stärke, Macht« + ahd. hiltja »Kampf; Kriegerin«; etwa »starke Kriegerin«.

**Mel:** englische Kurzform von ▸ Melanie.

**Mela:** Kurzform von Namen, die mit »Mela-« beginnen oder auf »-mela« enden (z. B. ▸ Melanie oder ▸ Pamela).

**Melanie,** (auch:) Melanie: geht zurück auf einen spätrömischen Personennamen griechischer Herkunft (griech. Melanía zu griech. mélas »schwarz«).

**Melany** [ˈmɛlənɪ]: englische Form von ▸ Melanie.

**Melba:** geht zurück auf den Künstlernamen (Nellie Melba) der australischen Sopranistin Helen Porter Armstrong, geprägt in Anlehnung an die Stadt Melbourne, in deren Nähe die Sängerin geboren wurde. Ihr zu Ehren nannte der Londoner Spitzenkoch Auguste Escoffier das von ihm kreierte Dessert »Pfirsich Melba«.

**Melek:** türkische Herkunft, identisch mit dem männl. Vornamen Melek (türk. melek »Engel«).

**Melena:** Variante von Melene, einer niederländischen Kurzform von ▸ Magdalena.

**Melina,** (auch:) Meline: altfranzösische Kurzform von Ameline, einer Koseform von germanischen Namen, die mit dem Stamm »Amal-« gebildet wurden (▸ Amalia).

**Melinda:** Kurzform von ▸ Ermelind(a) oder englische Bildung aus ▸ Melanie oder ▸ Melissa mit der Endung »-inda« nach dem Muster von ▸ Lucinda.

**Meline:** ▸ Melina.

**Melisande:** Nebenform von Melisenda, einem Namen westfränkischer Herkunft, der besonders in den »fränkischen« Kreuzfahrerstaaten beliebt wurde (wohl zu german. *mel »lieb, mild« + german. *swinþa »stark, ungestüm« oder german. *sinþa, got. sinþs »Weg, Gang, Kriegszug«).

**Melissa:** ▸ Melitta.

**Melita:** italienische Form von ▸ Melitta.

**Melitta,** (auch:) Melissa: zu griech. mélitta, -issa »Biene«.

**Melody:** zu engl. melody »Melodie«.

**Melvina:** ▸ Malwine.

**Meral:** zu türk. meral »Damhirschkuh«.

**Mercedes:** aus dem Spanischen, bezieht sich auf das Fest Maria de mercede redemptionis captivorum »Maria von der Gnade der Gefangenenerlösung«.

**Meret:** Kurzform von ▸ Margarete.

**Merit:** schwedische Form von ▸ Margarete.

**Merle:** aus dem Englischen [mə:l], zu französ. merle, lat. merula »Amsel«.

**Merleen,** (auch:) Merlena; Merlene; Merlina: deutsche Varianten von ▸ Merlin.

**Merlin,** (auch:) Merlyn: aus dem Englischen [ˈmə:lɪn], angeregt durch engl. merlin »Zwergfalke« sowie durch die beliebten weiblichen Endungen »-lin/-lyn«.

**Merlina:** ▸ Merleen.

**Merry:** ursprünglich Koseform des englischen Vornamens Mercy (»Barmherzigkeit«), heute in Verbindung gebracht mit dem Adjektiv merry »lustig, fröhlich«.

**Merula:** zu lat. merula »Amsel«.

**Merve** [mə:v]: der aus dem Englischen entlehnte Vorname geht auf den walisischen Familiennamen Merfyn zurück.

**Meryem:** türkische Form von ▸ Maria.

**Meta:** Kurzform von ▸ Margareta.

**Metta:** niederdeutsche und schwedische Kurzform von ▸ Mechthild.

**Mette:** niederdeutsche, dänische und norwegische Kurzform von ▸ Mechthild.

**Mia:** Kurzform von ▸ Maria, auch englisch [ˈmiːə].

**Micaela:** spanische Form von ▸ Michaela.

**Micha:** Kurzform von ▸ Michaela.

**Michaela,** (auch:) Michaele: weibl. Form von Michael: aus der Bibel, zu hebr. mīkā'ēl »wer ist wie Gott?«.

**Michal:** aus der Bibel, hebräischer Ursprung, wohl weibl. Kurzform von Michael (▸ Michaela). So heißt im Alten Testament eine Tochter Sauls, die König David heiratete.

**Michalina,** (auch:) Michaline: Weiterbildung von ▸ Michaela.

**Michela** [miˈkɛla]: weibl. Form von Michele, der italienischen Form von Michael (▸ Michaela).

**Michèle,** (auch:) Michelle [miˈʃɛl]: französische Form von ▸ Michaela.

**Micheline** [miʃˈlin]: aus dem Französischen, Weiterbildung von Michèle (▸ Michaela).

**Michelle:** Schreibvariante von ▸ Michèle.

**Michiko** [ˈmitʃko]: zu japan. mi »schön« + chi »vernünftig, verständig« + ko »Kind«.

**Mieke:** niederdeutsche Koseform von ▸ Maria.

**Mikaela:** schwedische Form von ▸ Michaela.

**Mila:** Kurzform mehrerer weiblicher Vornamen, z. B. ▸ Ludmilla, ▸ Milena, ▸ Emilie, ▸ Camilla.

**Milada:** tschechische Herkunft, Neubildung zu tschech. milá »Geliebte«.

**Milana:** weibl. Form von Milan: tschechische Herkunft, zu urslaw. *milъ »lieb, teuer« + Endung »-an«.

**Mildred:** aus dem Englischen, geht zurück auf altengl. Mildþryð (altengl. mild »mild, sanft« + altengl. þrȳð »Stärke, Macht«).

**Milena,** (deutsch auch:) Milena: aus dem Tschechischen, zu urslaw. *milъ »lieb, teuer« + Endung -ena.

**Milenka:** tschechische Koseform von ▸ Milena.

**¹Milka:** aus der Bibel, hebräischer Ursprung, zur hebräischen Wurzel mlk »König«, »Königin«.

**²Milka:** tschechische Koseform von ▸ Mila, ▸ Milena, polnische und tschechische Koseform von ▸ Emilie.

**Milla:** Kurzform von ▸ Camilla, ▸ Ludmilla.

**Milli:** Koseform von ▸ Emilie, ▸ Ludmilla.

**Milva:** italienische Doppelform aus ▸ Maria und ▸ Ilva.

**Mimi:** Koseform – eigentlich Lallform aus der Kindersprache – von ▸ Maria.

**Mina,** (auch:) Mine; Miena: Kurzform von Namen, die auf »-mina« oder »-mine« ausgehen, besonders von ▸ Wilhelmine/-a und ▸ Hermine/-a.

**Minerva:** geht zurück auf die römische Göttin der Weisheit, des Handwerks und der schönen Künste.

**Minette:** französierende Koseform von Mine (▸ Mina).

**Minja:** Koseform verschiedener russischer Vornamen.

**Minka:** polnische oder tschechische (Mínka) Koseform von ▸ Wilhelmine.

**Minna,** (auch:) Minne: im 18. Jh. aufgekommene Kurzform von ▸ Wilhelmine. Lessings Lustspiel »Minna von Barnhelm« (1767) trug zur Bekanntheit des Namens bei.

**Minni:** Koseform von ▸ Wilhelmine.

**Minnie:** englische Koseform von Wilhelmina (▸ Wilhelmine).

**Minou** [miˈnuː]: in Holland geläufige Koseform von ▸ Mina, in Deutschland seit den 1960er-Jahren gelegentlich vergeben.

**Mio:** zu japan. mio »schöner Kirschbaum«.

**Mira:** Kurzform von Miroslawa/Miroslava oder von ▸ Miranda.

**Miranda:** aus dem Englischen, wohl von Shakespeare für die Heldin seines Schauspiels »Der Sturm« (zu lat. mīrandus, -a, -um »wunderbar, bewundernswert«) gebildet.

**Mireia:** katalanische Form von ▸ Mireille.

**Mireille** [miˈrɛj]: französische Form von provenzal. Mirèio, von F. Mistral für die Titelheldin seiner Verserzählung »Mirèio« (wohl in Anlehnung an provenzal. mirar »bewundern«) gebildet.

**Miriam,** (auch:) Mirjam; Mirijam; Myriam: aus der Bibel, hebräischer (aramäischer) Ursprung. Die griechische und lateinische Form von Mirjam ist ▸ Maria.

**Mirjana:** weibl. Form des bulgarischen männl. Namens Mirjan, einer Kurzform von Namen wie Miroslav (urslaw. *mirъ »Friede« + *slava »Ruhm, Ehre«).

**Mirka:** Koseform von Miroslawa/Miroslava.

**Mo** [mɔ]: englische Herkunft, Kurzform von ▸ Maureen.

**Moana:** hawaiische Herkunft, Bedeutung »Ozean«.

**Mohini:** indische Herkunft (zu sanskrit. muh »bezaubern«: »die die Männer bezaubert«).

**Moira:** aus dem Englischen, gibt die Aussprache von Máire, der irischen Form von Mary (▸ Maria), wieder.

**Molly:** aus dem Englischen, Koseform – eigentlich Lallform aus der Kindersprache – von Mary (▸ Maria).

**¹Mona:** irische Herkunft, zu gäl. muadh »edel«. Der Name des berühmten Gemäldes von Leonardo da Vinci hat nichts mit dem Vornamen Mona zu tun. Mona Lisa, eigentlich Madonna Lisa, bedeutet »Frau Lisa«.

**²Mona:** Kurzform von ▸ Monika und ▸ Ramona.

**Moni:** Kurzform von ▸ Monika.

**Monia:** ▸ Monja.

**Monifa:** aus Nigeria, bedeutet in der Yoruba-Sprache »ich habe mein Glück«.

**Monika,** (auch:) Monica: wohl punische Herkunft, Bedeutung unklar.

**Monique** [mɔˈnik]: französische Form von ▸ Monika.

**Monja:** russische Koseform von Marija (▸ Maria) und anderen Namen.

**Moreen:** Schreibvariante von ▸ Maureen.

**Morena:** weibl. Form von Moreno: aus dem Italienischen, geht zurück auf span. moreno, -a »braun«.

**Morgan** [ˈmɔːgən]: Variante von ▸ Morgana.

**Morgana:** nach einer Gestalt aus den Artussagen, Herkunft aber noch ungeklärt. Nach einer Sagenversion nimmt Morgana, die mit ihren Schwestern auf einer magischen Insel lebt, König Artus auf und heilt seine Wunden. Nach einer anderen Fassung ist die Fee Morgana die Halbschwester von König Artus.

**Morgane:** französische Form von ▸ Morgana.

**Morna:** aus dem Englischen, Nebenform von ▸ Myrna.

**Muna:** zu arab. muna »Hoffnung, Wunsch«.

**Muriel:** [ˈmjʊərɪəl]: aus dem Englischen, keltischer (bretonischer/irischer) Ursprung (vgl. den irischen Namen Muirgheal, zusammengesetzt aus muir »die See« und geal »glänzend«).

**Mylène** [miˈlɛn], (eingedeutscht:) Mylene: aus dem Französischen, entstanden durch Zusammenziehung von Marie-Hélène (▸ Maria, ▸ Helene).

**Myra** [ˈmaɪərə]: geprägt vom englischen Dichter Fulke Greville, möglicherweise gebildet als Anagramm von ▸ Mary, als vereinfachte Form von ▸ Myrrha oder zu lat. mīrāri »bewundern«.

**Mỵriam:** ▸ Miriam.

**Myrna** [ˈməːnə]: englische Form eines irischen Namens, zu gäl. muirne »freundlich, geliebt«.

**Mỵrrha,** (auch:) Mỵrra: zu griech. mýrra »Myrrhe«, ein wohlriechendes Harz. In Ovids »Metamorphosen« liebt Myrrha ihren eigenen Vater. Sie wird von den Göttern in einen Myrrhenbaum verwandelt, aus dessen Stamm Adonis geboren wird.

**Mỵrta,** (auch:) Mỵrtha; Mỵrte; Mỵrthe: identisch mit dem Pflanzennamen, zu griech. mýrtos »Myrte«.

# N

**Nabi̲la:** weibl. Form von Nabil: zu arab. nabīl »edel, ehrenwert«.

**Nạdia:** ▸ ¹Nadja, ▸ ²Nadja.

**Nadine** [naˈdin]: französische Weiterbildung von ▸ ¹Nadja.

**Na̲dira:** weibl. Form von Nadir: zu arab. nādir »selten, kostbar«.

**¹Nạdja,** (auch:) Nạdia; Nạdya: aus dem Russischen, Kurzform von ▸ Nadjeschda.

**²Nạdja,** (auch:) Nạdia; Nạdya: zu arab. nadan »Morgentau« oder »Großzügigkeit«.

**Nadja̲na:** Weiterbildung von ▸ ¹Nadja.

**Nadjẹschda:** zu russ. nadežda »Hoffnung«.

**Nạdya:** ▸ ¹Nadja, ▸ ²Nadja.

**Na̲ila:** aus dem Arabischen entlehnt, weibl. Form von Nail (arab. nā'il »jemand, der [seine Ziele] erreicht«).

**Nai̲ma:** weibl. Form von Naim: zu arab. na'īm »sorglos, glücklich«.

**Na̲ja:** aus Grönland, Bedeutung »kleine Schwester«.

**Nanạ:** französische Koseform von ▸ Anna.

**Nancy** [ˈnænsɪ]: aus dem Englischen, Koseform (Lallform) von Anne (▸ Anna).

**¹Nanda:** weibliche Form von Nando, einer Kurzform von italienisch Ferdinando oder spanisch Fernando (zu got. *frith »Schutz vor Waffengewalt, Friede« + got. *nanth »Kühnheit«).

**²Nanda:** indische Herkunft (sanskrit. nanda »Freude«).

**Nani:** hawaiische Herkunft (»Schönheit, Glanz«).

**Nanna,** (auch:) Nanne: aus der Kindersprache stammende Lallform von ▸ Anna und anderen Vornamen.

**Nannette,** (auch:) Nanette; Nanett: aus dem Französischen [na'nɛt] übernommene Koseform von Anne (▸ Anna).

**Nanni:** Koseform von ▸ Nanna.

**Nannina:** Erweiterung von ▸ Nanna, auch italienische Koseform von ▸ Giovanna.

**Nanny:** Variante von ▸ Nanni oder englische Koseform ['nænɪ] von ▸ Ann.

**Nanon** [...'nõ]: französische Koseform von ▸ Anna.

**¹Naomi:** aus dem Englischen ['neɪəmɪ] übernommene Form von ▸ Noemi.

**²Naomi:** zu japan. nao »Ehrlichkeit« + japan. mi »Schönheit«.

**Narcissa:** weibl. Form des aus der griechischen Mythologie stammenden männl. Vornamens Narciss, der auf griech. nárkissos »Narzisse« zurückgeht.

**Nastasja,** (auch:) Nastasia; Nastassja: aus dem Russischen, Kurzform von ▸ Anastasia.

**Nastja:** Kurzform von ▸ Nastasja.

**Natali:** verkürzte Form von ▸ Natalie.

**Natalie,** (auch:) Natalia; Nathalie: Bedeutung »die am Geburtstag Christi (Weihnachten) Geborene«, zu lat. [diēs] nātālis »[Tag der] Geburt«, womit zunächst das heidnische Fest natalis Solis invicti gemeint war, der Geburtstag des unbesiegten Sonnengottes; frühestens seit dem 4. Jh. wurde der Name auch auf das Fest von Christi Geburt bezogen.

**Natalina:** italienische Koseform von ▸ Natalie.

**Natalja:** russische Form von ▸ Natalie.

**Natanja:** russische Koseform von ▸ Natalja.

**Natascha:** aus dem Russischen, Koseform von Natalja (▸ Natalie).

**Nathalie:** ▸ Natalie.

**Nausikaa,** (auch:) Nausika: aus der griechischen Sage. In der »Odyssee« findet Nausikaa, die Tochter von Alkinoos, den schiffbrüchigen Odysseus am Strand auf, versorgt ihn mit Kleidung und weist ihm den Weg zum Palast ihres Vaters.

**Nava:** neuhebräische Herkunft (neuhebr. navā »die Schöne, Liebliche«).

**Navina:** indischer Ursprung, »die Neue«.

**Nele,** (auch:) Neele; Nela: niederdeutsch-friesische Kurzform von ▸ Cornelia.

**Nella:** Kurzform von ▸ Cornelia, ▸ Petronella und italienischen Namen auf »-nella« (z. B. ▸ Antonella, ▸ Ornella).

**Nelli:** Kurzform von ▸ Cornelia, ▸ Petronella.

**Nelly:** Schreibvariante von ▸ Nelli oder englische Lallform aus der Kindersprache von Helen (▸ Helene) oder Elinor (▸ Eleonore).

**Nena:** Lallform aus der Kindersprache zu verschiedenen Vornamen, z. B. im Italienischen von Maddalena (▸ Magdalena). Im Spanischen tritt Nena (span. nena »kleines Mädchen«) nicht als Vorname auf, sondern nur als kosende Anredeform im engsten Familienkreis (etwa wie dt. Püppi).



**Nerina:** zu lat. Nērīnē < griech. Nēréinē »Nereide«, gelegentlich auch weibl. Form von italien. Neri, einer Kurzform von Raineri (zu german. *ragina- »Rat, Beschluss [der Götter], Schicksal« + ahd. heri »Heer; Heerführer, Krieger«).

**Nicki,** (auch:) Niki: Koseform von ▸ Nikola und ▸ Nicole.

**Nicky:** Schreibvariante von ▸ Nicki, auch englisch.

**Nicola,** (auch:) Nicola: aus dem Italienischen, identisch mit dem männl. Vornamen Nicola, der italien. Form von Nikolaus (▸ Nikola).

**Nicole** [niˈkɔl]: aus dem Französischen, weibl. Form von Nicolas, der französischen Form von Nikolaus (▸ Nikola).

**Nicoletta:** italienische Koseform von ▸ Nicola.

**Nicolette** [nikɔˈlɛt]: französische Koseform von ▸ Nicole.

**Nicolina:** italienische Koseform von ▸ Nicola.

**Nicoline:** aus dem Französischen [nikɔˈlin] übernommene Koseform von ▸ Nicole.

**Nike:** geht zurück auf griech. Nike, die Göttin des Sieges, zu griech. níkē »Sieg«.

**Nikita:** identisch mit dem männl. Vornamen Nikita (russische Form des griechischen Namens Nikētas, zu griech. níkē »Sieg«). Die Verwendung als weiblicher Vorname geht auf die eiskalte Killerin und Titelheldin eines französisch-italienischen Films (1990) zurück; sie erhielt ihren Namen nach einem Lied von Elton John.

**Nikola:** weibl. Bildung zu Nikolaus: griech. Nikólaos, zu griech. níkē »Sieg« und laós »Volk, Kriegsvolk«.

**Nikoletta:** ▸ Nicoletta.

**Nikolette:** ▸ Nicolette.

**Nikolina:** ▸ Nicolina.

**Nikoline:** ▸ Nicoline.

**Nina:** vor allem russische Herkunft, bezieht sich möglicherweise auf die heilige Nina (auch: Nino), die als die Missionarin Georgiens auch unter dem Namen Christiana (wohl nur ihr Beiname: »die Christin«) verehrt wird. Ihr Name ist die weibl. Form des griechisch-assyrischen Namens Nínos. So hieß der sagenhafte Gründer der Stadt Ninive. Heute ist Nina eher Koseform; im Russischen vor allem zu ▸ Anna oder ▸ Antonina, im Italienischen zu ▸ Giovannina oder anderen Namen auf »-nina«.

**Ninette:** aus dem Französischen [niˈnɛt] übernommene Koseform von ▸ Nina.

**Ninon** [niˈnõ]: französische Koseform von ▸ Nina.

**Nirmala:** indische Herkunft (sanskrit. niḥ »ohne« + sanskrit. malā »Flecken«: »unbefleckt, rein«).

**Noa:** aus der Bibel, zu hebr. no'ā »Bewegung«. Im Alten Testament ist Noa eine Tochter Zelofhads.

**Noelia:** latinisierte Form von ▸ Noelle.

**Noelle** [noˈɛl]: weibl. Form von Noel: zu französ. Noël »Weihnachten«.

**Noemi,** (überkonfessionelle Form:) Noomi: zu hebr. no'am »Freude«. Nach der Bibel war Noemi die Schwiegermutter der Ruth. Nach dem Tod ihres Mannes änderte sie ihren Namen in ▸ ²Mara (hebr. »bitter«) um.

**Nola** [ˈnoʊlə]: englische Kurzform von ▸ Finola, auch weibl. Form des männl. Vornamens Nolan, der auf den gälischen Familiennamen Ó Nualláin (»Nachkomme des Nuallán«) zurückgeht.

**Nona:** zu lat. nōna »die Neunte« oder zu Nōna, der Göttin, die die Geburt beschützte.

**Nora:** Kurzform von Eleonora (▸ Eleonore).

**Norah** [ˈnɔːrə]: englische Variante von ▸ Nora.
**Noreen** [nɔːˈriːn]: englische Form von Nóirín, einer irischen Koseform von ▸ Nora.
**Noriko:** zu japan. nori »Gesetz« + japan. ko »Kind«.
**Norina:** italienische Koseform von ▸ Nora.
**Norita:** spanische Koseform von ▸ Nora.
**Norma:** geht zurück auf Norma, die Hauptgestalt in Bellinis gleichnamiger Oper. Der Name wurde von dem Autor des Librettos, F. Romani, geprägt.
**Nova:** aus dem Englischen, zu lat. novus, -a, -um »neu«.
**Nuala** [njuˈælə]: Koseform des irischen Namens Fionn(g)uala (▸ Fenella).
**Nurgül:** türkische Herkunft, zu arab./türk. nur »Licht« + pers./türk. gül »Rose«: »Lichtrose«.
**Nuria:** aus dem Spanischen, geht zurück auf ein Marienheiligtum in Katalonien, wo ein Muttergottesbild (katalan. »la Mare de Déu de Núria« = die Gottesmutter von Nuria) verehrt wird.
**Nurit:** zu neuhebr. nurit »Ranunkel, Hahnenfuß«.



# O

**Oceana,** (auch:) Oceane; Ozeana: weibl. Bildung zu lat. Ōceanus, griech. Ōkeanós. Nach der griechischen Sage ist Ōkeanós der Gott des die Erdscheibe umströmenden Weltmeers.
**Octavia,** (auch:) Oktavia: weibl. Form von Octavius: lateinischer Ursprung, geht zurück auf einen römischen Geschlechternamen, der wiederum auf dem alten Vornamen Octāvus (lat. »der Achte«) beruht. Mit Octavus wurde ursprünglich ein im achten römischen Monat geborener Knabe benannt.
**Oda:** alter deutscher Vorname, verselbstständigte Kurzform

von Zusammensetzungen mit »Ot-«, zu ahd. ōt »Besitz, Reichtum« als erstem Bestandteil. Bekannter als die ursprünglich altsächsische Namensform Oda ist die hochdeutsche Form ▸ Ute (ahd. Uota, Uoda).

**Odẹtte:** aus dem Französischen [ɔˈdɛt] übernommene Koseform von ▸ Oda.

**Odile** [ɔˈdil]: französische Form von ▸ Odilia.

**Odi̲lia,** (auch:) Odi̲lie: alter deutscher Vorname, latinisierte Form von ahd. Odila, Otila, einer Koseform von ▸ Oda.

**O̲dina,** (auch:) Odi̲ne: Weiterbildung von ▸ Oda oder weibl. Form von Odin: nach der höchsten Gottheit der nordgermanischen Mythologie, altnord. Óðinn, wahrscheinlich zu óðr »rasend«.

**Okta̲via:** ▸ Octavia.

**¹O̲la:** weibliche Bildung zu Ole, einer dänisch-norwegischen Kurzform von Olaf (aus altnord. Ōlāfr, etwa »Nachkomme des Urahns«), oder niederdeutsch-friesische Variante von Ula, Kurzform von ▸ Ulrike.

**²O̲la:** hawaiische Herkunft (»Leben, Wohlbefinden«).

**Olẹsja:** russische Koseform von ▸ Olga.

**Ọlga:** aus dem Russischen, geht zurück auf den nordischen Namen ▸ Helga. Der nordische Name gelangte mit den Warägern (Normannen) nach Russland.

**Oli̲na,** (auch:) Oli̲ne: Weiterbildung von ▸ ¹Ola, auch Kurzform von Namen, die auf »-olina« bzw. »-oline« enden (z. B. ▸ Carolina/Caroline).

**Oli̲via,** (auch:) Oli̲va: zu lat. olīva »Ölbaum; Ölzweig, Olive«.

**Olỵmpia,** (auch:) Olịmpia: griechischer Ursprung, geht zurück auf den Ortsnamen Olympía, die Stätte der Olympischen Spiele.

**Ọnna:** weibl. Form von Onno, dessen Herkunft wegen der starken Verkürzung nicht eindeutig zu bestimmen ist; möglicherweise von mittelniederländisch gehe-onnen, onnen »gönnen« abgeleitet.

**Oona** [ˈuːnə]: Variante des irischen Vornamens Úna (▸ Una).

**Ophe̲lia:** wurde wahrscheinlich geprägt von I. Sannazzaro für eine Gestalt seines Schäferromans »Arcadia« zu griech. ōphelía »Hilfe«.

**Oria̲na,** (auch:) Oria̲ne: geht zurück auf die gleichnamige Gestalt in dem spätmittelalterlichen spanischen Ritterroman »Amadís de Gaula«, Herkunft umstritten (vielleicht zu lat. aurum »Gold« oder zu lat. orīrī »sich erheben; aufgehen«).

**Orla** ['ɔ:lə]: englische Form des irischen Namens Ór(fh)lait, der die gälischen Namenbestandteile ór »Gold« + flaith »Herrscherin, Prinzessin« enthält.

**Ornella:** von G. D'Annunzio für eine Gestalt seiner Tragödie »La figlia di Iorio« in Anlehnung an italien. ornello »Esche« geprägt.

**Ottilie,** (auch:) Ottilia: Nebenform von ▸ Odilia/Odilie.

**Oxana:** russische und ukrainische Form von Xenia, vgl. ▸ Axinja.

**Ozeana:** ▸ Oceana.

# P

**Padma:** zu sanskrit. padma »Lotus«, Beiname der Göttin Lakschmi.

**Paloma:** zu span. paloma »Taube«, nach einem Beinamen der Gottesmutter (»Virgen de la Paloma«: »die [heilige] Jungfrau von der Taube«).

**Pam** [pæm]: englische Kurzform von ▸ Pamela.

**Pamela:** aus dem Englischen, wohl eine Neuprägung von Philip Sidney für eine Gestalt seines Romans »Arcadia«, erster Namenbestandteil zu griech. pān »all, ganz«, zweiter möglicherweise u. a. zu griech. mélas »schwarz« oder zu griech. méli »Honig«, vom englischen Dichter Samuel Richardson für die Heldin seines Romans »Pamela« übernommen.

**Pamina:** Herkunft und Bedeutung unklar, bekannt durch die Pamina in Mozarts Oper »Die Zauberflöte«.

**Panya:** in Kenia und Tansania vorkommender Vorname, der auf Suaheli »kleine Maus« bedeutet.

**Paola:** italienische Form von ▸ Paula.

**Pascale** [pas'kal]: weibl. Form von Pascal: französische Form von lat. Paschalis (zu lat. pascha »Osterfest« über aramäisch pishā aus hebr. pesah).
**Pascaline** [paska'lin]: Erweiterung von ▸ Pascale.
**Pat** [pæt]: englische Kurzform von ▸ Patricia.
**Patricia:** aus dem Englischen [pə'trɪʃə], weibl. Form von Patricius: geht zurück auf einen römischen Beinamen, zu lat. patricius, -a, -um »patrizisch, dem römischen Geburtsadel angehörig«.
**Patrizia:** weibl. Form von Patrizio, der italienischen Form von Patricius (▸ Patricia), oder Eindeutschung von ▸ Patricia.
**Patsy** ['pætsɪ]: englische Koseform von ▸ Patricia.
**Patty** ['pætɪ]: englische Koseform von ▸ Patricia.
**Paula:** weibl. Form von Paul(us): lateinischer Ursprung, geht zurück auf den römischen Beinamen Paul[l]us, zu lat. paul[l]us »klein«.
**Paulette** [po'lɛt]: französische Koseform von ▸ Paula.
**Pauline,** (auch:) Paulina: Weiterbildung von ▸ Paula.
**Pearl** [pɜ:l]: zu engl. pearl »Perle«.
**Peggy:** englische Koseform – eigentlich Lallform aus der Kindersprache – von Margaret (▸ Margarete).
**Pelin:** zu türk. pelin »Wermutpflanze, Beifuß«.
**Penelope:** griechischer Ursprung. In der »Odyssee« ist Penelope die Gemahlin des Odysseus, die ihm während seiner 20-jährigen Abwesenheit die Treue hält. Zwar sieht schon der Dichter der »Odyssee« einen Zusammenhang zwischen dem Namen Penelope und griech. pēnélops »Entenart mit buntem Hals«, doch ist der Name wohl älter und unbekannter Herkunft.
**Peninna,** (auch:) Penina: aus der Bibel übernommener Vorname hebräischen Ursprungs (hebr. peninnā »Koralle«). Nach dem Alten Testament war Peninna die zweite Frau des Elkana, des Vaters Samuels.
**Penny:** englische Koseform von ▸ Penelope.
**Pepita:** spanische Koseform von ▸ Josefa.
**Perla:** zu italien./span. perla »Perle«.
**Pernilla:** schwedische Form von ▸ Petronella.
**Petra:** weibl. Form von Peter: aus der lateinischen Namensform Petrus. Petrus hieß eigentlich schime'on oder schim'on (Simon). Jesus gab ihm den aramäischen Beinamen kyph' (»Edelstein, Felsbrocken«), in griechischer

## Die schönsten Mädchennamen auf -ia

Alicia * Amelia * Antonia * Cecilia * Emilia * Fabia * Ilaria * Julia * Kezia * Lia * Livia * Mia * Olivia * Pia * Viktoria

Umschrift Kēphā́s. Im Neuen Testament wurde dieser mit dem griechischen Namen Pétros, bezogen auf griech. pétra »Fels«, gleichgesetzt und als »Petrus« ins Lateinische übernommen.

**Petronẹlla,** (auch:) Petronịlla: zu lat. Petronilla, einer Weiterbildung von dem Namen Petronia, der seinerseits auf den alten römischen Geschlechternamen Petronius (von unbekannter, wahrscheinlich etruskischer Herkunft) zurückgeht.

**Phebe:** niederländische Form von ▸ Phöbe, auch englisch.

**Philine,** (auch:) Philina: zu griech. phílos »lieb, geliebt, teuer«.

**Philịppa:** weibl. Form von Philipp, zu griech. phílos »Freund« und híppos »Pferd«, also etwa »Pferdefreund«.

**Philippine,** (auch:) Philippina: weibl. Form von Philipp (▸ Philippa) mit der Endung »-ine«.

**Philomela,** (auch:) Philomele: zu griech. phílos »Freund« und wahrscheinlich mēlon »Schaf; Herde« oder mēlon »Apfel«, schon früh umgedeutet in mélos »Lied, Melodie«. Philomela wurde nach der griechischen Sage in eine Nachtigall verwandelt.

**Philomena,** (auch:) Philomene; Filomena: zu griech. Philouménē; »eine, die geliebt wird«.

**Phöbe,** (auch:) Phoebe: zu griech. phoībos »glänzend, leuchtend, rein«. In der griechischen Sage ist Phöbe Beiname der Mondgöttin Artemis.

**Phỵllis:** griechischer Ursprung, wohl zu griech. phýllon »[grünes] Blatt«. In der griechischen Mythologie tötet sich Phyllis, die Tochter des thrakischen Königs Sithon, selbst, weil ihr Geliebter Demophon zu lange fernblieb, und wird in einen Mandelbaum verwandelt.

**Pia:** weibl. Form von Pius: zu lat. pius, -a, -um »fromm, gottesfürchtig«.

**Piera:** weibl. Form von Piero, der italienischen Form von Peter (▸ Petra).

**Pilar:** zu span. pilar »Pfeiler«, geht zurück auf die »Virgen del Pilar« (»die [heilige] Jungfrau von dem Pfeiler«).

**Pina:** italienische Kurzform von Namen, die auf »-pina« ausgehen, z. B. von ▸ Giuseppina.

**Pippa:** italienische Koseform – eigentlich Lallform aus der Kindersprache – von ▸ Philippa und Giuseppa (▸ Josefa).

**Pirko:** ungarische Koseform (Pirkó) von ▸ Piroska.

**Piroschka:** eindeutschende Schreibung des ungarischen Vornamens ▸ Piroska.

**Piroska** [ˈpiroʃkɔ]: ungarische Form von ▸ Prisca.

**Pola:** polnische Kurzform von ▸ Apollonia.

**Polly:** in der Kindersprache über ▸ Molly entstandene Koseform von Mary (▸ Maria).

**Prema:** indische Herkunft (sanskrit. prēma »Liebe«).

**Prisca,** (auch:) Priska: lateinischer Ursprung, geht zurück auf einen römischen Beinamen (zu lat. prīscus, -a, -um »alt«).

**Priscilla:** lateinischer Ursprung, Verkleinerungsform von ▸ Prisca. Den Namen Priscilla (Prisca) trug eine Schülerin des Apostels Paulus.

# Q

**Queenie** [ˈkwi:...]: zu engl. queen »Königin«.

**Quirina:** weibl. Form von Quirinus: geht zurück auf den Namen eines alten römischen Gottes (lat. Quirīnus), wurde später zum Beinamen von Romulus, dem zum Gott erhobenen Gründer der Stadt Rom.

# R

**Rabea:** seit den 1960er-Jahren in Deutschland erscheinende Variante von ▸ Rabia.

**Rabia:** arabische Herkunft (arab. Rābi'a »die Vierte« für die vierte Tochter oder weibl. Form zu arab. Rab'ī »zum Frühling gehörend«).

**Rachel,** (überkonfessionelle Form:) Rahel, engl. Aussprache: [ˈreɪtʃəl]: zu hebr. rāḥel »Mutterschaf«. Nach der Bibel war Rachel, eine Tochter Labans, die zweite Frau Jakobs. Sie schenkte ihm zwei Söhne, Josef und Benjamin.

**Rachele,** (auch:) Rachela [raˈkɛle], [raˈkɛla]: italienische Form von ▸ Rachel.

**Radha:** indische Herkunft (sanskrit. rādhā »Erfolg«); Name der Lieblingsgemahlin Krischnas.

**Rae,** (auch:) Raye [reɪ]: englische Kurzform von ▸ Rachel, zum Teil auch aufgefasst als weibl. Form von Ray: Kurzform von Raymond, der englischen Form von Raimund (▸ Ramona).

**Rafaela:** ▸ Raphaela.

**Raffaela:** italienische Variante von ▸ Raffaella.

**Raffaella:** italienische Form von ▸ Raphaela.

**Rahel:** ▸ Rachel.

**Rahime:** türkische Herkunft, weibliche Form von Rahim: Kurzform von arab. 'abd er-Rahīm »Diener [Allahs,] des Gnädigen«.

**Raika:** Eindeutschung von ▸ Rajka oder Schreibvariante von ▸ Reika.

**Raina:** ▸ Reina.

**Raissa,** (auch:) Raisa: aus dem Russischen, vermutlich eine Ableitung von griech. rádios »leicht, mühelos«.

**Rajka:** ungarische und russische Koseform von ▸ Rachel, ungarische, slowenische und tschechische Koseform von

Rajmunda (▸ Ramona), tschechische und russische Koseform von ▸ Raissa.

**Ramona:** weibl. Form von Ramón, der spanischen Form von Raimund: zu german. *ragina »Rat, Beschluss [der Götter], Schicksal« + german. *mundō »Schutz«.

**Rana:** arabische Herkunft (arab. rana »ins Auge fallender, schöner Gegenstand« zu arab. rana »anstarren, auf etwas blicken, etwas betrachten«).

**Rani:** indische Herkunft, bedeutet »Königin«.

**Raphaela,** (auch:) Rafaela: weibl. Form von Raphael, auch Rafael: aus der Bibel, hebräischer Ursprung, Bedeutung »Gott heilt«.

**Raquel** [raˈkɛl]: spanische Form von ▸ Rachel.

**Rasamayi:** indische Herkunft (sanskrit. rasa »Geschmack, Nektar« + sanskrit. mayī »bestehend aus«: »die aus Nektar Bestehende«).

**Raschida:** weibl. Form von Raschid: zu arab. er-rashīd »der Rechtgeleitete; der Weise«.

**Rea,** (auch:) Rhea: geht zurück auf eine Gestalt der römischen Mythologie, Bedeutung unklar. Nach der römischen Sage war Rhea Silvia die Mutter von Romulus und Remus und somit Stammmutter der Römer.

**Rebecca** [rɪˈbɛkə]: englische Form von ▸ Rebekka.

**Rebekka,** (auch:) Rebecka: hebräischer Ursprung (ribqā), vielleicht zu hebr. baqar »Rind«. Nach der Bibel war Rebekka die Frau Isaaks und die Mutter von Jakob und Esau.

**Reena:** ▸ Rena.

**Regina,** (auch:) Regine: zu lat. rēgīna »Königin«, kann auf die Himmelskönigin Maria bezogen sein oder aber einen Wunsch der Eltern (das Mädchen möge schön, reich, glücklich wie eine Königin sein) ausdrücken.

**Regula:** lateinischer Ursprung, geht zurück auf den römischen Beinamen Regulus (lat. rēgulus »kleiner König, Häuptling, Fürst, Prinz«).

**Reika,** (auch:) Reike: verselbstständigte Kurzform von Namen, die mit altsächs. rīki »mächtig, gewaltig, reich« gebildet sind, auch Eindeutschung von ▸ Rajka.

**Reina,** (auch:) Raina: verselbstständigte Kurzform von Namen, die mit »Rein-« (german. *ragina »Rat, Beschluss [der Götter], Schicksal«) gebildet sind.

**Reintje:** friesische Koseform von Namen, die mit »Rein-« gebildet sind.

## Die schönsten Mädchennamen mit der Bedeutung »Glück, glücklich«

Ananda (»Glück, Freude«) * Batseba (»Tochter der Fülle, des Glücks«) * Beate (»glücklich«) * Beatrix (etwa »die glücklich Machende«) * Felice (»glücklich, Glück bringend«) * Felizitas (»Glück, Glückseligkeit«) * Fortuna (»Schicksal, Glück«) * Makena (»die Glückliche«) * Naima (»sorglos, glücklich«) * Saida (»glücklich«) * Salome (»Glück, Wohlergehen«) * Yamina (»rechter Hand, glücklich«)

**Rena,** (auch:) Reena: Kurzform von ▸ Renate und ▸ Verena, auch friesische Kurzform von Namen, die mit »Rein-« (german. *ragina »Rat, Beschluss [der Götter], Schicksal«) beginnen (z. B. Reintraud).

**Renate,** (auch:) Renata: weibl. Form von Renatus (lat. renātus »wiedergeboren«).

**Renée:** französische Form von ▸ Renate.

**Renette:** Neubildung, Erweiterung von ▸ Rena mit der französischen Endung »-ette«.

**Renkea:** friesische Erweiterung von ▸ Renke.

**Resi:** Koseform von ▸ Therese.

**Rhea:** ▸ Rea.

**Rhoda:** aus dem Englischen, zu griech. rhódon »Rose«. In der »Apostelgeschichte« begegnet Rhode als Name einer Magd in Jerusalem.

**Rhona:** aus dem Englischen, Herkunft umstritten, möglicherweise in Anlehnung an Rona, eine Insel der Hebriden, oder eine weibl. Bildung zu engl. Ronald: schottische Ableitung des altnordischen Namens Rögnvaldr, der verwandt ist mit Reinold (zu german. *ragina- »Rat,

Beschluss [der Götter], Schicksal« + ahd. -walt zu waltan »herrschen, walten«).

**Ria:** Kurzform von ▸ Maria.

**Riana:** Kurzform von ▸ Adriana.

**Ribanna:** Bedeutung unklar, bekannt durch Ribanna, die Geliebte Winnetous, in den Romanen Karl Mays.

**Rica:** Kurzform verschiedener Vornamen (z. B. ▸ Erica, ▸ Ricarda, ▸ Frederica).

**Ricarda:** weibl. Form von Ricardo, der spanischen Form von Richard (▸ Richarda), oder latinisierende weibl. Form von Richard.

**Riccarda:** weibl. Form von Riccardo, der italienischen Form von Richard (▸ Richarda).

**Richarda:** weibl. Form von Richard: alter deutscher Vorname, zu ahd. rīhhi »Herrschaft, Herrscher, Macht; reich, mächtig, hoch« + ahd. harti, herti »hart, kräftig, stark«.

**Ricky:** Koseform von ▸ Rike.

**Rieke,** (auch:) Rieka: ▸ Rike, auch Kurzform von ▸ Marieke.

**Rigoberta:** weibl. Form von Rigobert, der auf eine romanische Form des german. Namens Richbert (ahd. rīhhi »Herrschaft, Herrscher, reich, mächtig« + beraht »glänzend, berühmt«) zurückgeht.

**Rike,** (auch:) Rieke; Rika; Rieka: Kurzform von Namen, die auf »-ri(e)ke« ausgehen, z. B. von ▸ Friederike, ▸ Henrike, ▸ Marieke und ▸ Ulrike.

**Rikea:** friesische Erweiterung von ▸ Rike.

**Rilana:** vielleicht eine Erweiterung von Rila, einer bulgarischen Kurzform von Kirila (wie Cyrillus zu griech. kýrios »Herr [Gott]«) oder Gabrila (▸ Gabriele).

**Rima:** zu lit. rimti »ruhig sein«.

**Rina:** Kurzform von Namen, die auf »-rina« ausgehen, z. B. von ▸ Katharina, ▸ Marina.

**Rita:** aus dem Italienischen, Kurzform von Margherita (▸ Margarete).

**Rivka:** neuhebräische Form von ▸ Rebekka, auch russische Koseform von ▸ Margarita und ▸ Rebekka.

**Rixa:** niederdeutsch-friesische Kurzform von Namen, die mit »Rik-« (ahd. rīhhi »Herrschaft, Herrscher, Macht; reich, mächtig, hoch«) gebildet sind.

**Roberta,** (auch:) Roberte: weibl. Form von Robert, der niederdeutschen Form von Rupert: alter deutscher Vorname, zu ahd. hruod »Ruhm« + ahd. beraht »glänzend«.

**Robertine:** weibl. Form von Robert (▸ Roberta) mit der Endung »-ine«.

**Robin:** identisch mit dem männlichen Vornamen Robin, auch Robyn: englische Koseformen von Robert (▸ Roberta). Die zunehmende Verwendung als weibl. Vorname wurde auch durch engl. robin »Rotkehlchen« beeinflusst.

**Rolanda,** (auch:) Rolande: weibl. Form von Roland: geht zurück auf die altfranzösische Form des althochdeutschen Namens Hruodland (ahd. hruod »Ruhm« + ahd. lant »Land«).

**Romaine** [rɔˈmɛn]: weibl. Form von Romain, der französischen Form von Roman (zu lat. Rōmānus »Römer«).

**Romana:** weibl. Form von Roman(us) oder ital. Romano (zu lat. Rōmānus »Römer«).

**Romea:** weibl. Form von Romeo: italienischer Ursprung, geht zurück auf den römischen Beinamen Romaeus (zu griech. Rhṓmē »Rom«, Rhōmaĩos »Römer«); bezeichnete in der Spätantike einen Bürger des [Ost- oder West]römischen Reiches und nahm im Spätmittelalter die Bedeutung »Rompilger« und schließlich überhaupt »Pilger« an.

**Romilda:** aus dem Italienischen, germanischer Ursprung, zu ahd. hruom »Ruhm« + ahd. hiltja »Kampf; Kriegerin«.

**Romina:** italienische Herkunft, Koseform des Vornamens Roma nach dem italienischen Namen der Stadt Rom.

**Romola:** weibl. Form des männlichen italienischen Vornamens Romolo, der auf Rōmulus, einen der beiden sagenhaften Gründer Roms, zurückgeht.

**Romy,** (auch:) Romi: Koseform – eigentlich Lallform aus der Kindersprache – von ▸ Rosemarie.

**Rona:** Schreibvariante von ▸ Rhona, Kurzform von ▸ Corona oder weibl. Bildung zu Ron, einer englischen Kurzform von Ronald (▸ Rhona).

**Ronit:** zu neuhebr. rānan »singen, jubeln«.

**¹Ronja:** von Astrid Lindgren für eine Gestalt aus ihrem Buch »Ronja Räubertochter« nach dem Ortsnamen Juronjaure in Lappland geprägt.

**²Ronja:** russische Kurzform von ▸ Veronika, ▸ Roxana und anderen Vornamen.

**Ronny:** englische Koseform von Veronica (▸ Veronika).

**¹Rosa,** (auch:) Rose: zu lat. rosa »Rose«. Rosa und Ros(e) kommen auch als Bestandteil von Doppelformen wie z. B. Ro̱semarie oder Ro̱selies(e) vor.

**[2]Ro̱sa:** Kurzform von ▸ Rosalinde, ▸ Rosamunde, ▸ Roswitha.

**Rosaleen** [ˈrɔzəli:n]: englische Form einer irischen Koseform von ▸ [1]Rosa.

**Rosa̱lia,** (auch:) Rosa̱lie: italienische Herkunft, Entstehung nicht sicher geklärt, wahrscheinlich sizilianische Umbildung eines ursprünglich germanischen Namens, zu german. *hrōþi »Ruhm« in Anlehnung an lat. rosa »Rose«.

**Ro̱salind:** Variante von ▸ Rosalinde oder englischer Vorname literarischen Ursprungs, geprägt von Edmund Spenser als Anagramm des Namens seiner Geliebten (Rosa Daniel), später übernommen von Thomas Lodge für die Hauptgestalt eines Romans, den Shakespeare in seiner Komödie »Wie es euch gefällt« dramatisch bearbeitete.

**Rosalịnde,** (auch:) Rosalịnda; Roselịnde: meist wohl eine Neubildung aus ▸ Rosa und ▸ Linde, gelegentlich aber auch Übernahme eines englischen Vornamens literarischer Herkunft (▸ Rosalind). Letztere Erklärung kommt auch für italien./span. Rosalinda infrage. Im romanischen Bereich ist darüber hinaus mit dem Fortleben eines Namens germanischen Ursprungs (wohl zu german. *hros »Ross« + german. lenþja »geschmeidig, weich«) zu rechnen, wobei eine Umdeutung im Sinne von »reine Rose« (italien. lindo, -a »rein, sauber«) bzw. »schöne Rose« (span. lindo, -a »schön«) erfolgen konnte.

**Rosamụnde:** Herkunft nicht sicher geklärt, wohl zu german. *rausa »daherstürmen, eilen« + german. *mundō »Schutz«, später umgedeutet in Anlehnung an lat. rosa munda »reine Rose« oder rosa mundi »Rose der Welt«, beides Titel der Jungfrau Maria.

**Rosạnna,** (auch:) Rosạnne: Doppelform aus ▸ [1]Rosa und ▸ Anna.

**Rosa̱ria:** weibliche Form von Rosario: italienische Herkunft, zu mittellat. rosārium »Rosenkranz«, nach einem Beinamen der Gottesmutter (»Unsere Liebe Frau von dem Rosenkranz«).

**Ro̱se:** ▸ [1]Rosa.

**Rosẹlla:** italienische Koseform von ▸ [1]Rosa.

**Ro̱semarie:** Doppelform aus Rose (▸ [1]Rosa) und ▸ Marie.

**Rosemary** [ˈroʊzmərɪ]: aus dem Englischen, zugrunde liegt

## Die schönsten Mädchennamen auf -ina

Adina * Alina * Amina * Bettina * Carina * Celina * Despina * Evelina * Irina * Janina * Madina * Tamina * Valentina

die englische Pflanzenbezeichnung rosemary »Rosmarin«, häufig aber als Doppelform aus Rose (▸ [1]Rosa) und Mary (▸ Maria) aufgefasst.

**Rosetta:** italienische Koseform von ▸ [1]Rosa.

**Rosi:** Koseform von ▸ [1]Rosa.

**Rosika:** eindeutschende Schreibung von ungarisch Rózika, einer Koseform von ▸ [1]Rosa.

**Rosina:** italienische Koseform von ▸ [1]Rosa.

**Rosita:** spanische Koseform von ▸ [1]Rosa.

**Roswitha,** (auch:) Roswita: alter deutscher Vorname, zu ahd. hruod »Ruhm« + altsächs. swīth[i] »stark«, mhd. swint »stark, heftig«.

**Rowena:** aus dem Englischen, zugrunde liegt vielleicht die latinisierte Form des altenglischen Namens Hrōðwyn (hreod »Ruhm« + wine »Freund« oder wynn »Freude«).

**Roxana,** (auch:) Roxane: zu altpersisch (awestisch) raoxšna »strahlend, glänzend«, später »Morgenröte«.

**Roxanna,** (auch:) Roxanne: Umbildung von ▸ Roxana in Anlehnung an ▸ Anna.

**Roxy:** englische Koseform von ▸ Roxana.

**Rubina:** englische oder italienische Herkunft; engl. Rubina entweder Ableitung von ▸ Ruby oder weibl. Form von engl. Rubin, einer Nebenform von Ruben (zu hebr. re'ūbēn, wohl »seht den Sohn!«); italien. Rubina nach dem Edelstein (zu italien. rubino »Rubin«).

**Ruby:** aus dem Englischen, zu engl. ruby »Rubin«.

**Rufina,** (auch:) Rufine: weibl. Form von Rufin: lateinischer Ursprung, geht zurück auf den römischen Beinamen Rufinus, eine Ableitung von Rufus, zu lat. rūfus, -a, -um »rothaarig, fuchsrot«.

**Ruth,** (überkonfessionelle Form:) Rut: aus der Bibel, hebräische Herkunft, Bedeutung wohl »Labsal, Erquickung«. Ruth war eine fromme Moabiterin, die nach dem Tod ihres Mannes ihre israelitische Schwiegermutter nicht verließ und als Ährenleserin die Liebe des reichen Boas gewann.

# S

**Sabeth:** Kurzform von ▸ Elisabeth.

**Sabine,** (auch:) Sabina: lateinischer Ursprung, weibl. Form des römischen Beinamens Sabinus (»Sabiner, Bewohner des Gebirgslandes in Mittelitalien nordöstlich von Rom«).

**Sabrina:** aus dem Englischen, eigentlich Name der Nymphe des Flusses Severn in England.

**Sabrine:** französische Form von ▸ Sabrina.

**Sadie** [ˈseɪdɪ]: englische Koseform von ▸ Sara.

**Safia,** (auch:) Safiyya: zu arab. safīa »Vertraute, Freundin«.

**Saida:** weibl. Form von Said: zu arab. saʿīd »glücklich«.

**Sakurạ:** japanische Herkunft (japan. sakura »Kirschbaum«).

**Salima,** (auch:) Sạlma: weibl. Form von Salim: zu arab. sālim »sicher, unversehrt«.

**Sạlka:** polnische, bulgarische Koseform von ▸ Salome, russische Koseform von Salwija (zu lat. salvus »wohlbehalten, unversehrt«) oder nach der Titelgestalt des isländischen Romans »Salka Valka« von Halldór Kilijan Laxness.

**Sạlly** [ˈsælɪ]: englische Koseform – eigentlich Lallform aus der Kindersprache – von ▸ Sarah.

**Sạlma:** ▸ Salima.

**Salome,** (auch:) Salomea: aus der Bibel, griechische Form eines hebräischen, mit šālōm »Glück, Wohlergehen, Friede« gebildeten Namens. Bekannt ist der Name durch die Stieftochter des Herodes Antipas, die die Enthauptung Johannes' des Täufers forderte.

**Sạlvia:** zu lat. salvus, -a, -um »wohlbehalten, unversehrt«, wurde in frühchristlicher Zeit als »erlöst in Gott« aufgefasst.

**Sạlwa,** (auch:) Sạlua: zu arab. salwa »Trost«.

**Samạntha,** (auch:) Samạnta: aus dem Angloamerikanischen, geht zurück auf eine Neuprägung aus den amerikanischen Südstaaten; wohl eine Bildung zu Sam, einer englischen Kurzform von Samuel (Bedeutung nicht sicher, zu hebr. šemū'ēl »Gott ist El« oder »Gott ist erhaben« bzw. »Sein Name ist El«), mit einer an griech. ánthos »Blume, Blüte« angelehnten, auch in anderen zeitgenössischen Namen auftretenden Endung.

**Sạmia:** weibl. Form von Sami: zu arab. sāmi »erhaben«.

**Samina:** am ehesten eine weibl. Bildung zu Sam (▸ Samantha) oder eine Erweiterung von ▸ Sammy.

**Samira:** weibl. Form von Samir: zu arab. samīr »abendlicher Gesprächspartner«.

**Sạmmy,** engl. Aussprache ['sæmi]: englische Koseform von ▸ Samantha.

**Sạndra:** italienische Kurzform von Alessandra (▸ Alexandra), auch englisch.

**Sandrina:** italienische Koseform von ▸ Sandra.

**Sandrine:** deutsche Variante von ▸ Sandrina, auch französisch [sã'drin].

**Sandy** ['sændɪ]: englische Koseform von ▸ Alexandra.

**Saniyya:** arabische Herkunft (arab. saniyya »leuchtend, glänzend«). Türk. Form: Seniyẹ.

**Sạnja,** (auch:) Sạnya: russische Kurzform verschiedener Vornamen, vor allem von ▸ Alexandra.

**Sạnna,** (auch:) Sạnne: Kurzform von ▸ Susanne.

**Sạnta:** weibl. Form von Santo: aus dem Italienischen, geht zurück auf einen römischen Beinamen, zu lat. sānctus, -a, -um »heilig, ehrwürdig, erhaben«, nahm in christlicher Zeit die Bedeutung »heilig, Gott geweiht« an.

**Santana:** spanischer Ursprung, im Spanischen kein Vorname, sondern ein geläufiger Familienname, der auf eine Herkunft aus dem häufigen Ortsnamen Santa Ana hinweist.

**Santina:** weibl. Form von Santino, einer italienischen Koseform von Santo (▸ Santa).

**Saphira:** aus der Bibel, zu aram. šappīrā' »die Schöne«.
**Sara,** (auch:) Sarah: zu hebr. śarā »Fürstin«. Nach der Bibel ist Sara, die Frau Abrahams, eine der Erzmütter Israels.
**Sarai:** zu hebr. śaray, ältere Form von ▸ Sara. Nach der Bibel trug die Frau Abrahams diesen Namen, bevor sie auf Gottes Geheiß in Sara umbenannt wurde.
**Sarala:** indische Herkunft (sanskrit. sarala »ehrlich«).
**Saralena:** Doppelform aus ▸ Sara und ▸ Lena.
**Sarita:** spanische Koseform von ▸ Sara.
**Sascha:** russische Koseform von ▸ Alexandra.
**Saskia:** aus dem Niederländischen, weibl. Form eines mit »Sas-« (»Sachse«) gebildeten Namens.
**Sassa:** schwedische Koseform von ▸ Astrid und ▸ Sara.
**Savanna,** (auch:) Savannah [səˈvænə]: aus den USA, nach dem gleichlautenden Fluss- und Stadtnamen im Staat Georgia.
**Savina:** italienische Nebenform von Sabina (▸ Sabine).
**Scarlett,** (auch:) Scarlet: aus dem Englischen, zu engl. scarlet »scharlach-, feuerrot«.
**Schahin:** zu pers. schahīn »königlich«.
**Schakira:** weibl. Form von Schakir (arab. schākir »dankbar«).
**Schira:** neuhebräische Herkunft (neuhebr. širā »Poesie, Lyrik, Dichtung, Gesang«).
**Schirin:** persischer Ursprung, Bedeutung »süß, bezaubernd, angenehm«. Schirin war die Geliebte des Sassanidenkönigs Chosrau Parwēz. Ihre unglückliche Liebe zu dem Bildhauer und Baumeister Farhād wurde in der persischen Dichtung viel besungen.
**Schulammit:** ▸ Sulamith.
**Sebastiane:** weibl. Form von Sebastian: zu griech. sebastós »erhaben« oder zu griech. Sebastianós »Mann aus Sebaste«, Name mehrerer Städte im Orient.
**Sebastina:** weibl. Bildung zu Sebastian (▸ Sebastiane).
**Selene,** (auch:) Selena: griechischer Ursprung, nach der griechischen Mondgöttin Selēnē.
**Selin:** türkische Herkunft, Bedeutung »Wasserreichtum, reichlich fließendes Wasser«.
**Selina:** Variante von ▸ Celina, im Englischen auch von Selena (▸ Selene).
**Seline:** ▸ Selina.
**Selini:** neugriechische Form von ▸ Selene.

[1]**Selma:** aus dem Englischen, geht zurück auf einen Ortsnamen in »The Works of Ossian« von James MacPherson.

[2]**Selma:** Kurzform von Anselma, der weibl. Form von Anselm: alter deutscher Vorname, zu german. *ans- »Gottheit« + ahd. helm »Helm«.

[3]**Selma:** türkische Form von ▸ Salima.

[1]**Sema:** weibl. Bildung zu Sem: biblische Herkunft, zu hebr. šēm »Name, guter Ruf, Ansehen«. Nach der Bibel war Sem der älteste Sohn Noahs.

[2]**Sema:** türkische Herkunft, Bedeutung »Himmel[sgewölbe]«.

**Semiramis:** geht zurück auf den Namen der legendären assyrischen Königin. Semíramis ist die griechische Form des Namens der historischen assyrischen Königin Šammu-Rāmat (assyrisch »mein Name sei erhaben«), mit der sie zum Teil gleichgesetzt wurde.

**Senja:** russische und slowenische Kurzform mehrerer Vornamen, z. B. von Arsenia (< griech. ársēn »männlich, stark«).

**Senta:** geht zurück auf die Gestalt der Senta in Richard Wagners Oper »Der fliegende Holländer«. Wagner prägte den Namen vermutlich in Anlehnung an das norwegische Wort (g)jente »junges Mädchen«, das er auf seiner Seereise von Ostpreußen nach London gehört haben dürfte.

**Seraphine,** (auch:) Seraphina; Serafina; Serafine: weibl. Form von Seraphin: geht zurück auf die kirchenlateinische Mehrzahlform Seraphīn (zu hebr. śārap »brennen«), mit der in der Bibel (beim Propheten Jesaja) die Engelsgestalten an Gottes Thron bezeichnet werden.

**Serena:** weibl. Form von Serenus: zu lat. serēnus, -a, -um »heiter, hell, leuchtend«.

**Severa:** lateinischer Ursprung, weibl. Form des römischen Beinamens Severus (lat. sevērus, -a, um »streng, ernst«).

**Severine,** (auch:) Severina: weibl. Form von Severin: lateinischer Ursprung, Weiterbildung von Severus (▸ Severa).

**Sevil:** zu türk. sevil »sei geliebt!«.

**Sevinç** [sɛˈvintʃ]: zu türk. sevinç »Freude«.

**Shakira:** englische Schreibweise von ▸ Schakira.

**Shaleen** [ʃəˈliːn]: Variante von Shalena, einer afroamerikanischen Neubildung mit der Vorsilbe »Sha-«.

**Shalin,** (auch:) Shalina; Shaline: deutsche Varianten von ▸ Shaleen.

**Shalyn:** ▸ Shaleen.

**Shan:** englische Schreibweise von walisisch ▸ Sian, gelegentlich auch als Kurzform von ▸ Shannon aufgefasst.

**Shana:** weibl. Bildung zum männl. Vornamen Shane (▸ Shane) oder Erweiterung von ▸ Shan.

**Shane** [ʃaːn]: identisch mit dem männl. Vornamen Shane: englische Schreibweise von Sean, der irischen Form von Johannes (▸ Johanna).

**Shannon** [ˈʃænən]: aus den USA, nach dem gleichlautenden Fluss in Irland, seit den 1980er-Jahren auch männl. Vorname.

**Shara** [ˈʃɛərə]: Koseform von ▸ Sharon.

**Shareen** [ʃəˈriːn]: aus dem Englischen, mit der ursprünglich irischen Endung »-een« geprägte Abwandlung von ▸ Sharon.

**Sharin** [ˈʃɛərɪn]: englische Variante von ▸ Sharon.

**Sharon** [ˈʃærən]: aus dem Englischen, geht zurück auf einen in der Bibel genannten Landschaftsnamen, die Küstenebene Scharon (hebr. šārōn »Talebene«). Als »Rose von Scharon« wird in Salomos Hohem Lied die Geliebte bezeichnet.

**Shauna** [ˈʃɔːnə]: weibl. Form von Shaun, der auf die irische Form von Johannes (▸ Johanna) zurückgeht.

**Sheela** [ˈʃiːlə]: aus dem Englischen entlehnte Variante von ▸ Sheila.

**Sheena** [ˈʃiːnə]: englische Schreibung von irisch Síne bzw. schottisch Sìne. Diese gälischen Namensformen sind, wie auch englisch ▸ Jane, aus altfranzös. Je(h)anne (▸ Johanna) hervorgegangen.

**Sheila** [ˈʃiːlə]: englische Schreibung des irischen Namens Síle, einer gälischen Form von ▸ Cäcilie.

**Shelby** [ˈʃɛlbɪ]: ursprünglich ein Familienname, dem ein englischer Ortsname zugrunde liegt.

**Shelley** [ˈʃɛlɪ]: ursprünglich ein englischer Familienname nach einem Ortsnamen, der durch den romantischen Dichter Percy Bysshe Shelley bekannt ist; zunächst männl. Vorname, setzte sich später jedoch als weibl. Vorname durch.

## Die schönsten französischen Mädchennamen

Angélique * Annick * Camille * Claire * Denise * Dominique * Fabienne * Isabelle * Jacqueline * Jeanne * Juliette * Louise * Madeleine * Manon * Mireille * Nicoline

**Sheryl** [ˈʃɛrɪl]: Variante von ▸ Cheryl.

**Shirin:** englische Schreibweise von ▸ Schirin.

**Shirley** [ˈʃɔ:lɪ:]: ursprünglich ein englischer Familienname nach einem Ortsnamen.

**Shiva:** persische Herkunft, Bedeutung »beredt, bezaubernd«.

**Shoshanna:** neuhebräische Form von ▸ Susanne.

**Sia:** niederländische Kurzform von ▸ Lucia, auch friesische Kurzform von Zusammensetzungen mit »Sieg-«.

**Sian** [ʃan]: walisische Form von ▸ Jane.

**Sibyl:** englische Form von ▸ Sibylle.

**Sibylle,** (auch:) Sibilla; Sibille; Sibylla; Sibyll; Sybille: aus dem Lateinischen, geht zurück auf griechisch Síbylla, den Namen einer Seherin in Kleinasien, der später auf andere Seherinnen übertragen wurde.

**Sidney:** entweder identisch mit dem männl. Vornamen Sidney: ursprünglich englischer Familienname nach einem französischen Ortsnamen (Saint-Denis); oder durch Zusammenziehung entstandene Form von englisch Sidony (▸ Sidonie).

**Sidonie,** (auch:) Sidonia: lateinischer Ursprung, Bedeutung »Frau aus Sidon«; Sidon, jetzt Saida, war im Altertum eine phönizische Handelsstadt im Libanon.

**Siegrid:** deutsche Schreibvariante von ▸ Sigrid.

**Siegrun,** (auch:) Sigrun; Sigrune: alter deutscher Vorname, zu ahd. sigu »Sieg« + ahd. rūna »Geheimnis, geheime Beratung«. Eine Gestalt der nordischen Sage ist die Walküre Sigrun.

S

**Sieke,** (auch:) Syka; Syke: niederdeutsch-friesische Koseform von ▸ Lucia oder von Namen, die mit »Sieg-« beginnen.

**Siena:** niederländische Kurzform von Namen, die auf »-sina« ausgehen (z. B. ▸ Josina).

**Sienna** [sɪˈɛnə]: aus dem Amerikanischen, zugrunde liegt die englische Schreibweise der italienischen Stadt Siena.

**Siggi,** (auch:) Sigi: Koseform von Namen, die mit »Sieg-«, »Sig-« gebildet sind (z. B. ▸ Siegrun, ▸ Sigrid).

**Signe:** nordische Herkunft, zu altnord. sigr »Sieg« + ny »neu, jung«.

**Sigourney** [sɪˈgɔːnɪ]: geht zurück auf den Künstlernamen der amerikanischen Filmschauspielerin Sigourney Weaver, die den Namen F. Scott Fitzgeralds Roman »Der große Gatsby« entnahm.

**Sigrid:** nordische Herkunft, zu altnord. sigr »Sieg« + fríðr »schön«.

**Sigrun,** (auch:) Sigrune: ▸ Siegrun.

**Silja:** friesische, schwedische und finnische Kurzform von Cäcilia (▸ Cäcilie).

**Silke,** (auch:) Silka; Sylke; Sylka: niederdeutsch-friesische Koseform von ▸ Cäcilie.

**Silva:** Nebenform von ▸ Silvia oder Kurzform von ▸ Silvana.

**Silvana,** (auch:) Sylvana: weibl. Form von Silvano, der italienischen Form von Silvan: lateinischer Ursprung, geht zurück auf Silvanus, den Namen des altrömischen Gottes des Waldes, des Feldes und der Herden, zu lat. silva »Wald«.

**Silvelin,** (auch:) Sylvelin: Koseform von ▸ Silvia, ▸ Silva oder ▸ Silvana.

**Silvia,** (auch:) Sylvia: weibl. Form von Silvius: lateinischer Ursprung. In der altrömischen Sage ist Silvius ein Sohn des Äneas, von dem die Könige von Alba Longa und die Vestalin Rhea Silvia (▸ Rea) abstammen.

**Silviana:** weibl. Form von Silvian: geht zurück auf lat. Silvianus, eine Ableitung von Silvius (▸ Silvia).

**Silvie:** ▸ Sylvie.

**Silvina:** italienische Koseform von ▸ Silvia.

**Simona:** weibl. Form von Simon: aus der Bibel übernommen, geht als griechischer Name zurück auf griech. simós

»stumpf-, plattnasig«, als jüdischer Name dagegen griechisch beeinflusste Schreibung von Simeon (hebr. šim'ōn, in der Bibel volksetymologisch erklärt als Ausspruch Leas »weil der Herr hörte[, dass ich gehasst werde]«). In der Bibel ist Simon der ursprüngliche Name des Apostels Petrus.

**Simone:** weibl. Form von Simon (▸ Simona).

**Simonetta:** italienische Koseform von ▸ Simona.

**[1]Sina:** Kurzform von Namen, die auf »-sina« ausgehen (z. B. ▸ Rosina, ▸ Teresina).

**[2]Sina,** (auch:) Sinah ['sɪnə]: aus dem Englischen, wohl Varianten von Sine, einer gälischen Form von Johanna (vgl. ▸ Sheena).

**Sindy:** ▸ Cindy.

**Sinja:** russische Koseform verschiedener Namen, z. B. von Sinaida, einer weiblichen Form von Zeno: griech. Zḗnōn, Kurzform von griechischen Männernamen wie Zēnódotos »Geschenk des Zeus«.

**Sinje:** Variante von ▸ Sinja, auch friesische Koseform von Namen, die auf »-sine« enden.

**Siri:** nordische Variante von ▸ Sigrid.

**Sirid:** nordische Variante von ▸ Sigrid.

**Sirin:** schwedische (mundartliche) Variante von ▸ Siri in Anlehnung an Namen wie ▸ Elin, ▸ Karin.

**Sirke:** weibl. Form von Sirko: durch Zusammenziehung entstandene niederdeutsch-friesische Form von Sigerik (altsächs. sigi »Sieg« + altsächs. rīki »mächtig, gewaltig, reich«).

**Siska:** schwedische Kurzform von ▸ Franziska.

**[1]Sissy,** (auch:) Sissi; Sisi: Koseform (eigentlich Lallform aus der Kindersprache) von ▸ Elisabeth oder ▸ Cäcilie.

**[2]Sissy:** englische Koseform von Cecily (▸ Cäcilie).

**[1]Sita:** zu sanskrit. sītā »Furche«. Sita ist die Göttin des Ackerbaus und die Gattin Ramas.

**[2]Sita:** Kurzform von Namen, die auf »-sita« ausgehen (z. B. ▸ Rosita).

**Sitara:** indische Herkunft (sanskrit. sitara »Stern«).

**Sitta,** (auch:) Sittah: arabischer Ursprung, Bedeutung »Herrin«.

**Siv,** (auch:) Siw: nordische Herkunft, geht zurück auf altnord. sif (»Braut, Gattin«, vgl. dt. Sippe). So heißt in der nordischen Mythologie die Gattin des Gottes Thor.

**Smeralda:** zu italien. smeraldo »Smaragd«, vgl. auch ▸ Esmeralda.

**Smilla:** nach der Titelfigur des dänischen Romans »Fräulein Smillas Gespür für Schnee« von P. Høeg; in der Familie des Autors aus dem grönländischen Namen Millaaraq »die ein wenig summt« unter Anlehnung an dän. smil »Lächeln« neu gebildet.

**Sofia:** ▸ Sophia.

**Sofie,** (auch:) Sofie: ▸ Sophia.

**Solange** [sɔˈlãːʒ]: französische Form des Heiligennamens Solemnia (zu lat. sol[l]emnis »[alljährlich] gefeiert, feierlich, festlich«).

**Solveig:** zu altnord. salr »Saal, Haus«; Herleitung des zweiten Namenbestandteils umstritten, vielleicht zu altnord. víg »Kampf« oder zu isländ. veig »Kraft«.

**Sondra:** angloamerikanische Herkunft, vielleicht eine Nebenform von ▸ Sandra.

**Sonhild,** (auch:) Sonhilde: ▸ Sonnhild.

**Sonja,** (auch:) Sonia; Sonya: russische Koseform von ▸ Sophia.

**Sonnhild,** (auch:) Sonnhilde; Sonhild; Sonhilde: Neubildung aus »Sonne« und dem Namenbestandteil »-hild« (ahd. hiltja »Kampf; Kriegerin«).

**Sonny:** Kurzform von Namen, die mit »Sonn-« gebildet sind, z. B. ▸ Sonnhild.

**Sophia,** (auch:) Sofia; Sophie; Sofie; Sophie; Sofie: zu griech. sophía »Weisheit«.

**Sophy:** Kurzform von ▸ Sophia, auch englisch [ˈsoʊfɪ].

**Soraya,** (auch:) Soraja: arab. ath- thuráyyā »die Plejaden«, zu arab. thariya »reichlich vorhanden sein«, nach der großen Anzahl dieser Sterne auf kleinem Raum.

**Stefanie,** (auch:) Stefani; Stefanie; Stefania: ▸ Stephanie.

**Steffi,** (auch:) Steffie: Kurzform von ▸ Stephanie.

**Stella:** zu lat. stēlla »Stern«.

**Stephanie,** (auch:) Stefanie; Stephanie; Stefanie; Stephania; Stefania: weibl. Form von Stephan: zu griech. stéphanos »Kranz, Krone«.

**Stine,** (auch:) Stina: Kurzform von Namen, die auf »-stine« enden, meist von ▸ Christine.

**Sue** [suː]: englische Kurzform von Susan (▸ Susanne).

**Sulamith,** (überkonfessionelle Form:) Schulammit: aus der Bibel, zu hebr. šūlammīt »Mädchen aus Schulem, einem

## Die schönsten Mädchennamen nach Edelsteinbezeichnungen

Almas (pers.: »Diamant«) * Amber (engl.: »Bernstein«) * Beryl (engl.: »Beryll [ein Halbedelstein]«) * Coral (engl.: »Koralle«) * Esmeralda (span.: »Smaragd«) * Gemma (ital.: »Edelstein«) * Giada (ital.: »Jade«) * Inbar (neuhebr.: »Jade«) * Inci (türk.: »Perle«) * Jade (engl., französ.: »Jade«) * Pearl (engl.: »Perle«) * Rubina (ital.: »Rubin«) * Ruby (engl.: »Rubin«) * Smeralda (ital. »Smaragd«)

unbekannten Ort«. Sulamith ist im Hohen Lied Salomos der Name der Braut.

**Suleika,** (auch:) Zuleika: arabische Herkunft, Bedeutung unklar. In der islamischen Tradition ist Suleika die Frau des Potiphar, die versucht, Joseph (arabisch Yussuf) zu verführen. Als sie die Vergeblichkeit ihres Bemühens einsieht, bekehrt sie sich zum Islam.

**Summer** [ˈsʌmə]: kommt vor allem in den USA vor, zu engl. summer »Sommer«.

**Sunita:** wahrscheinlich zu sanskrit. su- »gut« + sanskrit. nīta »geführt, geleitet«, etwa »von gutem Betragen«.

**Sünje:** Koseform von Namen, die mit »Sun-« gebildet sind.

**Sunna,** (auch:) Sünne: wohl Kurzform von Namen, die mit ahd., altfries. sunna »Sonne« gebildet wurden.

**Sunniva:** latinisierte Form des altenglischen Namens Sunngifu (altengl. sunne »Sonne« + altengl. gifu »Geschenk«).

**Sunny** [ˈsʌnɪ]: zu engl. sunny »sonnig«.

**Susan** [ˈsuːzn]: englische Form von ▸ Susanne.

**Susana** [suˈsana]: spanische Form von ▸ Susanne.

**Susann:** ▸ Susanne, auch englisch.

**Susanna:** ▸ Susanne, auch englisch und italienisch.
**Susannah** [suːˈzænə]: englische Schreibvariante von ▸ Susanna.
**Susanne,** (auch:) Susanna; Susann: zu hebr. šōšannā »Lilie«. In den Apokryphen wird die Geschichte von der keuschen Susanna erzählt, die von zwei lüsternen Ältesten im Bade überrascht wird und, als sie sich weigert, ihnen zu Willen zu sein, von ihnen verleumdet und unschuldig zum Tode verurteilt wird. Der junge Daniel überführt die falschen Zeugen und rettet Susanna.
**Suse:** Kurzform von ▸ Susanne.
**Susette,** (auch:) Susett: Eindeutschung von französisch ▸ Suzette.
**Susi,** (auch:) Susy: Koseform von ▸ Susanne. Die Namensform Susy ist auch englisch.
**Suzan:** [ˈsuːzn]: englische Schreibvariante von ▸ Susan.
**Suzanne** [syˈzan]: französische Form von ▸ Susanne.
**Suzette** [syˈzɛt]: französische Koseform von ▸ Suzanne.
**Svea:** verkürzt aus älterem schwed. Svea-rike (heute Sverige) »Schweden«.
**Svende:** deutsche Variante von nordisch Svenda, einer weibl. Neubildung zu Sven (▸ Svenja).
**Svenja,** (auch:) Svenia; Svenje; Swenja: wahrscheinlich entstanden als weibl. Bildung zu Sven: zu altnord. sveinn »junger Mann«.
**Svetlana:** ▸ Swetlana.
**Swenja:** ▸ Svenja.
**Swetlana,** (auch:) Svetlana: zu russ. swetlyj »hell«.
**Sybille:** (auch:) Sybilla: sprachlich unrichtige, aber häufig gebrauchte Nebenform von ▸ Sibylle.
**Sydney:** ▸ Sidney.
**Sylva:** ▸ Silva.
**Sylvana:** ▸ Silvana.
**Sylvelin:** ▸ Silvelin.
**Sylvi:** schwedische und finnische Kurzform von ▸ Silvia.
**Sylvia:** sprachlich unrichtige, aber häufig gebrauchte Schreibweise von ▸ Silvia.
**Sylviana:** ▸ Silviana.
**Sylviane:** aus dem Französischen [silviˈan] übernommene Form von ▸ Silviana.
**Sylvie** [silˈvi]: französische Form von ▸ Silvia.
**Sylvina:** ▸ Silvina.

# T

**Tabatha,** (auch:) Tabata: Variante von ▸ Tabitha.

**Tabea,** (auch:) Thabea: von Luther eingeführte Form des biblischen Namens ▸ Tabitha.

**Tabitha,** (überkonfessionelle Form:) Tabita: aus dem Aramäischen (»Gazelle«).

**Taja:** serbische, kroatische Kurzform von Tatjana (▸ Tatiana).

**Tajana:** Erweiterung von ▸ Taja.

**Tale,** (auch:) Thale; Talea; Thalea: niederdeutsch-friesische und niederländische Koseform von ▸ Adelheid, wobei das anlautende »T-« einen Rest des sächlichen Artikels dat/het darstellt. (Die Namen unverheirateter Frauen wurden früher in vielen Gebieten sächlich behandelt.)

**Talena:** Erweiterung von ▸ Tale.

**Talia:** Schreibvariante von ▸ Thalia, auch Eindeutschung von ungar. Tália oder span. Talía.

**Talida:** niederdeutsch-friesische Bildung zu ▸ Tale oder Schreibvariante von ▸ Talitha.

**Talina,** (auch:) Taline; Thalina: Weiterbildung von ▸ Tale.

[1]**Talisa,** (auch:) Talissa; Thalisa: Erweiterung von ▸ Tale.

[2]**Talisa,** (auch:) Talissa: afroamerikanische Herkunft, Umbildung von ▸ Lisa mit der Vorsilbe »Ta-«.

**Talisha** [təˈlɪʃə]: afroamerikanische Herkunft, wohl Umbildung von ▸ Talitha.

**Talitha,** (auch:) Talita: biblischer Ursprung, Bedeutung »Mädchen, Tochter«. In der Bibel ist dies kein Name, sondern Talitha kumi »Mädchen, steh auf« sind die aramäischen Worte, die Jesus zur Tochter des Jairus sprach und mit denen er sie vom Tode erweckte.

**Talya:** neuhebräische Herkunft (neuhebr. talya »junge Lämmer«).

**Tamar,** (auch:) Thamar: aus der Bibel, zu hebr. tāmār »Dattelpalme« als Symbol für Schönheit und Anmut.

**Tamara:** russische Form von ▸ Tamar.
**Tamaris:** englische Nebenform von ▸ Damaris.
**Tamaya:** südamerikanische Herkunft, bedeutet auf Quechua »in der Mitte«.
**Tamina:** weibl. Form von Tamino: Herkunft und Bedeutung unklar. Der Name Tamino ist durch eine Gestalt in Mozarts Oper »Die Zauberflöte« (1791) bekannt.
**Tamira:** Variante von ▸ Tamar.
**Tammy,** (auch:) Tami; Tamie ['tæ...]: englische Koseform von ▸ Tamara oder ▸ Tamsin.
**Tamsin** ['tæm...]: neu belebte englische Kurzform von Thomasine, einer weibl. Form von Thomas (zu aramäisch te'omā »Zwilling«).
**Tana:** Kurzform von ▸ Tatiana.
**Tania:** ▸ Tanja.
**Tanika,** engl. Aussprache: ['tənɪkə]: afroamerikanische Herkunft, vielleicht zu einem Hindi-Wort für »Seil, Tau« gebildet.
**Tanisha:** afroamerikanische Herkunft, vielleicht zu einem Haussawort für »Montag«, für ein an diesem Tag geborenes Kind.
**Tanita,** (auch:) Tanitha: Neubildung zu Tanit (eigentlich: Tinnit), dem Namen der Hauptgöttin von Karthago, vielleicht auch moderne Erweiterung von ▸ Tana, ▸ Tanja.
**Tanja,** (auch:) Tania; Tanya: aus dem Russischen, Koseform von ▸ Tatjana.
**[1]Tara:** zugrunde liegt ursprünglich ein irischer Ortsname (mit der Bedeutung »Hügel«). Tara ist der Name der Plantage, die eine zentrale Rolle in M. Mitchells Roman »Vom Winde verweht« spielt.
**[2]Tara:** zu sanskrit. tārā »Stern«.
**Tasja,** (auch:) Tassja: russische Koseform von ▸ Anastasia.
**Tatiana:** weibl. Bildung zu dem spätantiken römischen Beinamen Tatianus, einer Weiterbildung zu Tatius. So hieß ein König der Sabiner, der später Mitregent des Romulus wurde.
**Tatjana:** russische Form von ▸ Tatiana.
**Tayanita:** bedeutet in der Sprache der Cherokee-Indianer »junger Biber«.
**Taylor** ['teɪlə]: identisch mit dem männl. Vornamen Taylor, der auf den gleichlautenden englischen Familiennamen zurückgeht (»Schneider«).

## Lieber einen ausgefallenen oder einen beliebten Namen?

Klangvolle exotische Namen verleihen ihrem Träger ein Stück Individualität und verschaffen ihm Aufmerksamkeit. Nützlich ist es dabei, wenn sie auch für deutsche Ohren eingängig klingen und einigermaßen einfach zu schreiben sind: Mit der Zeit dürfte es lästig werden, seinen Namen immer und überall buchstabieren zu müssen.
Übrigens sollten sich Eltern auch über die Bedeutung solcher exotischer Namen im Klaren sein, damit es später nicht zu unangenehmen Überraschungen kommt.
Haben Eltern erst einmal an einem bestimmten Namen Gefallen gefunden, stellen sie oft enttäuscht fest, dass er zu den Spitzenreitern zählt. Die Befürchtung jedoch, die kleine Emma könne spätestens in der Schule auf vier weitere Emmas treffen, ist unbegründet: Auch die beliebtesten Namen verteilen sich derzeit höchstens auf zwei bis drei Prozent eines Altersjahrgangs.

T

**Tea:** ▸ Thea.

**Tekla:** ▸ Thekla.

**Telsa,** (auch:) Telse; Telsche: niederdeutsche Koseform von ▸ Elisabeth, wobei das anlautende »T-« einen Rest des Artikels (dat) darstellt (vgl. ▸ Tale).

**Teres:** ▸ Theresa.

**Teresa:** italienische und spanische Form von ▸ Theresa.

**Terese:** ▸ Theresa.

**Teresina:** italienische Koseform von Teresa (▸ Theresa).

**Teresita:** spanische Koseform von Teresa (▸ Theresa).

**Terzia:** weibl. Form des römischen Beinamens Tertius (lat. tertius, -a, -um »der/die/das Dritte«). Der Beiname beruht wiederum auf einem alten, aus Oberitalien stammenden lateinischen Vornamen (Praenomen) gleicher Bedeutung. Anders als in Rom selbst ist dort die Sitte, die Kinder in der Reihenfolge ihrer Geburt zu nummerieren, schon bei der vorrömischen Bevölkerung nachweisbar.

**Tess,** (auch:) Tessa; Tessy: englische Koseformen von ▸ Theresa.

**Thaïs,** (auch:) Thais: zu griech. Thaīs, dem Namen einer Heiligen aus Alexandrien.

**Thale,** (auch:) Thalea: ▸ Tale.

**Thalia,** (auch:) Talia: lateinische Form von griech. Tháleia (zu griech. thallō »blühen«). So hieß in der griechischen Mythologie die Muse der Komödie und eine der drei Göttinnen der Anmut und des Frohsinns.

**Thalina:** ▸ Talina.

**Thamar:** ▸ Tamar.

**Thea,** (auch:) Tea: Kurzform von ▸ Dorothea und ▸ Theodora.

**Thekla,** (auch:) Tekla: geht zurück auf die heilige Märtyrerin Thekla, nach der Legende eine Gefährtin des heiligen Paulus.

**Thelma** [ˈθɛlmə]: aus dem Englischen, seit 1827 in Oslo als »Telma« belegt; wurde in England bekannt durch die Titelheldin des in Norwegen spielenden Romans »Thelma: a society novel« von Marie Corelli. Die eigentliche Herkunft des Namens ist unbekannt.

**Themba:** aus Südafrika, bedeutet in der Tsonga-Sprache »Hoffnung«.

**Theodora,** (auch:) Theodore: weibl. Form von Theodor: zu

griech. theós »Gott« und dōron »Geschenk, Gabe«, also »Gottesgeschenk«.

**Theresa,** (auch:) Therese; Theresia; Theres; Teresa; Terese; Teres: aus Spanien übernommen, vorrömische (wahrscheinlich keltische) Herkunft.

**Thérèse** [teˈrɛːz]: französische Form von ▸ Theresa.

**Theresia:** ▸ Theresa.

**Thessa,** (auch:) Thesi; Thessi; Thessy: Kurzform von ▸ Theresa.

**Thilde,** (auch:) Tilda; Tilde: Kurzform von ▸ Mathilde oder ▸ Klothilde.

**Thora:** ▸ Tora.

**Thorid:** ▸ Torid.

**Thorild:** ▸ Torild.

**Thorina:** ▸ Torina.

**Thurid:** ▸ Turid.

**Thyra,** (auch:) Tyra: nordische Herkunft, latinisierte Form des dänischen Namens Thyre (altnord. *þyrwi; der erste Bestandteil ist eine umgelautete Form von þur- »Thor«, dem Donnergott, die Herkunft des zweiten Bestandteils ist umstritten).

**Tia:** Kurzform von Namen, die auf »-tia« enden (z. B. ▸ Laetitia).

**Tiana:** Kurzform von ▸ Christiane, auch Christiana, Kristiane.

**Tiara,** engl. Aussprache [tɪˈaːrə]: zu engl. tiara »Diadem, Stirnreif [für Damen]«.

**Tietje:** friesische Koseform von Namen, die mit »Diet-« (zu ahd. thiot »Volk«) gebildet sind.

**Tiffany,** (auch:) Tiffani [ˈtɪfənɪ]: aus dem Englischen, geht zurück auf griech. Theophania (griech. theós »Gott« + phaínein »erscheinen«). Der Name bezieht sich auf das Fest der Epiphanie, das an das Erscheinen Gottes in Menschengestalt erinnert.

**Tikva,** (überkonfessionelle Form:) Tikwa: zu hebr. tikvā »Hoffnung«. Im Alten Testament ist Tikwa der Name zweier männlicher Gestalten.

**Tilde,** (auch:) Tilda: ▸ Thilde.

**Tilli,** (auch:) Tilly: Koseform von ▸ Mathilde oder ▸ Ottilie.

**Timea:** zu ungar. Tímea, Neubildung des Schriftstellers Mór Jókai (vielleicht als verkürzte Form des griechischen Namens Euthymia zu griech. eu »gut« + griech. thymós

»Gemüt«) für eine Gestalt seines Romans »Ein Goldmensch« .

**Timna:** aus der Bibel übernommen, eigentlich ein Ortsname (hebr. timnā', wohl »Ort der Zuteilung«).

**Tina,** (auch:) Tine: Kurzform von Namen, die auf »-tina/-tine« ausgehen, z. B. Christina (▸Christine), ▸Bettina und ▸Martina, auch englisch [ˈtiːnə].

**Tine:** ▸Tina.

**Tinka:** Kurzform von ▸Katinka.

**Tirza,** (auch:) Thirza: aus der Bibel, zu hebr. tirṣā »Anmut, Wonne, Lieblichkeit«.

**Tita:** Koseform – eigentlich Lallform aus der Kindersprache – verschiedener Namen, besonders von ▸Christa und ▸Christina, oder weibliche Form von Tito, der italienischen Form von Titus: geht zurück auf einen alten römischen Vornamen wahrscheinlich nordoskisch-umbrischer Herkunft, dessen Bedeutung ungeklärt ist.

**Titia:** weibl. Form des römischen Geschlechternamens Titius, einer Ableitung von Titus (▸Tita), oder Kurzform von ▸Laetitia.

**Tizia:** italienische Form von ▸Titia.

**Tiziana:** weibl. Form von Tiziano: italienische Form von Titianus, einem von Titus (▸Tita) abgeleiteten römischen Beinamen.

**Toni,** (auch:) Tony: Kurzform von ▸Antonia.

**Tonia:** Kurzform von ▸Antonia, auch italienisch.

**Tonina:** italienische Koseform von ▸Antonia oder Kurzform von ▸Antonina.

**Tonja:** russische Koseform von Antonija (▸Antonia).

**Tonka:** tschechische und slowenische Koseform von ▸Antonia.

**Tora,** (auch:) Thora; Tore: Kurzform von nordischen Namen, die mit »Tor-« gebildet sind (z. B. ▸Torhild).

**Torhild,** (auch:) Thorild; Toril; Torild: hervorgegangen aus dem altnord. Namen Þórhildr zu altnord. Þórr »Thor«, dem Donnergott, + altnord. hildr »Streit, Kampf«.

**Tori:** schwedische Kurzform von ▸Viktoria oder norwegische Nebenform von Torid (▸Turid).

**Toria:** Kurzform von ▸Viktoria, auch niederländisch.

**Torid,** (auch:) Thorid: ▸Turid.

**Toril:** ▸Torhild.

**Torild,** (auch:) Thorild: ▸Torhild.

## Doppelnamen: mit oder ohne Bindestrich?

Früher war es üblich, bestimmte Namenkombinationen durch Bindestrich zu verbinden: *Hans-Peter, Karl-Heinz.* Gelegentlich wurden beide Namen auch zusammengeschrieben: *Hansjörg*. Auch Doppelnamen für Mädchen schrieb man gern zusammen: *Annemarie, Hannelore.*

Heute werden oft Bindestrich-Kombinationen bevorzugt: *Anna-Lena, Anna-Maria, Eva-Maria, Lina-Marie, Jan-Erik, Ben-Luca, Finn-Luca* oder *Jean-Luc.*

Zu bedenken ist aber, dass im offiziellen Gebrauch Bindestrichnamen als ein Name gelten, also in amtlichen Dokumenten immer beide Namen geschrieben werden müssen. Schreibt man dagegen beide Namen getrennt, hat das Kind später die Wahl, ob es beide Namen oder einen von beiden verwenden möchte.

**Torina,** (auch:) Thorina: Weiterbildung von ▸ Tora.

**Tosca,** (auch:) Toska: aus dem Italienischen, abgeleitet von dem spätrömischen Beinamen Tuscus, Tusca »aus Tuszien oder aus der Toskana; Etrusker[in]«.

**Tova:** schwedische Herkunft, zu altnord. Tófa, Kurzform von Namen, die mit dem Namenbestandteil altnord. þórr »Thor«, dem Donnergott, gebildet sind.

**Tracy,** (auch:) Tracey [ˈtreɪsɪ]: wird aufgefasst als englische Koseform von ▸ Theresa.

**Traude:** Kurzform von Namen, die mit »-traud[e]« gebildet sind (z. B. Gertraud und ▸ Waltraud).

**Tressa:** angloamerikanische Kurzform von ▸ Theresa.

**Tricia** [ˈtrɪʃə]: englische Kurzform von ▸ Patricia.

**Trina:** Kurzform von ▸ Katharina.

**Trisha:** die Aussprache wiedergebende Schreibweise von ▸ Tricia.

**Trix:** Kurzform von ▸ Beatrix.

**Trixi:** Koseform von ▸ Beatrix.

**Trude:** Kurzform von Namen, die mit »-trud«, »-trude« oder »Trud-« gebildet sind, besonders von ▸ Gertrud.

**Trudi:** Koseform von ▸ Trude.

**Trudy:** englische Koseform von Gertrude (▸ Gertrud), auch Schreibvariante von ▸ Trudi.

**Tsambika:** in den 1990er-Jahren entlehnter Vorname griechischer Herkunft nach dem Kloster Moní Tsambíkas auf der Insel Rhodos. Das Kloster, das besonders von Ehepaaren aufgesucht wird, die Kindersegen erbitten, heißt nach dem Berg, auf dem es liegt.

**Turid,** (auch:) Thurid; Thorid; Torid: zu altnord. þuríðr, Nebenform von þorríðr zu altnord. þórr »Thor«, dem Donnergott, + altnord. friðr »schön«.

**Tyra:** ▸ Thyra.

# U

**U̲da,** (auch:) U̲de: ▸ Oda.
**U̲la:** Nebenform von ▸ Ulla.
**Ula̲na:** polnische Kurzform von ▸ Juliana.
**Ulẹtta:** Erweiterung von Ula (▸ Ulla).
**U̲li,** (auch:) Ụlli: Koseform von Namen, die mit »Ul-« gebildet sind, besonders von ▸ Ulrike.
**Ụlina:** tschechische Koseform von ▸ Ulrike.
**Ulja̲na:** russische Form von ▸ Juliana.
**Ụlla,** (auch:) U̲la: Kurzform von ▸ Ursula oder ▸ Ulrike, auch schwedisch.
**Ulri̲ke,** (auch:) Ulri̲ka; Ụllrike; Ụllrika: weibl. Form von Ulrich: alter deutscher Vorname, zu ahd. uodal »Erbgut, Heimat« + ahd. rīhhi »Herrschaft, Herrscher, Macht; reich, mächtig, hoch«.
**U̲na:** zu lat. ūna »eine, einzige«, geht im Englischen möglicherweise auch auf einen Vornamen irischen Ursprungs (Úna) zurück, Etymologie umstritten; bei Entlehnung aus Skandinavien kommt auch eine Ableitung von altnord. una »gedeihen, zufrieden sein« infrage.
**Undi̲ne,** (auch:) Undi̲na: eigentlich die Bezeichnung der Wassernixe. Neulat. undīna »Nixe« ist eine Weiterbildung zu lat. unda »die Welle«, die zuerst bei Paracelsus in seinem Buch über die Nymphen vorkommt.
**Ụrda,** (auch:) Ụrd: in der nordischen Mythologie Name einer der drei Nornen oder Schicksalslenkerinnen (altnord. Urdr).
**Ụrsel:** Kurzform von ▸ Ursula.
**Ụrsela:** Weiterbildung von ▸ Ursel.
**Ursi̲na:** weibl. Form von Ursin: lateinischer Ursprung, geht zurück auf den römischen Beinamen Ursinus, eine Ableitung von Ursus (zu lat. ursus »der Bär«).
**Ụrsula:** Verkleinerung von lat. ursa »Bärin«, »kleine Bärin«.
**Ụrte:** Kurzform von ▸ Dorothea, auch litauisch (Urtė).

**U̱te,** (auch:) U̱ta; Ụtta: alter deutscher Vorname, hochdeutsche Form von ▸ Oda. Aus dem Nibelungenlied ist Frau Ute (mhd. Uote) als Mutter Kriemhilds und der Wormser Könige bekannt. In anderen dt. Heldensagen erscheinen ebenfalls Fürstinnen dieses Namens, z. B. die Frau Meister Hildebrands im jüngeren Hildebrandslied.

**Ụtta:** ▸ Ute.

# V

**Vale̱a:** weibliche Form zu Vale, einer rumänischen Kurzform von Valerian oder Valerius, beiden Namen liegt lat. valēre »kräftig, stark sein« zugrunde.

**Valencia** [vəˈlɛnsɪə]: englische Variante von ▸ Valentia.

**Valene** [væˈliːn]: Neubildung aus Val (Kurzform von ▸ Valerie) und der Endung »-ene«.

**Valẹntia:** weibl. Form des römischen Beinamens Valentius, zu lat. valēns »kräftig, stark, gesund, mächtig«.

**Valenti̱na,** (auch:) Valenti̱ne: weibl. Form von Valentin: geht zurück auf Valentinus, eine Ableitung des römischen Beinamens Valens, zu lat. valēns »kräftig, stark, gesund, mächtig«.

**Vale̱ra:** weibliche Form von Valer: zu Valerius (▸ Valerie).

**Vạlerie,** (auch:) Vale̱ria: weibl. Form von Valerius: geht zurück auf einen altrömischen Geschlechternamen, zu lat. valēre »kräftig, stark sein«.

**Valery** [ˈvælərɪ]: englische Variante von ▸ Valerie.

**Valẹska,** (auch:) Walẹska: geht zurück auf den Familiennamen der polnischen Gräfin Maria Walewska, der Geliebten Napoleons.

**Valẹtta:** englische Neubildung aus Val (Kurzform von ▸ Valerie) und der italienischen Koseendung »-etta«.

**Vana̱dis:** geht zurück auf den Beinamen der altnordischen

Göttin Freya (▸Freia), die zum Göttergeschlecht der Vanen gehörte (zu altnord. vanr »Vane« + dís »Göttin«).

**Vanẹssa:** wurde geprägt von Jonathan Swift für sein autobiografisches Gedicht »Cadenus und Vanessa« und ist z.T. ein Anagramm des Namens seiner Geliebten Esther Vanhomrigh.

**Vạnia:** italienische oder englische ['vænɪə] Form von Wanja, einer russischen Koseform von ▸Iwana.

**Vạrda:** zu neuhebr. varda »Rosenstrauch, Rosenstock«.

**Vạrenka,** (auch:) Vạrinka: aus dem Russischen, Koseform von Warwạra (▸Barbara).

**Vari̱na,** (auch:) Vari̱nia: zu dem lateinischen Beinamen Varinus < lat. vārus »krummbeinig, mit O-Beinen versehen«.

**Vẹneta,** (auch:) Vene̱ta: im Italienischen weibl. Form des männl. Vornamens Vẹneto nach der gleichlautenden Region in Norditalien, im Englischen [vɪ'ni:tə] Variante von ▸Venetia.

**Venetia** [vɪ'ni:ʃə]: aus dem Englischen, möglicherweise ist die Namensform Venetia (latinisierte Form von engl. Venice = dt. Venedig) als Umbildung von ▸Venus aufgekommen, um den Bezug auf die heidnische Göttin zu verschleiern.

**Venice** ['vɛnɪs]: englische Herkunft, identisch mit dem englischen Namen der Stadt Venedig.

**Vẹnja,** (auch:) Vẹnia: russische Koseform verschiedener Vornamen, z.B. von Venediktina (▸Benedikta) oder ▸Vera.

**Ve̱nus:** nach der römischen Göttin der Schönheit und der Liebe.

**Ve̱ra,** (seltener:) We̱ra: zu russ. »Glaube, Zuversicht, Religion«. Der Name Vera kann gelegentlich auch als Kurzform von ▸Verena oder ▸Veronika auftreten.

**Vere̱na,** (auch:) Vere̱ne: Herkunft und Bedeutung ungeklärt.

**Vérénice** [vere'nis]: ▸Bérénice.

**Veri̱na:** italienische Koseform von ▸Vera, auch englische Variante von ▸Verena.

**Vẹrna:** im Schwedischen weibl. Form des männl. Vornamens Verner (der alte german. Volksname der Warnen + ahd. heri »Kriegsschar, Heer«), im Englischen wohl Bildung zum männl. Vornamen Vernon, ursprünglich ein Familienname nach einem französischen Ortsnamen.

**Verona:** Kurzform von ▸ Veronika; teils auch nach der norditalienischen Stadt.

**Veronika,** (auch:) Veronica: geht zurück auf den Namen der Veronika von Jerusalem, nach der (mittelalterlichen) Legende eine Jüngerin Jesu, die diesem auf dem Kreuzweg ein Schweißtuch reichte, auf dem sich dann das Bild Christi abzeichnete. Ihr Name ist wahrscheinlich nach der lateinischen Bezeichnung veronica für dieses Schweißtuch, verstanden als lat. vēra īcon »wahres Abbild«, gebildet.

**Véronique** [veroˈnik]: französische Form von ▸ Veronika.

**Veruschka:** russische Koseform von ▸ Vera.

**Vesna:** serbische, kroatische oder slowenische Herkunft. Der Name ist eine südslawische Neuprägung zu urslaw. *vesna »Licht, Helligkeit; Frühling«.

**Vesta:** nach der römischen Göttin des Herdfeuers und der Häuslichkeit. In ihrem Rundtempel auf dem Forum Romanum brannte das heilige Feuer des Staatsherdes, den die Vestalinnen bewahrten.

**Veva,** (auch:) Vevi: Kurzform von ▸ Genoveva.

**Viana:** Kurzform von ▸ Silviana, ▸ Viviana.

**Vianne:** verkürzte Form von ▸ Vivianne.

**Vicki,** (auch:) Viki: Kurzform von ▸ Viktoria.

**Vicky:** englische Kurzform von ▸ Viktoria.

**Victoire** [vikˈtwa:r]: französische Form von ▸ Viktoria.

**Victoria:** ▸ Viktoria.

**Victorine:** geht zurück auf lat. Victorina, eine Ableitung des männlichen Namens Victor (▸ Viktoria).

**Vidya:** indische Herkunft; Vorname, der auf Sanskrit »Wissen« bedeutet. Vidya ist ein Name der Göttin Saraswati.

**Vija:** lettische Herkunft (lett. vija »Kranz«).

**Viktoria,** (auch): Victoria: zu lat. victōria »Sieg«, auch Name der altrömischen geflügelten Siegesgöttin Victōria.

**Vilja:** finnischer Ursprung (»Nahrung, Reichtum, Güte«).

**Vilma:** nordische, italienische, ungarische und englische Form von ▸ Wilma.

**Vincenza** [vinˈtʃɛntsa]: weibl. Form von Vincenzo, der italienischen Form von Vinzenz: lat. Vincentius, Ableitung von lat. vincēns »siegend«.

**Vinita:** Vorname indischer Herkunft, der auf Sanskrit »die Bescheidene« bedeutet.

## Die schönsten Mädchennamen nach Blumenbezeichnungen

Amaryllis * Dahlia * Daisy (engl.: »Gänseblümchen«) * Fleur (französ.: »Blume«) * Flora (römische Göttin der Blumen) * Irit (neuhebr.: »Asphodele«, ein Liliengewächs) * Jasmin * Kezia (hebr.: »Kassia«, eine Heil- und Gewürzpflanze) * Lale (türk.: »Tulpe«) * Lily (engl.: »Lilie«) * Linnea * Marguerite (französ. auch: »Margarite«) * Nurit (neuhebr.: »Ranunkel, Hahnenfuß«) * Padma (sanskrit.: »Lotus«) * Rosa, Rose * Susanne (hebr.: »Lilie«) * Varda (neuhebr.: »Rose, Rosenstrauch«) * Viola, Violetta (lat., italien.: »Veilchen«) * Zahra (arab.: »Blume, Blüte«)

**Vinzẹntia,** (auch:) Vinzẹnta: weibl. Form von Vinzenz/Vinzent (▸ Vincenza).

**Vio̲la,** (auch:) Vi̲ola: zu lat. viola »Veilchen, Levkoje«.

**Violet** [ˈvaɪəlɪt]: zu engl. violet »Veilchen«.

**Violẹta:** zu span. violeta »Veilchen«.

**Violẹtta:** zu italien. violetta »Veilchen« oder Koseform von ▸ Viola.

**Violette** [vjɔˈlɛt]: zu französ. violette »Veilchen«.

**Vio̲na:** außerhalb des englischsprachigen Raums vorkommende Schreibvariante von ▸ Fiona.

**Virgi̲lia,** weibl. Form von Virgilius, der auf einen altrömischen Geschlechternamen zurückgeht, auch italienisch [virˈdʒiːli̯a].

**Virgi̲nia,** (auch:) Virgi̲nie, engl. Aussprache [...ˈdʒiː...]: geht zurück auf den römischen Geschlechternamen Verginius (jüngere Schreibung Virginius), dessen eigentliche Bedeutung ungeklärt ist. Die jüngere Namensform Virginia wird gewöhnlich volksetymologisch mit lat. virgineus, -a, -um »jungfräulich« (zu lat. virgo »Jungfrau«) zusammengebracht und als »die Jungfräuliche« verstanden.

**Virya:** indische Herkunft (sanskrit. vīrya »geistige Kraft, Stärke«).

**Vita:** zu lat. vīta »Leben«, kann auch die weibl. Form sein von Vitus: geht zurück auf den heiligen Märtyrer Vitus, Etymologie seines Namens nicht sicher geklärt, vielleicht zu thrak. bītus »aus Bithynien«.

**Vittoria:** italienische Form von ▸ Viktoria.

**Viva:** zu lat. vīvus, -a, -um »lebend, lebendig, lebhaft« oder Kurzform von ▸ Viviane oder von ▸ Viveca.

**Viveca,** (auch:) Viveka; Vivica; Vivika: latinisierte Form des dänischen Vornamens Vibeke (▸ Wiebke).

**Vivi:** Kurzform von ▸ Vivian, ▸ Viviana.

**Vivia:** Kurzform von ▸ Viviana.

**Vivian** [ˈvɪvɪən]: identisch mit dem männl. Vornamen Vivian: aus dem Englischen, geht zurück auf eine altfranzösische Form des römischen Beinamens Vibianus/Vivianus (Ableitung von dem bislang ungeklärten Geschlechternamen Vibius, früher gern zu lat. vīvus »lebendig, lebhaft« gestellt).

**Viviana:** weibl. Form des römischen Beinamens Vivianus (▸ Vivian), auch italienisch und spanisch.

**Viviane:** wohl keltische Herkunft, Name einer Fee aus der Artussage, der auch als Niniane, Ninienne überliefert ist. Viviane, genannt die »Dame vom See«, wird von Merlin in die Geheimnisse der Zauberkunst eingeweiht und erzieht in ihrem Schloss in der Tiefe eines Zaubersees den jungen Lancelot in allen ritterlichen Tugenden.

**Vivianne:** Umbildung von ▸ Viviana in Anlehnung an ▸ Anne.

**Vivica,** (auch:) Vivika: ▸ Viveca.

**Vivien** [ˈvɪvɪən]: aus dem Englischen, geht zurück auf den Namen der Titelgestalt von Tennysons Gedicht »Vivien and Merlin«, das auf den keltischen Artusepen beruht (▸ Viviane).

**Vivienne** [viˈvjɛn]: weibl. Form von Vivien, der französischen Form des römischen Beinamens Vibianus/Vivianus (▸ Vivian).

**Vivika:** ▸ Viveca.

**Volkhild:** alter deutscher Vorname, zu ahd. folc »Haufe, Kriegsschar, Volk« + ahd. hiltja »Kampf«.

**Vreni,** (auch:) Vreny: Koseform von ▸ Verena.

**Vroni:** oberdeutsche Koseform von ▸ Veronika.

# W

**Wạlburg,** (auch:) Walbụrga; Walbụrgis; Waldbụrga; Walpụrga: alter deutscher Vorname, zu ahd. walt- zu waltan »walten, herrschen« + ahd. burg »Burg, Zufluchtstätte, Schutz«.

**Walẹska:** ▸ Valeska.

**Wạlli,** (auch:) Wạlly: Kurzform von ▸ Walburg oder auch von ▸ Valerie, ▸ Valentina.

**Walpụrga:** ▸ Walburg.

**Wạltraud,** (auch:) Waltraude; Wạltraut; Waltraute; Wạldtraut; Waldtraute; Wạltrud; Waltrude: alter deutscher Vorname, zu ahd. walt- zu waltan »walten, herrschen« + german. *þrūþi »Kraft, Stärke«, in althochdeutscher Zeit umgedeutet zu trūt »vertraut, lieb«.

**Wạnda:** aus dem Polnischen, Bedeutung ungeklärt.

**Wạnja:** russische Koseform von ▸ Iwana.

**Waris:** durch die aus Somalia stammende Schriftstellerin Waris Dirie (20./21. Jh.) international bekannt. Sie selbst gibt die Bedeutung ihres Vornamens mit »Wüstenblume« an.

**Wassima:** weibliche Form von Wassim (arab. wasīm »schön, anmutig, gut aussehend« zu arab. wasama »kennzeichnen«).

**Weda:** verselbstständigte Kurzform von Zusammensetzungen mit »Wig-« (ahd. wīg »Kampf, Krieg«) oder »Widu-« (ahd. witu »Wald«).

**Wega:** Kurzform von Zusammensetzungen mit »Wig-« oder »-wig« (ahd. wīg »Kampf, Krieg«) oder nach dem gleichlautenden Stern.

**Weike,** (auch:) Waike: friesische Kurzform von Namen, die mit »Wig-« oder »-wig« (ahd. wīg »Kampf, Krieg«) gebildet sind.

**Wẹncke:** Schreibvariante von ▸ Wenke.

## Kurze Mädchennamen

Ada * Amy * Ann * Bea * Brit * Gret * Ida * Ina * Isa * Jill * Jo * Joy * Kia * Kim * Liv * Liz * Lynn * Maj * Nia * Noa * Ria * Siv * Tess * Uli * Zoe

**Wendelgard:** alter deutscher Vorname, der erste Bestandteil gehört zum germanischen Stammesnamen der Vandalen; der zweite Bestandteil enthält german. *gardaz »Zaun, Einfriedung«, vgl. ahd. garto »Garten«.

**Wenke:** niederdeutsche Koseform von Namen, die mit »Win-« oder »-win« (ahd. wini »Freund«) gebildet sind.

**Wera:** ▸ Vera.

**Wibeke,** (auch:) Wibke: ▸ Wiebke.

**Wiebe:** verselbstständigte niederdeutsch-friesische Kurzform von Zusammensetzungen mit »Wig-« (ahd. wīg »Kampf, Krieg«) und einem mit »-b« anlautenden zweiten Namenbestandteil (z. B. Wiburg).

**Wiebke,** (auch:) Wibke; Wibeke: Koseform von ▸ Wiebe, wird oft als »junge Frau, Fräulein« aufgefasst.

**Wieta,** (auch:) Wiete; Witta: friesische Kurzform unsicherer Herkunft, vielleicht von Namen, die mit dem Namenbestandteil altsächs. widu, ahd. witu »Holz, Wald« gebildet wurden, wird volksetymologisch an niederdt. witt »weiß« angelehnt.

**Wilhelma:** weibl. Form von Wilhelm: zu ahd. willio »Wille« + ahd. helm »Helm«.

**Wilhelmine,** (auch:) Wilhelmina: weibl. Form von Wilhelm (▸ Wilhelma) mit der Endung »-ine/-ina«.

**Wilka:** niederdeutsch-friesische Koseform von Namen, die mit »Wil-« gebildet sind (z. B. ▸ Wilhelmine).

**Willa:** Kurzform von Namen, die mit »Wil(l)-« gebildet sind, auch englisch.

**Wilma:** weibl. Form von Wilm, einer durch Zusammenziehung entstandenen Kurzform von Wilhelm, oder Kurzform von ▸ Wilhelma.

**Wi̲na:** Kurzform von Zusammensetzungen mit »Win-«.
**Wi̲nifred,** (auch:) Wịnnifred: englische Form des walisischen Namens Gwenfrewi (walis. gwen »weiß, gesegnet, heilig« + walis. frewi »Versöhnung«), die in Anlehnung an die altenglischen Namenbestandteile wynn »Freude« und frið »Friede« entstanden ist.
**Wịnja:** russische Koseform von Sawina (▸ Sabine).
**Wịnni,** (auch:) Wịnny: Koseform von Zusammensetzungen mit »Win-« (ahd. wini »Freund«) oder Eindeutschung von ▸ Winnie.
**Wịnnie:** aus dem Englischen, Kurzform von ▸ Winifred.
**Wịnnifred:** ▸ Winifred.
**Wino̲na,** engl. Aussprache: [waɪˈnoʊnə]: indianische Herkunft, bedeutet bei den Sioux »erstgeborene Tochter«.
**Wịtta:** ▸ Wieta.

# X

**Xạndra:** Kurzform von ▸ Alexandra.
**Xạnja,** (auch:) Xạnia: russische Variante von ▸ Xenja.
**Xẹna:** griechischer Ursprung, eigtl. Kurzform von Namen wie Polyxena (griech. Polyxénē zu polýs »viel« und xénos »Gast«), wurde vermutlich aber eher als eine Variante von ▸ Xenia gebildet.
**Xe̲nia:** geht zurück auf einen römischen Personennamen griechischen Ursprungs (Xenius, Xenia zu griech. xénios »gastlich, gastfreundlich«).
**Xẹnja,** (auch:) Xẹnija: russische Form von ▸ Xenia oder Kurzform von Polyxenia (griech. polý xénios »sehr gastfreundlich«).
**Ximena** [xiˈmena]: veraltete Schreibweise des spanischen Vornamens ▸ Jimena.
**Xịnia:** Kurzform von Axinia (▸ Axinja).

# Y

**Yael:** ▸ Jael.

**Yağmur** [ˈja:mur]: türkische Herkunft (türk. yağmur »Regen«).

**Yamina,** (auch:) Jamina: zu arab. yamīn »rechter Hand, glücklich«.

**Yamuna:** in den 1980er-Jahren entlehnter Vorname indischer Herkunft (zu Yamunā, Sanskrit-Name eines heiligen Nebenflusses des Ganges, Hindi Jamna, dt. Dschamna).

**Yanna:** weibl. Form von Yann, einer bretonischen Form von Johannes (▸ Johanna); auch modische Schreibvariante von ▸ Janna.

**Yannicka:** weibl. Bildung zu Yannick, der französischen Schreibweise von breton. Yannig, einer Koseform von Yann (▸ Yanna); auch modische Schreibvariante von ▸ Jannika.

**Yannika:** ▸ Jannika.

**Yara:** aus Spanien oder Lateinamerika, stammt aus der südamerikanischen Indianersprache Tupí und bedeutet »Frau, Herrin«.

**Yasemin:** türkische Form von ▸ Jasmin.

**Yasmin,** (auch:) Yasmina; Yasmine: ▸ Jasmin.

**Yasuko** [ˈjazko]: japanischer Herkunft (japan. yasu »ruhig, friedlich« + japan. ko »Kind«).

**Yelena:** englische Schreibweise von ▸ Jelena.

**Ylena:** ▸ Ilena.

**Ylenia:** ▸ Ilenia.

**Ylva:** schwedische Herkunft, alte weibl. Form von ulv »Wolf«.

**Yoko:** zu japan. yo »Großzügigkeit, Toleranz«, »Heiterkeit, Freude«, auch »Hibiskusblüte« + japan. ko »Kind«.

**Yola:** Kurzform von ▸ Yolanda.

**Yolanda,** (auch:) Yolande: ▸ Jolanda.

**Yonca** [jɔnˈdʒa]: türkische Herkunft (türk. yonca »Klee«).

**Yosefa:** weibliche Form von Yosef, der neuhebräischen Form von ▸ Josef.

**Yoshiko** [ˈjoʃko]: zu japan. yoshi »schön, gut, anmutig, glücklich«, »Freude«, auch »Gerechtigkeit« + japan. ko »Kind«.

**Yvẹtta:** latinisierte Form von ▸ Yvette.

**Yvette** [iˈvɛt]: französische Herkunft, weibl. Form von Yves (▸ Yvonne).

**Yvonne** [iˈvɔn]: aus dem Französischen, weibl. Form von Yvon, einer französischen Form von Ivo: zu ahd. īwa, bretonisch ivin »Eibe; Bogen aus Eibenholz«.

# Z

**Zahra** [ˈzahra]: zu arab. zahra »Blume, Blüte«.

**Zaida** [zaˈi:da]: weibl. Form von Zaid: wohl zu arab. zāda »größer werden, wachsen, zunehmen«.

**Zara** [ˈzɛərə]: englische Form von ▸ Zahra, auch als Variante von ▸ Sara aufgefasst.

**Za̲rah,** (auch:) Za̲ra: schwedische Nebenform von ▸ Sara.

**Zäzi̲lie,** (auch:) Zäzi̲lia: ▸ Cäcilie.

**¹Zịlla,** (auch:) Cịlla: Kurzform von Zäzilia, (▸ Cäcilie).

**²Zịlla,** (auch:) Zịllah: aus der Bibel, zu hebr. sillāh zu hebr. sēl »Schatten« im Sinne von »Erfrischung« oder zu hebr. sll »schrillen« im Sinne von »Kriegsgeschrei« oder »Zymbel«. So heißt im Alten Testament eine der beiden Frauen Lamechs.

**Zịlli:** ▸ Cilli.

**Zịska:** Kurzform von ▸ Franziska.

**Zi̲ta:** geht wahrscheinlich zurück auf das altitalienische (toskanische) Wort zita »Mädchen«, kann auch als Kurzform von ▸ Felizitas auftreten.

**Zoé** [zoˈe]: französische Form von ▸ Zoë.

**Zo̲ë,** (auch:) Zo̲e: zu griech. zoḗ »Leben«, auch englisch [ˈzəʊɪ].

**Zohra** [ˈzohra]: zu arab. zuhra »Helligkeit; Schönheit«, auch Name des Planeten Venus zu arab. zahara »leuchten, blühen«.

**Zora** [ˈzɔra]: slowenische, serbische, kroatische, bulgarische Herkunft, Bedeutung »Morgenröte«.

# Namen für Jungen

# A

**Aaron,** (auch:) Aron: aus der Bibel, zu hebr. ’aharōn, Bedeutung nicht sicher geklärt, wahrscheinlich ägyptischer Ursprung. Im Arabischen entspricht Aaron der Name ▸ Harun. Nach der Bibel war Aaron der ältere Bruder des Mose, sein Begleiter und Vertreter beim Zug zum Sinai.

**Abdallah:** ▸ Abdullah.

**Abdul:** arabischer Ursprung, verkürzte Form von zahlreichen Vornamen, die mit arab. ‘abd »Diener [Gottes]« gebildet sind (z. B. ▸ Abdullah).

**Abdullah,** (auch:) Abdallah: zu arab. ‘abd »Diener« + Allāh »Gott«: »Diener Gottes«.

**Abel:** aus der Bibel, zu hebr. hebel »Hauch, Vergänglichkeit«, als Anspielung auf Abels vorzeitigen Tod. Nach der Bibel war Abel der zweite Sohn Adams, der von seinem Bruder Kain erschlagen wurde.

**Abraham,** (auch:) Abram: zu hebr. ’abrāhām. Nach der Bibel lautete der Name des ersten Erzvaters Israels ursprünglich Abram (»der Vater ist erhaben«) und wurde von Gott in Abraham (»Vater der Menge«) umgewandelt. Im Arabischen entspricht Abraham der Name ▸ Ibrahim.

**Absalom,** (früher meist:) Absalon, (überkonfessionelle Form:) Abschalom: aus der Bibel, hebräischer Ursprung, zu hebr. ’abšālōm, dessen Bedeutung als »der Vater ist Heil« oder »der Vater ist Friede« ausgelegt wird. Nach der Bibel war Absalom der dritte Sohn Davids. Um die Ehre seiner Schwester Tamar zu rächen, ließ er seinen Halbbruder ▸ Amnon ermorden.

**Achatius,** (auch:) Achatz; Achaz; Achaz (als biblischer Name jetzt auch:) Ahas: zu hebr. ’āḥāz, Kurzform von Joahaz, Bedeutung: »der Herr hat ergriffen«.

**Achill,** (auch:) Achilles: aus der griechischen Mythologie, Name des griechischen Helden (griech. Achilleús), der im

Trojanischen Krieg ▸ Hektor im Zweikampf besiegt; unbekannter, wahrscheinlich vorgriechischer Ursprung. Nach der »Ilias« fällt Achill, nachdem ihn Paris mit einem Pfeil an der Ferse verwundet hat.

**Achim:** Kurzform von ▸ Joachim.

**Achmed,** (auch:) Ahmed: aus dem Arabischen, Bedeutung »der Preiswürdigste«.

**Adalbert,** (auch:) Adelbert; Edelbert: alter deutscher Vorname, ahd. adal »edel, vornehm; Abstammung, [edles] Geschlecht« + ahd. beraht »glänzend«; etwa »von glänzender Abstammung«.

**Adam:** aus der Bibel übernommen, Herkunft nicht sicher geklärt. Die Bibel sieht in dem Namen hebr. 'adāmā den rotbraunen, weil gepflügten Ackerboden und versteht ihn zugleich als hebr. ha'ādām »der Mensch, die Menschheit«. Nach der Bibel war Adam der erste, von Gott erschaffene Mensch, aus Ackerboden gebildet und mit Lebensodem erfüllt.

**Adamo,** (deutsch auch:) Adamo: italienische Form von ▸ Adam.

**Adelbert:** Nebenform von ▸ Adalbert.

**Adelhard,** (auch:) Ahlert, Alert, Allhard, Edelhard, Ehlert: alter deutscher Vorname (ahd. adal »edel, vornehm; Abstammung, [edles] Geschlecht« + ahd. harti, herti »hart, kräftig, stark«).

**Adem:** türkische Form von ▸ Adam.

**Adi:** Kurzform von männl. Vornamen, die mit »Ad(al)-«, »Ad(el)-« gebildet sind, besonders von ▸ Adolf.

**Adil:** zu arab. ʻādil »gerecht«.

**Adolf,** (veraltet auch:) Adolph: jüngere Form von Adalwolf; ahd. adal »edel, vornehm; Abstammung, [edles] Geschlecht« + ahd. wolf »Wolf«.

**Adolfo:** italienische und spanische Form von ▸ Adolf.

**Adonis:** aus der griechischen Mythologie, semitischer Ursprung, wohl zu phöniz. ādōn »Herr«. Adonis war ein außerordentlich schöner junger Gott, der von Aphrodite, der Liebesgöttin, geliebt wurde.

**Adriaan,** (älter auch:) Adriaen: niederländische Form von ▸ Adrian.

**Adrian,** (älter auch:) Hadrian: zu lat. [H]adriānus »der aus der Stadt [H]adria«. Der Beiname des Kaisers Publius Aelius Hadrianus geht nach antiker Tradition auf den Herkunftsort seiner Eltern, Hadria, heute Atri, Provinz Teramo (nicht Adria südlich von Venedig), zurück.

**Adriano:** italienische Form von ▸ Adrian.
**Adrianus:** ▸ Adrian.
**Adriël:** aus der Bibel, zu hebr. 'adrī'ēl »Gott ist meine Hilfe«.
**Adrien** [...ˈɛ̃]: französische Form von ▸ Adrian.
**Ady:** Kurzform von Vornamen, die mit »Ad(al)-« gebildet sind.
**Aegid,** (auch:) Aegidius: ▸ Ägid.
**Aeneas:** aus der antiken Mythologie, griech. Aineías, lat. Aenēās; unbekannter, wahrscheinlich vorgriechischer Ursprung, bereits in der Antike volksetymologisch an griech. ainéō »loben, preisen« sowie an griech. ainós »schrecklich, gefürchtet« angelehnt.
**Ägid,** (auch:) Ägidius; Aegid; Aegidius; Egid; Egidius: Die Verbreitung des Namens geht zurück auf den heiligen Ägidius, Abt von St.-Gilles (Südfrankreich). Möglicherweise trug der Heilige einen Namen germanischer Herkunft (etwa Gillo), für den in lateinischen Texten dann Aegidius eintrat.
**Ago:** verselbstständigte Kurzform von Namen, die mit »Agi-« (zu german. *agi- »Furcht, Schrecken«), gebildet wurden (z. B. Agimar, Agimund).
**Aharon:** neuhebräische Form von ▸ Aaron.
**Ahas:** ▸ Achatius.
**Ahlert:** jüngere Form von ▸ Adelhard.
**Ahlrich:** ▸ Alrich.
**Ahmed:** ▸ Achmed.
**Ahmet:** türkische Form von ▸ Achmed.
**Aidan,** (auch:) Aiden; Aden [eɪdn]: irische Herkunft, englische Formen des gälischen Namens Aodán, einer Koseform von Aodh (»Feuer«).
**¹Aik:** eindeutschende Schreibung des englischen Vornamens Ike (▸ ²Ike).
**²Aik:** ▸ Eike.
**Aike:** ▸ Eike.
**Aiko:** ▸ Eike.
**Aimé** [ɛˈme]: französische Form von Amatus (lat. amātus, -a, -um »geliebt«, zu amāre »lieben«).
**¹Aimo:** verselbstständigte Kurzform von Namen, die mit »Agi-« (▸ Ago) gebildet wurden.
**²Aimo:** finnisch-samische Herkunft, zu finn. aimo »vortrefflich, tüchtig«.
**Ake:** verselbstständigte friesische Kurzform von Namen, die

## Die schönsten Jungennamen mit der Bedeutung »Leben, lebendig«

Ammar (»lange leben«) * Can (»Seele, Leben«) * Chaim (»Leben«) * Jehiel (»möge er leben, o Gott«) * Khalid (»ein langes Leben genießen«) * Moyo (»Leben, Wohlbefinden, Gesundheit«) * Nassim (»Brise, Lebenshauch«) * Omar (»gedeihen, lange leben«) * Pran (»Atem, Lebenskraft«) * Vital(is) (»das Leben erhaltend, Leben spendend«)

mit »Agi-« (zu german. *agi- »Furcht, Schrecken«) gebildet wurden (z. B. Agimar, Agimund).

[1]**Akim:** nordische Kurzform von ▸ Joachim.

[2]**Akim:** russische Kurzform von ▸ Joachim.

**Akın:** türkische Herkunft (türk. akın »Ansturm, Angriff; Flut«).

**Akira:** japanische Herkunft, Bedeutung »hell, klar«.

**Al** [æl]: englische Kurzform von Namen, die mit »Al-« beginnen (etwa ▸ Alfred u. a.).

**Aladin:** zu arab. ʻAlāʾ-ad-Dīn »Erhabenheit des Glaubens«.

**Alain** [aˈlɛ̃]: aus dem Französischen, keltischer (bretonischer) Ursprung, vielleicht zu al- »Fels«.

**Alan,** (auch:) Allan; Allen [ˈælən]: aus dem Englischen, keltischer (bretonischer) Ursprung, vielleicht zu al- »Fels«, kam durch die normannischen Eroberer nach England.

**Alban,** (auch:) Alban: zu lat. Albānus »der aus der Stadt Alba Stammende«.

**Albano:** italienische Form von ▸ Alban.

**Albert:** jüngere Form von ▸ Adalbert.

**Alberto:** italienische und spanische Form von ▸ Albert.

**Albertus:** latinisierte Form von ▸ Albert.

[1]**Albin:** Nebenform von ▸ Albwin.

**²Albin,** (auch:) Albin, Albinus: lateinische Herkunft, ursprünglich römischer Beiname, zu lat. albus »weiß«.

**Albrecht:** jüngere Form von Adalbrecht (▸ Adalbert).

**Albwin,** (auch:) Albin: alter deutscher Vorname, ahd. alb »Elf, Naturgeist« + ahd. wini »Freund«.

**Aldis:** aus Lettland, zu lit. aldeit »lärmen«.

**Aldo:** verselbstständigte Kurzform von mehreren italienischen Namen germanischer Herkunft (z. B. ▸ Arnaldo, ▸ Rinaldo).

**Alec** [ˈælɪk]: englische Kurzform von ▸ Alexander.

**Alejandro** [alɛˈxandro]: spanische Form von ▸ Alexander.

**Alert:** durch Zusammenziehung entstandene niederdeutsch-friesische Form von ▸ Adelhard.

**Alessandro:** italienische Form von ▸ Alexander.

**Alessio:** italienische Form von ▸ Alexis.

**Alex:** Kurzform von ▸ Alexander oder ▸ Alexis.

**Alexander:** lateinische Form von griech. Aléxandros (zu aléxō »abwehren, schützen, verteidigen« + anḗr, andrós »Mann«; etwa »der Männer Abwehrende, Schützer«).

**Alexandre** [alɛkˈsãːdr]: französische Form von ▸ Alexander.

**Alexei,** (auch:) Alexej: russische Form von ▸ Alexis.

**Alexis,** (auch:) Alexius: griechischer Ursprung, verselbstständigte Kurzform von Namen, die mit »Alex-« (zu griech. aléxō »abwehren, schützen, verteidigen«) gebildet sind.

**Alf:** Kurzform von Namen, die mit »Alf-« beginnen (besonders von ▸ Alfred), früher auch Kurzform von ▸ Adolf. Im Englischen ist Alf [ælf] eine Kurzform von Alfred.

**Alfie** [ˈælfɪ]: englische Herkunft, Koseform von ▸ Alf.

**Alfons,** (veraltet auch:) Alphons: zugrunde liegt die spanische Form eines westgotischen Namens; der erste Bestandteil entspricht german. *haðu »Kampf«, der zweite Bestandteil entspricht ahd. funs »eifrig, bereit, willig«; die lautliche Umgestaltung erfolgte durch Kreuzung mit dem Namen Hildefonso/Ildefonso (ahd. hiltja »Kampf« + ahd. funs) sowie durch Anlehnung an das häufige Namenglied adal »edel, vornehm; Abstammung, (edles) Geschlecht«.

**Alfonso:** spanische und italienische Form von ▸ Alfons.

**Alfred:** aus dem Englischen, altengl. Ælfred, zu altengl. ælf »Elf, Naturgeist« + altengl. rǣd »Rat«.

**Alfredo:** italienische und spanische Form von ▸ Alfred.

**Alhard:** jüngere Form von ▸ Adelhard.

**¹Ali:** Kurzform von Namen, die mit »Al-« beginnen.

**²Ali:** zu arab. ʻalī »erhaben, edel«.

## Ein oder mehrere Vornamen?

Einem Kind zwei oder mehr Vornamen zu geben, dafür gibt es verschiedene Gründe.
Den Zweitnamen nach einem Familienmitglied zu vergeben ist eine geeignete Alternative für Eltern, die einerseits familiäre Verbundenheit zeigen möchten, andererseits den Namen von Vater, Patentante oder Großvater eventuell als altmodisch empfinden.
Durch die Vergabe von zwei Namen können die möglicherweise unterschiedlichen Vorlieben beider Elternteile realisiert werden: kurz gegenüber lang (*Mia Charlotte, Ben Maximilian*), modisch gegenüber »nostalgisch« (*Lea Mathilda, Noah Carl*).
Eltern unterschiedlicher sprachlicher oder kultureller Herkunft können dies durch entsprechende Vornamen zum Ausdruck bringen: *Anna Malaika, Florian Adem.*

Ein letzter Tipp: Für den Fall, dass zwei Vornamen vergeben werden, klingt es besser, wenn der kurze Name vor dem längeren steht: *Lea Johanna, Paul Alexander.*

**Aljoscha:** russische Koseform von ▸ Alexei.
**Allan,** (auch:) Allen: ▸ Alan.
**Alois,** (auch:) Aloisius; Aloys; Aloysius: Latinisierung einer italienischen Koseform von Ludovico (▸ Ludwig), der eine altfranzös. Form dieses Namens (Looïs) zugrunde liegt.
**Alphons:** ▸ Alfons.
**Alphonse** [alˈfɔ̃:s]: französische Form von ▸ Alfons.
**Alrich,** (auch:) Ahlrich; Alrik: jüngere Form von Adalrich (ahd. adal »edel, vornehm; Abstammung, [edles] Geschlecht« + ahd. rīhhi »Herrschaft, Herrscher, Macht; reich, mächtig, hoch«).
**Alvar:** schwedische bzw. englische Herkunft, Bestandteile entsprechen ahd. alf »Elf, Naturgeist« + ahd. heri »Heer, Heerführer, Krieger«.
**Álvaro:** spanischer [ˈalbaro] und portugiesischer [ˈalvɐru] Name westgotischen Ursprungs, dessen Etymologie noch ungeklärt ist. Italienische Form: Alvaro [alˈva:ro].
[1]**Alvin** [ˈæl...]: aus dem Englischen, geht zurück auf altengl. Æðelwine oder Ælfwine zu altengl. æðel »edel« bzw. ælf »Elf, Naturgeist« + altengl. wine »Freund«.
[2]**Alvin:** Nebenform von ▸ Alwin, auch schwedisch und norwegisch.
**Alwin:** jüngere Form von ▸ Albwin oder von Adalwin (ahd. adal »edel, vornehm; Abstammung, [edles] Geschlecht« + ahd. wini »Freund«).
**Amadeo:** spanische Form von ▸ Amadeus.
**Amadeus:** aus lateinischen Bestandteilen gebildet, Bedeutung »liebe Gott!«: lat. amā »liebe!« zu amāre »lieben« + deus »Gott«.
**Amal:** neuhebräische Herkunft (»Arbeit, Mühe«).
**Amand,** (auch:) Amand: ▸ Amandus.
**Amandus,** (auch:) Amand; Amand: zu lat. amandus, -a, -um »liebenswürdig, lieblich«, zu amāre »lieben«.
**Ambrosius,** (auch:) Ambros: zu griech. ambrósios »zu den Unsterblichen gehörend, göttlich«.
**Amerigo:** italienische Entsprechung von Heimerich (▸ Heinrich).
**Ämilius:** ▸ Emil.
**Amin:** zu arab. al amīn »der Vertrauenswürdige«, Beiname des Propheten Mohammed.
[1]**Amir:** zu arab. amīr »Befehlshaber, Prinz«.
[2]**Amir:** neuhebräische Herkunft, Bedeutung »Baumwipfel« oder »Getreidegarbe«.

## Die schönsten Namen großer Schriftsteller

Anton Tschechow * Clemens Brentano * Daniel Defoe * Elias Canetti * Franz Kafka * Georg Büchner * Johann Wolfgang von Goethe * Jonathan Swift * Marcel Proust * Milan Kundera * Nikolai Gogol * Stefan Zweig * Theodor Fontane * Umberto Eco

**Amko:** verselbstständigte niederdeutsch-friesische Koseform von Namen, die mit »Amal-« (got. *amals »tüchtig, tapfer«) gebildet wurden. Dieser Namenbestandteil ist kennzeichnend für die Namen des ostgotischen Königsgeschlechts der Amaler oder Amelungen.

**Ammar:** arabische Herkunft (arab. 'ammār »langlebig« zu arab. 'amara »lange leben«).

**Amnon:** aus der Bibel, zu hebr. 'amnōn »treu, zuverlässig«. Nach der Bibel war Amnon der älteste Sohn König Davids. Er vergewaltigte seine Halbschwester Tamar und wurde deshalb von ihrem Bruder Absalom ermordet.

**Amon:** aus der Bibel, zum hebr. Stamm 'mn »treu sein«. Nach der Bibel war Amon ein König von Juda.

**Amos:** zu hebr. 'āmōs »der [von Gott] Getragene«. Nach der Bibel war Amos ein Viehhirte aus Tekoa, der von Gott zum Propheten berufen wurde und radikale Kritik an dem unsozialen Verhalten der führenden Kreise Israels übte.

**Amrit:** zu sanskrit. amṛta »unsterblich«.

**Anand:** aus Indien, zu sanskrit. ānanda »Glück, Freude«.

**Anastasius:** zu griech. anástasis »Auferstehung«.

**Anatol:** geht zurück auf den spätantiken Namen Anatolius. Dieser ist eine männl. Form des griechischen Frauennamens Anatolē (griech. anatolḗ »Sonnenaufgang; Gegend des Sonnenaufgangs; Morgenland, Kleinasien«).

**Anders:** Nebenform von ▸ Andreas, auch schwedisch.

**Andi:** Koseform von ▸ Andreas.

[1]**Andor** ['ɔndɔr], (deutsch auch:) Ạndor: ungarische Form von ▸Andreas.

[2]**Ạndor:** norwegische oder schwedische Herkunft. Der erste Namenbestandteil entspricht ahd. arn »Adler«, der zweite enthält den Namen des altnordischen Donnergotts Thor.

**András** ['ɔndra:ʃ]: ungarische Form von ▸Andreas.

**Ạndre,** (auch:) Andre̱: oberdeutsche Form von ▸Andreas, auch als Eindeutschung von französ. ▸André gebraucht.

**André** [ã'dre]: französische Form von ▸Andreas.

**Andre̱a:** italienische Form von ▸Andreas.

**Andre̱as:** griechischer Ursprung, verselbstständigte Kurzform von Namen, die mit »Andr-« (zu griech. anḗr, andrós »Mann«) gebildet sind.

**Andrẹi:** eindeutschende Schreibweise von ▸Andrej oder rumänische Form von ▸Andreas.

**Andrẹj:** russische Form von ▸Andreas.

**Ạndres:** ▸Andreas.

**Andrew** ['ændru:]: englische Form von ▸Andreas.

**Andrie̱s:** niederdeutsch-friesische und niederländische Form von ▸Andreas.

**Ạndrik:** russische Koseform von Andrej (▸Andreas).

**Andy** ['ændɪ]: aus dem Englischen, Koseform von Andrew (▸Andreas).

**Angel** ['eɪndʒəl]: englische Form von ▸Angelus.

**Angelino** [...dʒe'li:...]: italienische Koseform von ▸Angelo.

**Angelo** ['andʒelo]: italienische Form von ▸Angelus.

**Ạngelos:** zu griech. ángelos »Bote, Bote Gottes, Engel«.

**Ạngelus:** lateinische Form von ▸Angelos.

**Angus** ['æŋgəs]: englische Form des gälischen Namens Aonghus (»einzige Wahl«).

**Ania̱n:** Herkunft und Bedeutung umstritten, Namensvorbild ist der aus Irland oder Westfranken stammende heilige Anianus (7./8. Jh.).

**Anish** ['aniʃ]: indische Herkunft (sanskrit. aniś »der Höchste«), Name, der auf einen Beinamen des Gottes Wischnu zurückgeht.

[1]**Ạnjo:** friesische Koseform von Namen, die mit dem Namenwort arn gebildet sind (▸Arnold).

[2]**Ạnjo:** männl. Bildung zu Anja, der russischen Form von Anna: zu hebr. hannā »Anmut, Liebreiz«; Anna hieß nach der christlichen Überlieferung die Mutter Marias.

**Ạnno:** alter deutscher Vorname, Kurzform von ▸Arnold.

A

## Die schönsten süddeutschen Jungennamen

Alois * Ferdi * Florian * Josef * Jürg * Lienhard * Lois * Schorsch * Toni * Xaver

**Ansbert:** alter deutscher Vorname (german. *ans- »Gottheit« + ahd. beraht »glänzend, berühmt«).

**Anselm:** alter deutscher Vorname, zu german. *ans- »Gottheit« + ahd. helm »Helm«.

**Ansgar:** alter deutscher Vorname, zu german. *ans- »Gottheit« + ahd. gēr »Speer«.

**Antal,** ungar. Aussprache: [ˈɔntɔl]: ungar. Form von ▸ Anton.

**Anthony** [ˈæntənɪ]: englische Form von ▸ Anton.

**Antoine** [ãˈtwan]: französische Form von ▸ Anton.

**Anton,** (auch:) Antonius: lateinischer Ursprung, geht zurück auf einen altrömischen Geschlechternamen.

**Antonín:** tschechische Form von ▸ Anton.

**Antonino:** aus dem Italienischen, geht zurück auf den römischen Geschlechternamen Antoninus.

**Antonio:** spanische und italienische Form von ▸ Anton.

**Antonius:** ▸ Anton.

**Aras:** türkische Herkunft, geht zurück auf den gleichnamigen Fluss in Ostanatolien.

**Arbo:** zu ahd. arbeo »der Erbe«.

**Archibald:** englische Form (über altfranzös. Archimbald) von Erkenbald (ahd. erchan »fest, vornehm, hervorragend« + ahd. bald »kühn«); engl. Aussprache: [ˈɑːtʃɪbəld].

**Arel:** in Israel übliche Variante von ▸ Ariel.

**Ares:** aus der griechischen Mythologie. Ares, Sohn von Zeus und Hera, war der Gott des Krieges.

**Arian:** friesische und niederländische Nebenform von ▸ Adrian.

**Aribert:** romanische Form von ▸ Heribert.

**Ariel,** (überkonfessionelle Form:) Ariël: hebräischer Ursprung, der noch nicht sicher geklärt ist (hebr. ʼarīʼēl »Löwe Gottes« oder »Altar-Herd«?).

**Arif:** zu türk. arif »weise«.

**Arik:** Kurzform von mehreren russischen Vornamen.

**Aristide:** aus dem Französischen, griechischer Ursprung (griech. Aristéidēs, zu griech. áristos »der Beste, der Edelste«, etwa »Sohn des Edelsten«).

**Aristoteles:** zu griech. áristos »der Beste« und griech. télos »Ziel, Vollendung«.

**Arjan,** (auch:) Arjen: friesische und niederländische Form von ▸ Adrian.

**Arjuna** [ˈardʒuːna], (auch:) Arjun [ˈardʒuːn]: aus Indien stammender Vorname (sanskrit. arjuna »silberweiß, glänzend«), Name einer Gestalt in dem indischen Epos »Mahabharata« (5. Jh. v. Chr. bis 4. Jh. n. Chr.).

**Arman:** zu pers. armān »Ideal, Hoffnung, Wunsch«.

**Armand** [arˈmã]: französische Form von ▸ Hartmann oder ▸ Hermann.

**Armando:** italienische und spanische Form von ▸ Hartmann oder ▸ Hermann.

**Armin:** geht zurück auf den Namen des Cheruskerfürsten Arminius, Kurzform zu einem mit german. *ermana, *irmina »allumfassend, groß« gebildeten Namen, wahrscheinlich german. *Ermin-mēraz, latinisiert *Ermino-merus. Im 18./19. Jh. wurde Arminius fälschlich mit ▸ Hermann gleichgesetzt.

**Arnaldo:** spanische und italienische Form von ▸ Arnold.

**Arnaud:** [arˈno]: französische Form von ▸ Arnold.

**Arnbjörn:** nordischer Herkunft (altnord. ǫrn »Adler« + altnord. bjǫrrn »Bär«).

**Arnd,** (auch:) Arndt; Arnt: durch Zusammenziehung entstandene Kurzform von ▸ Arnold.

**Arne:** nordische Kurzform von Namen, die mit »Arn-« gebildet sind (z. B. Arnvald; vgl. ▸ Arnold).

**Arnim:** ursprünglich Ortsname (bei Potsdam), vielleicht Vermischung mit ▸ Armin.

**Arno:** Kurzform von Namen, die mit »Arn-« gebildet sind (z. B. ▸ Arnold).

**Arnold,** (auch:) Arnolt: alter deutscher Vorname, zu ahd. arn »Adler« + ahd. -walt zu waltan »walten, herrschen«.

**Arnolf:** ▸ Arnulf.

**Arnulf,** (auch:) Arnolf: alter deutscher Vorname, zu ahd. arn »Adler« + ahd. wolf »Wolf«.

**Aron:** ▸ Aaron.

**Arslan:** zu türk. arslan »Löwe«.

[1]**Art:** niederdeutsche und niederländische Kurzform von ▸ Arnold.

[2]**Art** [ɑ:t]: englische Kurzform von ▸ Artur.

**Artur,** (auch:) Arthur: aus dem Englischen, geht zurück auf den sagenhaften König Arthur, wahrscheinlich keltischer (walisischer) Herkunft, zu kelt. artos »Bär«, möglicherweise aber auch Ableitung von einem römischen Geschlechternamen (Artorius), der dann durch römische Legionäre nach Britannien getragen wurde.

**Arun:** zu sanskrit. aruna »rötlich braun, die Farbe der Morgendämmerung, von Gold und Rubinen«, in alten indischen Texten Verkörperung der Morgendämmerung, des Lenkers des Sonnenwagens.

**Arved:** Nebenform von ▸ Arvid.

**Arvid:** nordische Herkunft, geht zurück auf altnord. Arnviðr. Der erste Namenbestandteil entspricht ahd. arn »Adler«, der zweite enthält altnord. viðr »Baum, Wald« und ist wohl als poetische Umschreibung des Kriegers aufzufassen.

**Arvo:** zu finn. arvo »Würde«.

**Arwed:** eindeutschende Schreibweise von ▸ Arved.

**Arwid:** eindeutschende Schreibweise von ▸ Arvid.

**Arwin:** aus ahd. aro »Adler« + ahd. wini »Freund«.

**Asad:** zu arab. as'ad »glücklicher«.

**Ashley,** (auch:) Ashleigh [ˈæʃlɪ]: aus dem Englischen, ursprünglich Orts- und Familienname, altengl. æsc-lēah »Eschenhain«.

**Aslan:** türkische Herkunft, Nebenform von ▸ Arslan.

**Asmus:** Kurzform von ▸ Erasmus.

**Athanasius:** zu griech. a-thánatos »unsterblich«.

**Attila:** geht zurück auf den Namen des Hunnenkönigs Attila, wohl zu got. attila »Väterchen«.

**August:** zu lat. augustus, -a, -um »heilig; ehrwürdig; erhaben«. Lat. Augustus war ehrender Beiname des ersten römischen Kaisers Gaius Octavianus, dem zu Ehren der achte Monat des Kalenderjahres benannt ist: lat. [mēnsis] Augustus.

**Augustin,** (auch:) Augustinus: Weiterbildung von Augustus (▸ August).

**Aulis:** zu finn. aulis »freigiebig«.

**Aurel,** (auch:) Aurelius: lateinischer Ursprung, geht zurück auf einen altrömischen Geschlechternamen vorrömischer Herkunft.

**Aurelio:** italienische und spanische Form von ▸ Aurel.
**Aurelius:** ▸ Aurel.
**Austin** [ˈɔstɪn]: englische Form von ▸ Augustin.
**Avery** [ˈeɪvrɪ]: ursprünglich ein englischer Familienname, der auf eine mittelalterliche Form von ▸ Alfred zurückgeht.
**Axel:** aus dem Schwedischen, umgebildete Kurzform des biblischen Namens ▸ Absalom, gelegentlich auch als Koseform von ▸ Alexander aufgefasst.
**Aydin** [ˈaidən]: zu türk. aydın »hell, leuchtend«.

# B

**Bahne:** aus dem Nordfriesischen, Ursprung und Bedeutung unklar.
**Baldeo:** nordindische Form von ▸ Baldev.
**Balder:** ▸ Baldur.
**Baldev:** aus Indien stammender Vorname (sanskrit. bala »Kraft, Stärke« + sanskrit. deva »Gott«: »Gott der Stärke«). Baladeva (auch Balarama) ist in dem indischen Epos »Mahabharata« (5. Jh. v. Chr. bis 4. Jh. n. Chr.) der ältere Bruder Krischnas.
**Balduin:** Nebenform von ▸ Baldwin.
**Baldur,** (auch:) Balder: Baldr (wohl zu german. *balðram »Kraft«, *balðraz »mutig, wehrhaft«) ist in der nordischen Mythologie der Sohn Odins und Friggas, der Gott des Lichtes und des Frühlings.
**Baldwin,** (auch:) Balduin: alter deutscher Vorname, zu ahd. bald »kühn« + ahd. wini »Freund«.
**Balthasar:** griechische Form eines akkadischen Namens (Bel-scharra-usur »Gott [Baal] erhalte den König«).
**Barack** [bəˈraːk]: anglisierte Form des Suaheli-Namens Baraka, der auf das gleichlautende arabische Wort mit der Bedeutung »Segen« zurückgeht.

**Bari̱n:** zu pers. barīn »hervorragend«.

**Bạrnabas:** griechisch-lateinische Form eines ursprünglich aramäischen Namens, dessen Bedeutung umstritten ist. In der Apostelgeschichte wird dieser Name als »Sohn des Zuspruchs« (bar nebū'ā) interpretiert, er ist jedoch eher als »Sohn des [Gottes] Nebo« zu deuten.

**Bạrne:** niederdeutsche Kurzform von Namen, die mit »Barn-«, Nebenform von »Bern-«, gebildet sind (z. B. ▸ Bernhard).

**Barney,** (auch:) Barny [ˈbɑ:nɪ]: englische Koseform von ▸ Barnabas.

**Barry** [ˈbærɪ]: irische Herkunft, Kurzform von Bearrach, einem mit gäl. bear »Speer« gebildeten Namen, oder von Fionnb(h)arr (gäl. fionn »weiß, hell« + barr »Kopf«). In Schottland kann der Vorname Barry aus einem Familiennamen entstanden sein, der wiederum auf den gleichlautenden schottischen Ortsnamen zurückgeht.

**Bạrthold:** niederdeutsche Nebenform von ▸ Berthold.

**Bartholomä̱us,** (überkonfessionelle Form:) Bartolomä̱us: zu aram. Bar Tolmai »Sohn des Tolmai«, griech. Bartholomaĩos. Nach der Bibel war Bartholomäus einer der Jünger Jesu.

**Ba̱ruch:** zu hebr. bārūk »der Gesegnete«. Baruch war Gefährte und Schreiber des Propheten Jeremia.

**Basil** [bæzl]: englische Form von ▸ Basilius.

**Basi̱lius,** (auch:) Ba̱sil: griechischer Ursprung, zu griech. basíleios »königlich«.

**Bạstian:** Kurzform von ▸ Sebastian.

**Bastien** [basˈtjɛ̃]: französische Kurzform von ▸ Sebastian.

**Bea̱tus,** (auch:) Bea̱t: zu lat. beātus, -a, -um »glücklich«.

**Bẹda:** geht zurück auf Beda [Venerabilis], den Namen des angelsächsischen Kirchenlehrers (7./8. Jh.). Ursprung und Bedeutung dieses Namens sind noch ungeklärt.

**Bekịr:** türkische Form des arabischen Namens Bakr (arab. bakr »junges Kamel«).

**Bẹ́la,** ungar. Aussprache: [ˈbe:lɔ]: aus dem Ungarischen, wurde in Ungarn mit dem deutschen Namen Adalbert gleichgesetzt; Herkunft ungeklärt, vielleicht ungarisch, türkisch oder slawisch.

**Bẹn:** englische Kurzform von ▸ Benjamin.

**Bena̱ja:** aus der Bibel übernommener Vorname hebräischen Ursprungs (»Jahwe hat gebaut/geschaffen«). Nach der

Bibel war Benaja Kommandant der Leibgarde König Davids. Er unterstützte die Thronfolge Salomons und wurde von diesem zum Heerführer ernannt.

**Bẹndix,** (auch:) Bẹndik: durch Zusammenziehung entstandene Form von ▸ Benedikt.

**Benedẹtto:** italienische Form von ▸ Benedikt.

**Be̱nedikt,** (auch:) Be̱nedict: zu lat. benedictus »gepriesen, gesegnet«.

**Bẹngt:** schwedische Form von ▸ Benedikt.

**Beni̱to:** spanische Form von ▸ Benedikt.

**Bẹnjamin:** aus der Bibel, zu hebr. ben-ymyn »Sohn von rechts, d. h. Sohn des Südens«, zunächst Name des Stammes, der »rechts«, d. h. südlich des einflussreichen Stammes Efraim siedelte, dann übertragen auf den Ahnherrn des Stammes; bereits in der Bibel volksetymologisch umgedeutet: Benjamin, der jüngste Sohn Jakobs, wird von seiner Mutter Rahel, die bei der Geburt stirbt, Benoni (»Sohn des Schmerzes«) genannt; Jakob ändert jedoch seinen Namen in Benjamin (»Sohn der rechten Hand, des Glücks«).

**Benjy,** (auch:) Benji [ˈbɛndʒɪ]: englische Koseform von ▸ Benjamin.

**Bẹnnet,** (auch:) Bẹnnett: englische Form von ▸ Benedikt.

**Bẹnno:** alter deutscher Vorname, verselbstständigte Kurzform von Namen, die mit »Bern-« (german. *ber(a)nu- »Bär«) gebildet sind.

**Bẹnny:** englische Koseform von ▸ Benjamin.

[1]**Bẹnt:** dänische Form von ▸ Benedikt.

[2]**Bẹnt,** (auch:) Bẹnte: friesische Kurzform von Namen, die mit »Bern-« beginnen (▸ Bernhard).

**Benvenu̱to:** zu italien. benvenuto, -a »willkommen«.

**Berạt:** türkischer Vorname arabischen Ursprungs (»Abzeichen, Orden; [hoher] Rang«).

**Be̱rend:** Kurzform von ▸ Bernhard.

**Be̱rengar:** romanisierte Form von Bernger (german. *ber(a)nu- »Bär« + ahd. gēr »Speer«).

**Bẹrnard,** französ. Aussprache: [bɛrˈna:r], engl. Aussprache: [ˈbə:nəd]: französische und englische Form von ▸ Bernhard.

**Bernạrdo:** italienische und spanische Form von ▸ Bernhard.

**Bẹrnd,** (auch:) Bẹrndt: Kurzform von ▸ Bernhard.

**Bẹrnfried:** Anfang des 20. Jh.s aufgekommener Vorname

B

## Die schönsten englischen Jungennamen

Alan * Andrew * Brian * Charlie * George * Harry * Henry * Jack * James * Jeremy * Liam * Matthew * Nick * Steve * William

(german. *ber(a)nu- »Bär« + ahd. fridu »Schutz vor Waffengewalt, Friede; Friedenswahrer«).

**Bẹrnhard:** alter deutscher Vorname, zu german. *ber(a)nu- »Bär« + ahd. harti, herti »hart, kräftig, stark«, etwa »stark wie ein Bär«.

**Bẹrno:** alter deutscher Vorname, verselbstständigte Kurzform von Namen, die mit »Bern-« (german. *ber(a)nu- »Bär«) gebildet sind.

**Bẹro:** alter deutscher Vorname, zu ahd. bero »Bär«.

**Bẹrt:** Kurzform von Namen, die mit »Bert-« oder »-bert« gebildet sind, z. B. ▸ Berthold, ▸ Albert.

**Bẹrthold,** (auch:) Bạrthold; Bẹrtold; Bẹrtolt: alter deutscher Vorname, zu ahd. beraht »glänzend« + ahd. -walt zu waltan »walten, herrschen«.

**Bẹrti:** Koseform von Namen, die mit »Bert-« oder »-bert« (ahd. beraht »glänzend«) gebildet sind.

**Bẹrtil:** ursprünglich deutsche, jetzt schwedische Kurzform von Namen, die mit »Bert-« oder »-bert« (ahd. beraht »glänzend«) gebildet sind.

**Bẹrtold,** (auch:) Bẹrtolt: ▸ Berthold.

**Bẹrtram:** alter deutscher Vorname, zu ahd. beraht »glänzend« + ahd. hraban »Rabe«, etwa »glänzender Rabe«.

**Bẹrtrand,** französ. Aussprache: [bɛrˈtrã], engl. Aussprache: [ˈbə:trənd]: alter deutscher Vorname, ahd. beraht »glänzend« + ahd. rant »Schild« oder französische bzw. englische Form von ▸ Bertram.

**Bẹrtwin:** alter deutscher Vorname (ahd. beraht »glänzend, berühmt« + ahd. wini »Freund«, etwa »berühmter Freund«).

**Bilgẹ:** türkische Herkunft, Bedeutung »der Weise«.

**Bill:** englische Kurzform von William (▸ Wilhelm).

**Billy:** englische Koseform von ▸ Bill.

**Birger:** nordische (schwedische) Herkunft, wohl zu dem altnordischen Verb bjarga »helfen«, etwa »hilfreich, Helfer«.

**Birk:** in Deutschland ursprünglich alemannische Kurzform von ▸ Burkhard, seit Beginn des 20. Jh.s auch in Skandinavien vergeben und von dort als nordischer Name erneut nach Deutschland gelangt.

**Birko:** Erweiterung von ▸ Birk oder männl. Bildung zum weibl. Vornamen Birke, der wohl trotz der Möglichkeit, ihn von einem althochdeutschen Namen (zu ahd. burg »Burg, Zufluchtstätte, Schutz«) abzuleiten, nach der Baumbezeichnung neu gebildet wurde.

**Bjarne:** norwegische Nebenform von ▸ Björn.

**Björn:** nordische Herkunft, zu norweg. bjørn, schwed. björn »Bär«.

**Blasius:** aus dem Lateinischen, Bedeutung unbekannt.

**Boas:** aus der Bibel, zu hebr. bōʻōz »in ihm ist Stärke«. Nach dem Alten Testament war Boas ein jüdischer Grundbesitzer, der Rut heiratete.

**Bob:** englische Koseform von ▸ Robert.

**Bobby:** englische Koseform von ▸ Robert.

**Bodo,** (auch:) Boto; Botho: alter deutscher Vorname, geht zurück auf altsächs. bodo »Gebieter«, später umgedeutet zu ahd. boto »Bote«.

**Bogdan:** aus dem Polnischen oder Russischen, bedeutet – wie auch Theodor – eigentlich »Gottesgeschenk«, zu urslaw. *bogъ »Gott« + dan, zu urslaw. *dati »geben«.

**Bohdan:** tschechische und slowakische Form von ▸ Bogdan.

**Bojan:** russische, polnische, tschechische, slowakische, bulgarische, serbische oder kroatische Herkunft, geht entweder zurück auf eine Partizipform des Verbs bojati sę »sich fürchten« (etwa »furchtsam«) oder auf eine Ableitung von Namen wie Bojeslav/Bojislav (urslaw. *bojь »Kampf« + urslaw. *slava »Ruhm, Ehre«).

**Bolko:** entweder verkürzte Form aus älterem Boldeko (Kurzform von Namen, die mit »Bald-« gebildet sind) oder Kurzform des polnischen Vornamens Bolesław (urslaw. *bol'e »mehr« + urslaw. *slava »Ruhm, Ehre«).

**Bonne,** (auch:) Bonno: Nebenform von ▸ [I]Bono.

## Die schönsten norddeutschen Jungennamen

Andries * Bork * Derek * Enno * Erk * Gerrit * Hark * Hennig * Jasper * Karsten * Merten * Remko * Siemen * Sönke * Tjark * Velten * Wolter

[1]**Bo̱no:** friesische Herkunft (zu einem german. Stamm *bun- von unbekannter Bedeutung).

[2]**Bo̱no:** italienische Herkunft, geht zurück auf den spätrömischen Beinamen Bonus (lat. bonus »gut«) bzw. auf den gleichbedeutenden mittelalterlichen Wunschnamen Bono.

**Bo̱ris:** aus dem Russischen oder Bulgarischen, Kurzform von ▸ Borislav.

**Bo̱rislav,** (auch:) Bo̱rislaw: slawische Herkunft, russ., bulg., serb., kroat. Bọrislav, poln. Borzỵsław (zu urslaw. *borti »kämpfen« + urslaw. *slava »Ruhm, Ehre«).

[1]**Bọrja:** (vor allem serbische, kroatische, slowenische) Koseform von ▸ Borislav.

[2]**Borja** [ˈbɔrxa]: spanische Herkunft, verselbstständigter Beiname des heiligen Franz von Borja.

**Bọrk:** niederdeutsche Kurzform von ▸ Burkhard.

**Borromä̱us:** latinisierte Form des italienischen Familiennamens Borromeo.

**Bọsse,** (auch:) Bọsso: niederdeutsche Koseform von ▸ Burkhard.

**Bo̱to,** (auch:) Bo̱tho: alter deutscher Vorname, Nebenform von ▸ Bodo.

**Brad** [bræd]: englische Herkunft, Kurzform von ▸ Bradley.

**Bradley** [ˈbrædlɪ]: englische Herkunft, ursprünglich ein Familienname nach einem Ortsnamen zu altengl. brad »breit« und altengl. lēah »Wald, Lichtung«: »breite Waldlichtung«.

**Brady** [ˈbreɪdɪ]: geht zurück auf einen englischen Familiennamen nach einem körperlichen Merkmal (»breites Auge«) oder nach dem Wohnsitz (»wohnhaft bei der breiten Insel«) bzw. auf die engl. Form des irischen Familiennamens Mac Brádaigh (»Nachkomme des Brádach«).

**Brandon** [ˈbrændən]: aus dem Englischen, ursprünglich ein Orts- und Familienname, zu altengl. brōm »Ginster« + altengl. dūn »Hügel«: »Ginsterhügel«; zum Teil auch Variante von ▸ Brendan.

**Bran̦ko:** serbische, kroatische oder slowenische Herkunft, Kurzform von Branislav (zu urslaw. *borniti »[be]kämpfen« + urslaw. *slava »Ruhm, Ehre«).

**Brendan** [ˈbrɛndən]: englische Schreibweise des altirischen Namens Bréanainn (»Prinz«).

**Brian,** (auch:) Bryan [ˈbraɪən]: aus dem Englischen, irischer oder bretonischer Ursprung, wahrscheinlich zu kelt. *brigonos »hoch, erhaben, edel«.

**Brice:** englische [braɪs] und französische [bris] Form des Heiligennamens Brictius, bei dem es sich um die Latinisierung eines ursprünglich keltischen Namens handelt, dessen Bedeutung noch umstritten ist.

**Bro̲der:** fries. und nord. Vorname mit der Bedeutung »Bruder«.

**Bro̲r:** durch Zusammenziehung entstandene Form von ▸ Broder.

**Bruce** [bru:s]: aus dem Englischen, geht zurück auf den Namen eines schottischen Adelsgeschlechts normannischen Ursprungs, leitet sich ab von einem bisher nicht genau bestimmbaren Ortsnamen in der Normandie.

**Bru̲n:** alter deutscher Vorname, zu ahd. brūn »braun«. Brun war Beiname des Gottes Odin und verhüllender Name für den Bären.

**Bru̲no:** latinisierte Form von ▸ Brun.

**Bryan:** ▸ Brian.

**Bryn** [brɪn]: geprägt nach walisisch bryn »Hügel«.

**Bülẹnt:** zu türk. bülent »hoch«.

**Bụrkhard,** (auch:) Bụrchard; Bụrghard; Bụrghardt; Bụrghart; Bụrkhart; Bụrkart: alter deutscher Vorname, ahd. burg »Burg, Zufluchtsstätte, Schutz« + ahd. harti, herti »hart, kräftig, stark«.

**Burt** [bə:t]: Kurzform des englischen Familien- und Vornamens Burton, der wiederum auf den gleichlautenden Ortsnamen zurückgeht, oder Schreibvariante von engl. Bert, Kurzform von ▸ Albert.

**Bụsso:** niederdeutsche Koseform von ▸ Burkhard.

# C

**Caden** [ˈkeɪdən]: in Australien geläufig, ursprünglich ein irischer Familienname, der aus MacCadáin (»Sohn des Cadán«) hervorgegangen ist.

**Caesar:** ▸ Cäsar.

[1]**Caius:** ältere lateinische Schreibweise des römischen Vornamens Gaius, dessen Etymologie noch ungeklärt ist.

[2]**Caius:** männl. Vorn., Latinisierung von ▸ Kai in Anlehnung an ▸ [1]Caius.

**Cajetan:** ▸ Kajetan.

**Caleb** [ˈkeɪləb]: englische Form von ▸ Kaleb, die vor allem in den USA und Australien gebräuchlich ist.

**Callum** [ˈkæləm]: schottisch-gälische Form des Namens des aus Irland stammenden heiligen Columba (zu lat. columba »Taube«; latinisierte Form seines irischen Klosternamens Colum Cille »Taube der Kirche«).

**Calvin** [ˈkæl...]: aus dem Englischen, geht zurück auf den Genfer Reformator Johannes Calvin, zu lat. calvus »kahlköpfig«.

**Cameron** [ˈkæmərən]: Der Name geht zurück auf einen schottischen Familiennamen. So heißt einer der großen Clans in den Highlands, zu gäl. cam shron »gekrümmte Nase«.

**Camill:** ▸ Camillus.

**Camille** [kaˈmij]: französische Form von ▸ Camillus.

**Camillo,** (eindeutschend:) Kamillo: italienische Form von ▸ Camillus.

**Camillus,** (auch:) Kamillus; Camill; Kamill: lateinische Herkunft. Camillus war der Beiname des altrömischen Geschlechts der Furii und wird in Verbindung gebracht mit den camillī, edelgeborenen Knaben, die den Priestern bei den Opfern halfen.

**Can** [dʒɑn]: zu türk. can »Seele, Leben«.

**Candidus,** (auch:) Candid: zu lat. candidus, -a, -um »blendend weiß; fleckenlos; heiter; rein, lauter, ehrlich«.
**Carel:** ▸ Karel.
**Carl:** Schreibvariante von ▸ Karl.
**Carlino:** Erweiterung von ▸ Carlo.
**Carlo:** italienische Form von ▸ Karl.
**Carlos:** spanische Form von ▸ Karl.
**Carmelo:** aus dem Spanischen oder Italienischen, männliche Form von Carmela, bezieht sich auf die Virgen del Carmen (die »Jungfrau [Maria] vom Berge Karmel«).
**Caro:** zu lat. cārus, -a, -um »lieb, wert, geschätzt« bzw. italien. »lieb, teuer«.
**Carol,** (auch:) Karol: geht zurück auf die latinisierte Form von ▸ Karl, Carolus, auch rumänisch und englisch.
**Carolus,** (auch:) Karolus: latinisierte Form von ▸ Karl.
**Carsten:** ▸ Karsten.
**Cary** [ˈkærɪ]: englische Herkunft, ursprünglich ein Familienname, der wiederum auf den gleichlautenden Ortsnamen (Devon, Somerset) zurückgeht.
**Cäsar,** (auch:) Caesar; Cesar: lateinische Herkunft, Beiname im Geschlecht der Julier, Bedeutung unbekannt; die bekannteste der vier volksetymologischen Deutungen der Antike stellte ihn zu dem Verb caedere, caesum »schlagen, hauen, [heraus]schneiden«, weil der erste Träger dieses Namens bei der Geburt aus dem Mutterleib herausgeschnitten worden sein soll. Der berühmteste Namensträger war Gaius Julius Cäsar, römischer Feldherr und Staatsmann.
**Casimir:** ▸ Kasimir.
**Caspar,** (auch:) Casper: ▸ Kaspar.
**Cassian,** (auch:) Kassian: aus dem Lateinischen, Weiterbildung von ▸ Cassius.
**Cassius:** lateinischer Ursprung, geht zurück auf einen altrömischen Geschlechternamen.
**Castor:** ▸ Kastor.
**Cay:** ▸ Kai.
**Cecil** [ˈsɛsl]: englische Form des altrömischen Geschlechternamens Caecilius, der vielleicht etruskischen Ursprungs ist und später volksetymologisch zu lat. caecus, -a, -um »blind« gestellt wurde.
**Cedric,** (auch:) Cedrik [ˈsɛ...]: aus dem Englischen, erfunden von Walter Scott für eine Gestalt seines Romans »Ivanhoe«,

C

## Die schönsten internationalen Formen von Johannes

Giovanni (italienisch) * Ian (schottisch) * Ioánnis (griechisch) * Ion (rumänisch) * Iwan (Russisch) * Janis (lettisch) * János (ungarisch) * Jean (französisch) * Jens (dänisch) * John (englisch) * Jovan (serbisch, kroatisch) * Juan (spanisch) * Juhanni (finnisch) * Sean (irisch)

**Kurz- und Koseformen:** Hanke * Hanko * Hannes * Hanno * Hans * Hansi * Jan * Jannes * Janni * Janning * Janno * Jans

vielleicht eine ungenaue Wiedergabe des Namens des angelsächsischen Gründers des Königreichs Wessex, Cerdic.

**Cees,** (auch:) Kees: niederländische Kurzform von ▸ Cornelius.

**Celal** [dʒɛˈlal]: türkische Form des arabischen Namens ▸ Djalal.

**Cem** [dʒɛm]: türkische Herkunft, Bedeutung »Herrscher, König«.

**Cemal** [dʒɛˈmal]: türkische Form des arabischen Namens ▸ Djamal.

**Cemil** [dʒɛˈmil]: türkische Form des arabischen Namens ▸ Djamil.

**Cengiz** [dʒɛŋˈgiz], (auch:) Cengizhan [dʒɛŋgizˈhan]: türkische Formen des Namens des Gründers des Mongolischen Weltreichs, Dschingis Khan, Bedeutung vielleicht »ozeangleicher Herrscher«.

**Cesar:** ▸ Cäsar.

**César** [seˈzar]: französische Form von ▸ Cäsar.

**Cesare** [ˈtʃe:zare]: italienische Form von ▸ Cäsar.

**Çetin** [tʃɛˈtin]: zu türk. çetin »feurig, lebhaft«.

**Chaim,** (auch:) Haim: zu neuhebr. chayim »Leben«.

**Charles,** engl. Aussprache: [tʃɑ:lz], französ. Aussprache: [ʃarl]: englische und französische Form von ▸ Karl.

**Charlie,** (auch:) Charley; Charly [tʃ...]: englische Koseform von Charles (▸ Karl).

**Che** [tʃe]: geht zurück auf den Spitznamen des aus Argentinien stammenden Politikers und Guerillaführers Ernesto Guevara; im Spanischen kein Vorname, sondern eine Interjektion, mit der man in Argentinien, Bolivien und Uruguay Verwunderung ausdrückt bzw. Personen und Tiere ruft. Guevaras Spitzname zielte vor allem auf seine argentinische Sprechweise ab.

**Chen** [tʃen]: chinesische Herkunft, bedeutet »groß«.

**Chester** [ˈtʃɛ...]: englische Herkunft, geht zurück auf den gleichlautenden englischen Familiennamen mit der Bedeutung »jemand aus der Stadt Chester«.

**Chlodwig:** geht zurück auf den Namen des ersten katholischen Frankenkönigs, entspricht ▸ Ludwig.

**Chris,** (auch:) Kris; Cris: aus dem Englischen, Kurzform von Christopher (▸ Christoph).

**Christel,** (oberdeutsch auch:) Christl: Koseform von ▸ Christian.

**Christen:** Nebenform von ▸ Christian.

**Christer:** ▸ Krister.

**Christian,** (auch:) Cristian; Kristian: lat. Chrīstiānus »zu Christus gehörend, Anhänger Christi, Christ«.

**Christoffer:** ältere Form von ▸ Christoph oder Schreibvariante von engl. ▸ Christopher.

**Christoph,** (auch:) Christof; Kristof: zu griech. Christophóros »Christus tragend«.

**Christopher:** englische Form von ▸ Christoph.

**Christos:** aus dem Griechischen, Kurzform von Christóphoros (▸ Christoph).

**Ciarán,** (auch:) Kieran [ˈkɪərən]: irische Herkunft, ursprünglich ein Beiname, der auf eine Verkleinerungsform von gäl. ciar »schwarz« zurückgeht.

**Claas:** niederdeutsche und niederländische Kurzform von ▸ Nikolaus.

**Clas:** ▸ Klas.

**Claude** [klo:d]: französische Form von ▸ Claudius.

**Claudio:** italienische und spanische Form von ▸ Claudius.

**Claudius,** (auch:) Klaudius: geht zurück auf einen römischen Geschlechternamen, Herkunft und Bedeutung unbekannt.

## Die schönsten kurzen Jungennamen

Alf * Arnd * Bo * Ben * Chris * Finn * Fred * Jan * Jos * Kai * Lutz * Max * Pitt * Till * Wim

**Claus:** ▸ Klaus.

**Clemens,** (auch:) Klemens; Clement: zu lat. clēmēns »mild, gnädig«.

**Clint:** aus dem Englischen, Kurzform von ▸ Clinton.

**Clinton** [ˈklɪntən]: englische Herkunft, ursprünglich ein Familienname, der wiederum auf einen Ortsnamen zurückgeht.

**Clive** [klaɪv]: englische Herkunft, ursprünglich ein Familienname, der sich wiederum von einem Örtlichkeitsnamen zu altengl. clif »Klippe, Felsen, steiler Abhang« ableitet.

**Cole** [koʊl]: englische Herkunft, ursprünglich ein Familienname, der auf den mittelalterlichen Personennamen Cola (»schwarz wie Kohle«) oder auf den gleichbedeutenden Übernamen (zu altengl. col »Kohle«) zurückgeht. Gelegentlich wird Cole auch als Kurzform von Nicholas (▸ Nikolaus) gebraucht.

**Colin,** (auch:) Collin: aus dem Englischen, Koseform von Nicholas (▸ Nikolaus).

**Conan** [ˈkɔnən]: irische Herkunft, englische Schreibweise des gälischen Namens Cónán, ursprünglich ein Beiname, der auf eine Verkleinerungsform von gäl. cú »Jagdhund« zurückgeht.

**Connor** [ˈkɔnə]: englische Form des irischen (gälischen) Namens Conchobhar, dessen Bedeutung umstritten ist.

**Conny:** Koseform von ▸ Konrad.

**Conrad:** ▸ Konrad.

**Conradin:** ▸ Konradin.

**Constantin:** ▸ Konstantin.

**Corbinian:** ▸ Korbinian.

**Cord,** (auch:) Cordt: ▸ Kord.

**Corentin** [kɔrãˈtɛ̃]: französische Form des bretonischen Namens Kaourantin, dessen Bedeutung umstritten ist.

**Corey** [ˈkɔːrɪ]: ursprünglich ein englischer Familienname, der auf einen altnordischen Personennamen zurückgeführt wird.

**Corin:** aus dem Englischen, geht zurück auf eine französische Form von ▸ Quirin.

**Cornel:** verkürzte Form von ▸ Cornelius.

**Cornelio:** italienische und spanische Form von ▸ Cornelius.

**Cornelis:** Nebenform von ▸ Cornelius, auch niederländisch.

**Cornelius,** (auch:) Cornel; Cornell; Kornel; Kornelius: lateinischer Ursprung, geht zurück auf einen altrömischen Geschlechternamen.

**Cornell:** verkürzte Form von ▸ Cornelius, auch englisch [kɔːˈnɛl].

**Corrado:** italienische Form von ▸ Konrad.

**Corry** [ˈkɔrɪ]: Variante von ▸ Corey. Die Verwendung als Vorname setzte in den 1960er-Jahren ein. Der Name wird vor allem von afroamerikanischen Eltern vergeben.

**Corvin:** verkürzte Form des römischen Beinamens Corvinus (zu lat. corvus »Rabe«).

**Cosimo,** (auch:) Cosmo: italienische Form von ▸ Kosmas. Der Name war traditionell in der Familie der Medici (Cosimo I., Großherzog der Toskana, Förderer der Künste, 16. Jh.).

**Coşkun** [dʒɔʃˈkun]: türkische Herkunft, zu türk. coşkun »begeistert, feurig, lebhaft«.

**Cosmas:** latinisierende Schreibung von ▸ Kosmas.

**Cosmo:** ▸ Cosimo.

**Craig** [kreɪg]: geht zurück auf einen schottischen Familiennamen (gäl. creag »Felsenspitze, Klippe«).

**Crispin,** (auch:) Crispinus: lateinischen Ursprungs, Erweiterung des römischen Namens Crispus (zu lat. crispus »kraushaarig«).

**Cristian:** ▸ Christian.

**Curd,** (auch:) Curt: ▸ Kurt.

**Curtis** [ˈkəːtɪs]: englische Herkunft, ursprünglich ein Familienname, der auf altfranzös. curteis »höfisch, zum Hof gehörig« zurückgeht.

**Cyrillus,** (auch:) Cyrill; Kyrill: zu griech. kýrios »Herr [Gott]«.

**Cyrus,** engl. Aussprache: [ˈsaɪərəs]: persische Herkunft, dessen Bedeutung unklar ist. Die latinisierte Form Cyrus geht auf Kyros, die griechische Form von altpers. Kuruš, zurück. Kyros war der Name des persischen Königs und Gründers des altpersischen Weltreichs (6. Jh. v. Chr.). In England war der Name besonders in puritanischen Familien beliebt.

# D

**Daan:** niederländische Kurzform von ▸ Daniel.

**Dag:** verselbstständigte, nordische Kurzform von Namen, die mit »Dag-« (german. *daga- »Tag, helle Zeit«) gebildet sind.

**Dagobert:** wahrscheinlich keltisch-[gallisch-]germanischer Mischname zu kelt. daga »gut, sehr« + ahd. beraht »glänzend, berühmt«, also »der sehr Berühmte«. Dagobert war im 7. Jh. merowingischer Königsname. Der Name kam im Mittelalter außer Gebrauch und wurde erst im 19. Jh. neu belebt.

**Dale** [deɪl]: aus dem Englischen, ursprünglich ein Familienname, der einen Talbewohner bezeichnete, zu engl. dale »Tal«.

**Damian:** zu griech. damázō »bezwingen«.

**Damiano:** italienische Form von ▸ Damian.

**Damien** [dɑˈmjɛ̃]: französische Form von ▸ Damian.

**¹Dan:** aus der Bibel, hebräischer Ursprung, Bedeutung »Er [Gott] hat gerichtet«. Nach dem Alten Testament war Dan, ein Sohn Jakobs, der Ahnherr einer der zwölf Stämme Israels.

**²Dan** [dæn]: englische Kurzform von ▸ Daniel.

**³Dan:** zu altnord. Danr »Däne«.

**Danesch:** persische Herkunft, bedeutet »Wissen«.

**Daniel:** aus der Bibel, Herkunft unsicher, zu hebr. din'ēl »Gott richtet« oder akkad. danānu-ēl »Gott ist mächtig«.

**Daniele:** italienische Form von ▸ Daniel.
**Danilo:** serbische, kroatische, bulgarische, makedonische Form von ▸ Daniel.
**Dankmar,** (auch:) Tankmar; Thankmar: alter deutscher Vorname, zu ahd. thank »Denken; Gedanke; Erinnerung; Dank« + māri »bekannt, berühmt, angesehen«.
**Danko:** Koseform von Namen, die mit »Dank-« beginnen, auch serbische, kroatische Koseform von ▸ Bogdan.
**Danny** [...æ...]: englische Koseform von ▸ Daniel.
**Dano:** bulgarische Koseform von ▸ Daniel, ▸ Bogdan, ▸ Jordan.
**Dante:** italienische Herkunft, alte Kurzform von dem spätlateinischen mittelalterlichen Wunschnamen Durante (zu lat. dūrāns, Partizip Präsens von dūrāre »ausdauern, aushalten«, auch im christlichen Sinn: »ausdauernd im Glauben«).
**Dany:** Koseform von ▸ Daniel.
**Darian:** aus dem Serbischen, Kroatischen und Slowenischen, Ableitung von Božidar (urslaw. *boži »göttlich« + dar, zu urslaw. *dati »geben«).
**Dario:** italienische Form von ▸ Darius.
**Darius:** persischer Ursprung, geht zurück auf den Thronnamen dreier Perserkönige, vor allem Darius' I., des Großen. Altpersisch Dāraya-vauš »das Gute festhaltend, Inhaber des Guten« ergibt griech. Dareīos, lat. Dārīus.
**Darko:** tschechische, bulgarische, serbische, kroatische, makedonische Koseform von ▸ Darius.
**Darrell** [ˈdærəl]: aus dem Englischen, ursprünglich ein normannischer Adelsname (de Arel, Darel), der die Herkunft aus Airelle (Calvados) bezeichnete.
**Darryl** [ˈdærɪl]: englische Herkunft, wohl eine Variante von ▸ Darrell.
**Darwin** [ˈdɑːwɪn]: in Deutschland seit Ende des 19. Jh.s vereinzelt vorkommend, ursprünglich ein englischer Familienname, der auf den altenglischen Rufnamen Dēorwine (altengl. dēor »lieb« + wine »Freund«) zurückgeht.
**Dave** [deɪv]: aus dem Englischen, Koseform von ▸ David.
**David:** aus der Bibel, hebräischer Ursprung, Bedeutung wahrscheinlich »Liebling«, vielleicht aber auch »Vatersbruder« oder aber ein Thronname.
**Davide:** italienische Form von ▸ David.
**Davin** [ˈdeivɪn]: englische Herkunft, am ehesten entstanden

## Die schönsten Namen von Sängern

Bob Dylan * Bruce Springsteen * David Bowie * Elton John * Eric Clapton * George Michael * Hannes Wader * Leonard Cohen * Mick Jagger * Neil Young * Paolo Conte * Roger Cicero * Xavier Naidoo

durch eine Rückbildung des weiblichen, vorwiegend schottischen Namens Davina, der zu ▸ David gebildet wurde.

**Davis** [ˈdeɪvɪs]: ursprünglich ein aus ▸ David entstandener englischer Familienname.

**Davụt:** türkische Form von ▸ David (über arabisch Dāʻūd).

**Dayarạm:** aus Indien stammender Vorname (sanskrit. dayā »Mitleid« + Rām[a]: »wie Rama mitleidig«).

**Dean** [diːn]: aus dem Englischen, hervorgegangen aus einem Familiennamen, zu mittelengl. deen aus lat. decānus »Vorsteher eines Kathedralkapitels« oder altengl. denu »Tal«.

**Degenhard,** (auch:) Deinhard; Denhart: alter deutscher Vorname (ahd. thegan, degan »[junger] Held, Krieger« + ahd. harti, herti »hart, kräftig, stark«).

**Dẹjan:** slowenische, kroatische, serbische Herkunft, geht zurück auf die südslawische Wurzel dĕj- »Handlung«.

**Demian:** nach der russischen und ukrainischen Form Dem'jan von ▸ Damian.

**Denhart:** jüngere Form von ▸ Degenhard.

**Denis** [dəˈnɪ]: französische Form von ▸ Dionys[ius].

**Deniz** [dɛˈniz]: zu türk. deniz »Meer«.

**Dẹnnis:** aus dem Englischen, geht zurück auf ▸ Dionys[ius].

**Dẹnny:** englische Koseform von ▸ Dennis.

**Denys** [dəˈni]: französische Herkunft, ältere Form von ▸ Denis.

**Dẹrek:** niederdeutsche, durch Zusammenziehung entstandene Kurzform von ▸ Dietrich, möglicherweise bei Wiederaufnahme in den 1960er-Jahren auch Entlehnung des gleichbedeutenden englischen Vornamens Derek [ˈdɛrɪk].

**Derik,** (auch:) Derk: Variante von niederdt. ▸ Derek.

**Derrick:** Variante von ▸ Derek.

**Desiderius:** zu lat. dēsīderium »Sehnsucht, Wunsch«.

**Detlef,** (auch:) Detlef; Detlev; Detlev: niederdeutscher Vorname, zu altsächs. thiad »Volk« + altsächs. leva »Erbe, Nachlass, Sohn, Tochter«.

**Detmar,** (auch:) Detmer; Dettmar: niederdeutsche Form von ▸ Dietmar.

[1]**Devin** [ˈdevɪn]: in den USA geläufig, ursprünglich ein Familienname, dem ein Übername für einen vortrefflichen Menschen (zu mittelengl. devin »göttlich, himmlisch«) zugrunde liegt. Der irische Familienname Devin ist gälischen Ursprungs und geht auf Ó Daimhín (zu gäl. damh »Ochse«) oder Ó Duibhín (zu gäl. dubh »schwarz«) zurück.

[2]**Devin:** türkische Herkunft (»Anstrengung, Bemühung, Eifer«).

**Dian:** wohl verkürzte Form von ▸ Gordian.

**Dick:** englische Koseform von ▸ Richard.

**Didi:** Koseform von ▸ Dietrich und ▸ Dieter.

**Didier** [diˈdje]: französische Form von ▸ Desiderius.

**Diederik:** Nebenform von ▸ Dietrich.

**Diedrich:** Nebenform von ▸ Dietrich.

**Diego:** spanische Herkunft. Die verbreitete Auffassung, span. Diego habe sich aus Sant Jago (= Jakob) durch falsche Abtrennung des »t« entwickelt, ist unzutreffend. Die heutige Namensform ist aus dem vorrömischen, im mittelalterlichen Spanien bezeugten Personennamen Didacus hervorgegangen und hat sich über Diago zu Diego entwickelt.

**Diemo:** Kurzform von ▸ Dietmar.

**Dierk:** niederdeutsch-friesische Kurzform von ▸ Dietrich.

**Dieter,** (auch:) Diether: alter deutscher Vorname, zu ahd. thiot »Volk« + ahd. heri »Heer; Heerführer, Krieger«, etwa »Krieger im Volksaufgebot«; in neuerer Zeit auch als Kurzform von ▸ Dietrich gebraucht.

**Dietger:** alter deutscher Vorname (ahd. thiot »Volk« + ahd. gēr »Speer«).

**Diethard,** (auch:) Diethart; Dethard; Detert: alter deutscher Vorname (ahd. thiot »Volk« + ahd. harti »hart, kräftig, stark«).

**Diether:** ▸ Dieter.

**Dietmar,** (auch:) Detmar; Detmer; Dettmar; Dittmar: alter

## Die schönsten französischen Jungennamen

André * Claude * Fabrice * Jacques * Jules * Louis * Marc * Marcel * Mathieu * Maurice * Maxime * Pascal * Patrice * Thierry * Yves

deutscher Vorname, zu ahd. thiot »Volk« + ahd. māri »bekannt, berühmt, angesehen«.

**Dietram:** alter deutscher Vorname (ahd. thiot »Volk« + ahd. hraban »Rabe«).

**Dietrich:** alter deutscher Vorname, zu ahd. thiot »Volk« + ahd. rīhhi »Herrschaft, Herrscher, Macht; reich, mächtig, hoch«, also »im Volk mächtig«.

**Dietz:** Koseform von ▸ Dietrich.

**Dimitri,** (auch:) Dmitri; Dimitrij: russische Form von Demetrius (griech. Dēmḗtrios »der Fruchtbarkeitsgöttin Demeter zugehörig«).

**Dimítrios:** neugriechische Form von altgriech. Dēmḗtrios (▸ Dimitri).

**Dimo:** Kurzform von Namen, die mit »Diet-« gebildet sind, besonders von ▸ Dietmar.

**Dinesch,** (auch:) Dinesh: indischer Herkunft (zu sanskrit. dina »Tag« + sanskrit. īśa »Herr«: »Herr des Tages«, das heißt: »Sonne«).

**Dino:** italienische Kurzform von Namen, die auf »-dino« ausgehen (z. B. Bernardino, Corradino).

**Dion:** Kurzform von ▸ Dionys(ius).

**Dionys:** ▸ Dionysius.

**Dionysius,** (auch:) Dionys: zu griech. Dionýsios »der dem Gott Dionysos Geweihte«.

**Dirk:** niederdeutsche, durch Zusammenziehung entstandene Kurzform von ▸ Dietrich.

**Dirko:** Erweiterung von ▸ Dirk.

**Dittmar:** Nebenform von ▸ Dietmar.

**Djalal** [dʒa'la:l]: zu arab. djalāl »Größe, Verehrung, Ruhm«.

**Djamal** [dʒa'ma:l]: zu arab. djamāl »Schönheit«.

**Djamil** [dʒaˈmiːl]: zu arab. djamīl »schön, hübsch«.
**Dmitri:** Nebenform von ▸ Dimitri.
**Dobo:** aus Kenia und Tansania, bedeutet auf Suaheli »klein«.
**Dodo:** Lallform zu zweigliedrigen alten deutschen Namen, die ein »d« enthalten (z. B. ▸ Rudolf).
**Dolf:** Kurzform von Namen, die auf »-dolf« ausgehen, besonders von ▸ Rudolf, ▸ Adolf.
**Domenic:** gekürzt aus ▸ Domenico.
**Domenico:** italienische Form von ▸ Dominikus.
**Domenik:** deutsche Schreibweise für ▸ Domenic.
**Domingo:** spanische Form von ▸ Dominikus.
**Dominic:** verkürzt aus ▸ Dominicus, auch englisch [ˈdɔmɪnɪk].
**Dominicus:** ▸ Dominikus.
**Dominik:** verkürzt aus ▸ Dominikus.
**Dominikus,** (auch:) Dominicus; Dominik: zu lat. dominicus »zum Herrn gehörend«.
**Dominique:** französische Form von ▸ Dominikus.
**Don:** aus dem Englischen, Kurzform von ▸ Donald.
**Donald:** aus dem Englischen, zu kelt. *dubno »Welt« + *walos »mächtig«.
**Donat,** (auch:) Donat; Donatus: zu lat. dōnāre »schenken«, Bedeutung »der [Gott oder von Gott] Geschenkte«.
**Donato:** italienische Form von ▸ Donat.
**Donatus:** ▸ Donat.
**Donovan** [ˈdɔnəvən]: geht zurück auf den irischen Familiennamen Ó Donndubháin (»Nachkomme des Donndubhán«). Dieser Name setzt sich aus den gälischen Bestandteilen donn »braun« + dubh »schwarz, dunkel« + -an (Koseendung) zusammen.
**Dori:** zu neuhebr. dori »meine Generation«.
**Dorian** [ˈdɔːrɪən]: aus dem Englischen, vermutlich von Oscar Wilde für die Hauptperson seines Romans »Das Bildnis des Dorian Gray« geschaffen, vielleicht Ableitung von engl. the Dorian »der Dorier«.
**Doron:** zu griech. dōron »Geschenk, Gabe«.
**Dries,** (auch:) Drees: niederdeutsche Kurzform von ▸ Andreas.
**Durs:** Herkunft und Bedeutung nicht sicher geklärt, vielleicht abzuleiten von ahd. thurs, turs »Dämon, Riese« ; im alemannischen Raum Südwestdeutschlands und in der Schweiz auch als Zusammenziehung von Sankt Urs (mit falscher Abtrennung des -t, das zu D- wird) belegt (▸ Urs).

**Dursụn:** zu türk. durmak »bleiben«: »er möge [am Leben] bleiben!«

**Dustin** [ˈdʌ...]: aus dem Englischen, geht zurück auf einen Familiennamen unklarer Herkunft.

**Dylan** [ˈdɪlən]: aus dem Englischen, ungeklärte Herkunft, Name eines legendarischen walisischen Helden.

# E

**Ẹbbo,** (auch:) E̲bo: verselbstständigte Kurzform von Namen, die mit »Eber-« (ahd. ebur »Eber«) gebildet sind (z. B. von ▸ Eberhard).

**E̲berhard,** (auch:) E̲berhardt; E̲berhart: alter deutscher Vorname, ahd. ebur »Eber« + ahd. harti, herti »hart, kräftig, stark«, etwa »stark, kräftig wie ein Eber«.

**Ẹckard,** (auch:) Ẹckardt; Ẹckart: Nebenform von ▸ Eckehard.

**Ẹckbert,** (auch:) Ẹckbrecht; Ẹgbert: alter deutscher Vorname, zu ahd. ekka »[Schwert]schneide, Spitze« + ahd. beraht »glänzend«.

**Ẹckehard,** (auch:) Ẹckehart; Ẹkkehard; Ẹckhard; Ẹckhart; Ẹckard; Ẹckardt; Ẹckart; Ẹggert: alter deutscher Vorname, zu ahd. ekka »[Schwert]schneide, Spitze« + ahd. harti, herti »hart, kräftig, stark«.

**Ẹd:** englische Kurzform von Edward (▸ Eduard).

**Ẹddi:** Koseform von ▸ Eduard.

**Ẹddy,** (auch:) Ẹddie: engl. Koseform von Edward (▸ Eduard).

**E̲de:** niederdeutsch-friesische Kurzform von Namen, die mit »Ed-« beginnen.

**E̲delbert:** Nebenform von ▸ Adalbert.

**E̲delhard:** Nebenform von ▸ Adelhard.

**E̲den:** aus der Bibel, nach dem Namen des Paradieses (hebr. gan ʼēden »der Garten Eden«).

**Ẹdgar:** zu altengl. ēad »Erbgut, Besitz« + altengl. gār »Speer«.

**Edi:** Koseform von Namen, die mit »Ed-« beginnen (z. B. ▸ Eduard).

**Edlef:** niederdeutsch-friesischer Vorname (altfries. ath- »Gut« + altsächs. leva »Erbe, Nachlass, Sohn, Tochter«).

**Edmond** [ɛdˈmɔ̃]: französische Form von ▸ Edmund.

**Edmund:** zu altengl. ēad »Erbgut, Besitz« + altengl. mund »Schutz, Schützer«.

**Edo,** (auch:) Eddo: niederdeutsch-friesische Kurzform von Namen, die mit »Ed-« beginnen.

**Édouard** [eˈdwa:r]: französische Form von ▸ Edward.

**Eduard:** aus dem Französischen übernommen, englischer Ursprung, ▸ Edward.

**Edvard:** schwedische und norwegische Form von ▸ Edward.

**Edward** [ˈɛdwəd]: englische Herkunft, zu altengl. ēad »Erbgut, Besitz« + altengl. weard »Hüter«.

**Edwin:** englische Herkunft, zu altengl. ēad »Erbgut, Besitz« + altengl. wine »Freund«.

**Edzard:** ursprünglich friesische Form von ▸ Eckehard.

**Efraim:** ▸ Ephraim.

**Egbert:** Nebenform von ▸ Eckbert.

**Egid,** (auch:) Egidius: ▸ Ägid.

**Eginhard:** zu german. *agi- »Furcht, Schrecken« + ahd. harti, herti »hart, kräftig, stark«.

**Egino:** alter deutscher Vorname, verselbstständigte Kurzform von Namen, die mit »Egin-« gebildet sind (z. B. ▸ Eginhard).

**Egmont:** niederdeutsche und niederländische Form von ▸ Egmund.

**Egmund:** zu german. *agi- »Furcht, Schrecken« + ahd. munt »Schutz, Schützer«.

**Egon:** Nebenform von ▸ Egino.

**Ehlert:** Nebenform von ▸ Adelhard oder Eilhart.

**Ehrhard:** ▸ Erhard.

**Eike,** (auch:) Eiko; Aik; Aike; Aiko; Eyck; Eyk; Eycke; Eyke; Eyko: niederdeutsche Kurzform von Namen, die mit »Ecke-« oder »Eg-« gebildet sind (z. B. ▸ Eckehard).

**Eiko,** (auch:) Aiko: ▸ Eike.

**Eilrich:** alter deutscher Vorname, jüngere Form von Agilrich (german. *agi- »Furcht, Schrecken« + ahd. rīhhi »Herrschaft, Herrscher, Macht; reich, mächtig, hoch«).

**Einar:** zu altnord. Einarr aus german. *aina »ein, allein« + urnordisch harjaR, altnord. herr »Heer; Heerführer, Krieger«, etwa »der allein kämpft«.

## Die schönsten Jungennamen mit der Bedeutung »Glück, glücklich«

Anand (»Glück, Freude«) * Asad (»glücklicher«) * Baruch (»der Gesegnete«) * Beatus (»glücklich«) * Benedikt (»gepriesen, gesegnet«) * Benjamin (»Sohn der rechten Hand, des Glücks«) * Felix (»glücklich«) * Gaudenz (»sich freuend«) * Hilarius (»heiter, fröhlich«) * Isaak (»Gott lächelt [dem Kind] zu«) * Naim (»sorglos, glücklich«) * Noam (»Wonne, Freude, Heiterkeit«) * Said (»glücklich«) * Salomon (»Glück, Wohlergehen, Friede«) * Yaron (»Er wird singen, er wird froh sein«)

E

**Einhard,** (auch:) Einhart: zu ahd. ein »ein, einzig; allein« + ahd. harti, herti »hart, kräftig, stark«.

**Eino** [ˈeino]: in Finnland geläufig, Kurzform von Enevald (germ. *aina »ein, allein« + altnord. valdr »Herrscher«; »Alleinherrscher«).

**Eirik:** norwegische Form von ▸ Erik.

**Ekkehard,** (auch:) Ekkehardt; Ekkehart: ▸ Eckehard.

**Eli:** aus der Bibel, zu hebr. ʻēlī, Kurzform eines Namens, dessen Bedeutung unsicher ist, vielleicht »Oberer«.

**Elia:** Nebenform von ▸ Elias, auch italienisch.

**Eliakim:** englische Schreibweise von ▸ Eljakim.

**Elian:** aus dem Französischen, geht zurück auf den Beinamen Aelianus, eine Ableitung des römischen Geschlechternamens Aelius.

**Eliano:** italienische Form von ▸ Elian.

**Elias,** (überkonfessionelle Form:) Elija: aus der Bibel, zu hebr. ʼēlīyāh »[mein] Gott ist Jahwe«. Nach der Bibel war Elias ein großer Prophet, der – von eindrucksvollen Wundern bestätigt – gegen den Baalskult kämpfte.

**Elieser,** (auch:) Eliezer: aus der Bibel, zu hebr. ʼēlīʼezer »mein Gott ist Hilfe«.

**Eligius:** zu lat. ēligere »auswählen, erwählen«.
**Elija:** ▸ Elias.
**Elijah** [ɪˈlaɪdʒə]: englische Form von ▸ Elias.
**Elimar:** Nebenform von ▸ Elmar.
**Elio:** italienische oder spanische Form des römischen Geschlechternamens Aelius.
**Eliot,** (auch:) Elliot: aus dem Englischen, ursprünglich ein Familienname, der wiederum auf eine altfranzösische Koseform von ▸ Elias zurückgeht.
**Elis:** schwedische Form von ▸ Elias.
**Elischa:** aus der Bibel, vielleicht ursprünglich zu hebr. ʾēlyaša‘ »Gott hat geholfen«.
**Eljakim:** aus der Bibel, zu hebr. ʾēlyāqīm »Gott wird aufrichten«.
**Elko:** niederdeutsch-friesische Koseform von Namen, die mit »Adel-« (ahd. adal »edel, vornehm; Abstammung, [edles] Geschlecht«) oder mit »Agil-«, »Egil-« (zu german. *agi- »Furcht, Schrecken«) gebildet sind.
**Ellis:** aus dem Englischen, nach dem gleichlautenden Familiennamen, der wiederum auf eine im Mittelalter geläufige Form von ▸ Elias zurückgeht.
**Elmar,** (auch:) Elmer; Elimar: jüngere Form von Adalmar (ahd. adal »edel, vornehm; Abstammung, [edles] Geschlecht« + ahd. māri »bekannt, berühmt, angesehen«).
**¹Elmo:** Kurzform von ▸ Elmar.
**²Elmo:** italienische Kurzform von ▸ Erasmus.
**Elouan** [eˈluã]: in Frankreich geläufig; bretonische, ursprünglich irische Herkunft (gäl. lugh »der Leuchtende«, wohl bildliche Bezeichnung des Kriegers).
**Eloy** [eˈlɔi̯]: spanische Form von ▸ Eligius.
**Elrich,** (auch:) Elrik: jüngere Form von Adalrich (ahd. adal »edel, vornehm; Abstammung, [edles] Geschlecht« + ahd. rīhhi »Herrschaft, Herrscher, Macht; reich, mächtig, hoch«).
**Elso:** friesische Koseform von Namen, die mit »El-« (zu ahd. adal »edel, vornehm; Abstammung, [edles] Geschlecht«) beginnen, oder männliche Bildung zu Elsa, einer Kurzform von Elisabeth: aus der Bibel, griech. Form des hebr. Namens Elischeba, Bedeutung »Gott ist Fülle, Vollkommenheit«.
**Eltjo:** friesische Koseform von Namen, die mit »El-« (zu ahd. adal »edel, vornehm; Abstammung, [edles] Geschlecht«) beginnen.
**Elton** [ˈɛltən]: englische Herkunft, ursprünglich ein Familienname nach dem gleichlautenden Ortsnamen.

**Elvin:** englische Herkunft, ▸ ¹Alvin.

**Elvis:** angloamerikanischer Ursprung, Herkunft und Bedeutung unklar.

**Emanuel:** Nebenform von ▸ Immanuel, auch schwedisch.

**Emerich:** ▸ Emmerich.

**Emil:** aus dem Französischen, geht zurück auf lat. Aemilius, einen altrömischen Geschlechternamen.

**Emilian:** geht auf Aemilianus, eine Ableitung des römischen Geschlechternamens Aemilius (▸ Emil), zurück.

**Emilio:** italienische und spanische Form von ▸ Emil.

**Emin:** türkische Form von ▸ Amin.

**Emir:** türkische Herkunft (türk. emir »Befehlshaber, Prinz, Fürst« aus gleichbedeutend arab. amīr).

**Emko:** verselbstständigte Koseform von Namen, die mit »Em-« beginnen, z. B. ▸ Emmerich.

**Emmanuel:** Nebenform von ▸ Emanuel, auch französisch [ɛmaˈnɥɛl].

**Emmeram,** (auch:) Emmeran: lateinisch-romanische Form des westfränkischen Namens *Ermenhram (german. *ermana, *irmina »allumfassend, groß«, später Namenglied mit verstärkender Bedeutung + ahd. hraban »Rabe«).

**Emmerich,** (auch:) Emerich: alter deutscher Vorname, Nebenform von Amalrich/Emelrich, dessen erster Bestandteil kennzeichnend für die Namen des ostgotischen Königsgeschlechts der Amaler oder Amelungen ist (vgl. got. *amals »tüchtig, tapfer«), von ▸ Heinrich oder von Ermenrich (german. *ermana, *irmina »allumfassend, groß«, später Namenglied mit verstärkender Bedeutung + ahd. rīhhi »Herrschaft, Herrscher, Macht; reich, mächtig, hoch«).

**Emmo:** verselbstständigte Kurzform von Namen, die mit »Em-« oder »Erm-« beginnen (▸ Emmerich, ▸ Ermin).

**Endres:** Nebenform von ▸ Andreas.

**Endrik:** Variante von ▸ Hendrik.

**Engelbert:** alter deutscher Vorname; der erste Bestandteil, ursprünglich der Stammesname der Angeln, wurde seit der Christianisierung der Germanen zunehmend als »Engel« aus griech./lat. angelus verstanden; der zweite Bestandteil ist ahd. beraht »glänzend«. Der Name konnte somit als »glänzend wie ein Engel« gedeutet werden.

**Ennio:** italienische Form des römischen Geschlechternamens Ennius.

**Enno:** verselbstständigte niederdeutsch-friesische Kurzform von Namen, die mit »Egin-« (▸ Eginhard), »Ein-« (▸ Einhard) oder »Arn-« (▸ Anno) gebildet sind.

**Enric:** südfranzösische [ãˈrik] und katalanische [ənˈrik] Form von ▸ Heinrich.

**Enrico,** (deutsch auch:) Enriko: italienische Form von ▸ Heinrich.

**Enrique** [enˈrike]: spanische Form von ▸ Heinrich.

**¹Enzo,** (auch:) Enzio: italienische Form von Heinz (▸ Heinrich).

**²Enzo:** Kurzform von ▸ Lorenzo, ▸ Vincenzo.

**Ephraim,** (auch:) Efraim: aus der Bibel, hebr. ʼeprayim, wahrscheinlich zu hebr. ʼeper »Gebiet« + Lokalformativ -ayim; ursprünglich wohl Landschaftsname, der einen der zwölf Stämme Israels bezeichnete, dann übertragen auf den Ahnherrn dieses Stammes, den zweiten Sohn des Patriarchen Josef.

**Eppo:** ▸ Ebbo.

**Erardo:** italienische und spanische Form von ▸ Erhard.

**Erasmus:** zu griech. erásmios »liebenswürdig, begehrenswert«.

**Eray:** türkische Herkunft, zu türk. er »Mann« + türk. ay »Mond«.

**Erdoğan** [ɛrdɔːˈɑn]: zu türk. erdoğan »männlicher Falke«.

**Erdwin:** alter deutscher Vorname (ahd. erda »Erde« + ahd. wini »Freund«).

**Erhard,** (auch:) Ehrhard; Erhart: alter deutscher Vorname, zu ahd. ēra »Ehre, Ansehen« + ahd. harti, herti »hart, kräftig, stark«.

**Eric:** englische Form von ▸ Erik.

**Éric,** (auch:) Érik: französische Form von ▸ Erik.

**Erich:** hochdeutsche Form des nordischen und niederdeutsch-friesischen Vornamens ▸ Erik.

**Erik:** dänische/schwedische Herkunft, zu altnord. Eiríkr aus german. *aina »ein, allein« + altnord. ríkr »mächtig; Herrscher«, oder niederdeutsch-friesische Herkunft, zu altsächs. ēra »Ehre« oder altsächs. ēwa »Gesetz« + altsächs. rīki »mächtig; Herrscher«.

**Erin** [ˈeɪrən]: englische Form von gäl. Éirinn, Dativ von Éire »Irland«.

**Erkan:** zu türk. er »Mann« + türk. kan »Blut«.

**Erland:** alter deutscher Vorname; die Herkunft des ersten Namenbestandteils ist umstritten (zu ahd. ēra »Ehre, An-

## Die schönsten Namen großer Philosophen

Arthur Schopenhauer * David Hume * Ernst Bloch * Friedrich Nietzsche * Immanuel Kant * Jean-Paul Sartre * Karl Jaspers * Ludwig Wittgenstein * Roger Bacon

sehen«, zu ahd. heri »Kriegsschar, Heer« oder zu altsächs. erl »edler, vornehmer, freier Mann«), dem zweiten Namenglied liegt ahd. lant »Land« zugrunde. Der Name kommt seit dem Mittelalter auch in Skandinavien vor.

**Ẹrmin:** verselbstständigte Kurzform von Namen, die mit »Ermen-« (german. *ermana, *irmina »allumfassend, groß«, später Namenglied mit verstärkender Bedeutung) gebildet wurden.

**Ernest** [ˈəːnɪst]: englische Form von ▸ Ernst.

**Ernẹsto:** italienische und spanische Form von ▸ Ernst.

**Ẹrno:** Kurzform von ▸ Ernst oder von Namen, die mit »Ern-«, »Arn-« (ahd. arn »Adler«) gebildet wurden.

**Ẹrnst:** alter deutscher Vorname, zu ahd. ernust »Ernst, Eifer; Kampf, Sorge«.

**Erọl:** zu türk. erol »sei ein Mann!«.

**E̲ros:** Name des Gottes der Liebe in der altgriechischen Mythologie. Mit seinen Pfeilen brachte er Liebe, aber auch Unruhe und Unglück zu Göttern und Menschen.

**Ẹrrol,** (auch:) Ẹrroll: geht zurück auf einen schottischen Familiennamen, dem wiederum ein Ortsname zugrunde liegt.

**Ẹrwin,** (auch:) Ẹrwein: alter deutscher Vorname, Herkunft unsicher, zu ahd. heri »Kriegsschar, Heer« oder altsächs. evur »Eber« + ahd./altsächs. wini »Freund«.

**Ẹsra,** (älter auch:) Ẹzra: aus der Bibel übernommen, zu aram. ʻezrāʼ »Hilfe« oder Kurzform des hebr. Namens Asarja »Jahwe hat geholfen«. Nach der Bibel war Esra ein Schriftgelehrter, der als Bevollmächtigter des persischen

Königs Artaxerxes nach Jerusalem ging und dem Gesetz Moses wieder seine ursprüngliche Geltung verschaffte.

**Esteban:** spanische Form von ▸ Stephan.

**Ethan,** (überkonfessionelle Form:) Etan: aus der Bibel, zu hebr. ʼētān »der Langlebige«.

**Étienne** [eˈtjɛn]: französische Form von ▸ Stephan.

**Eugen,** (auch:) Eugen: aus lat. Eugenius zu griech. eugenḗs »wohlgeboren, von edler Abkunft, edel«.

**Eugene** [ˈjuːdʒiːn]: englische Form von ▸ Eugen.

**Eugène** [øˈʒɛn]: französische Form von ▸ Eugen.

**Eugenio,** italien. Aussprache: [eu̯ˈdʒɛːni̯o], span. Aussprache: [eu̯ˈxeni̯o]: italienische und spanische Form von ▸ Eugen.

**Evan** [ˈɛvən]: englische Schreibweise von Iefan, einer walisischen Form von ▸ Johannes.

**Ewald:** alter deutscher Vorname, zu ahd. ēwa »Gesetz, Ordnung« + ahd. -walt zu waltan »walten, herrschen«.

**Eward:** alter deutscher Vorname (ahd. ēwa »Gesetz, Recht, Ordnung« + ahd. wart »Hüter, Schützer«; etwa »Schützer des Gesetzes«).

**Eyck,** (auch:) Eyk; Eycke; Eyke; Eyko: Nebenform von ▸ Eike.

**Ezra:** ältere Form von ▸ Esra, auch englisch.

# F

**Fabian:** lateinischer Ursprung, geht zurück auf einen mit der Endung »-ānus« zu dem römischen Geschlechternamen ▸ Fabius gebildeten Beinamen.

**Fabien** [faˈbjɛ̃]: französische Form von ▸ Fabian.

**Fabio:** italienische und spanische Form von ▸ Fabius.

**Fabius:** lateinischer Ursprung, geht zurück auf einen altrömischen Geschlechternamen, vielleicht zu lat. *fabis »edel«.

**Fabrice** [faˈbris]: französische Form von Fabricius (▸ Fabrizio).

**Fabrizio:** aus dem Italienischen, geht zurück auf den altrömischen Geschlechternamen Fabricius.

**Faiz** [fa:ˈiz]: arabischer Ursprung (arab. fāiz »Sieger« zu arab. fāza »erringen, siegen«).

**Falk:** ▸ Falko.

**Falkmar:** Neubildung aus Falk (▸ Falko) und dem alten Namenbestandteil »-mar« (ahd. māri »bekannt, berühmt, angesehen«).

**Falko,** (auch:) Falk; Falco: alter deutscher Vorname, eher zum Stammesnamen der Falhen (Ostfalen, Westfalen) als zu ahd. falko »der Falke«.

**Farid:** zu arab. farīd »einzigartig, unvergleichlich« zu arab. farada »einzigartig/einmalig sein«.

**Faruk:** zu arab. farūq »der fähig ist, zwischen Recht und Unrecht, Wahrheit und Lüge zu unterscheiden«.

**Faust:** ▸ Faustus.

**Faustin:** geht zuück auf lat. Faustinus, eine Ableitung von ▸ Faustus.

**Fausto:** italienische und spanische Form von ▸ Faustus.

**Faustus,** (auch:) Faust: lateinischer Ursprung, geht zurück auf einen römischen Beinamen, lat. faustus »günstig, beglückend, Glück bringend«.

**Federico:** italienische und spanische Form von ▸ Friedrich.

**Fedor,** (auch:) Feodor: aus dem Russischen, transliterierte (buchstabengetreue) Form von russ. ▸ Fjodor.

**Feike,** (auch:) Feiko: friesische Lall- und Koseform von Namen, die mit »Fried-« gebildet sind.

**Felice** [feˈli:tʃe]: italienische Form von ▸ Felix.

**Felician:** ▸ Felizian.

**Felipe:** spanische Form von ▸ Philipp.

**Felix:** zu lat. fēlīx »fruchtbar; glücklich; Glück bringend«, ursprünglich ein römischer Beiname, der als Wunschname aufgefasst werden kann.

**Felizian,** (auch:) Felician: lateinischer Ursprung, Weiterbildung von ▸ Felix.

**Feodor:** ▸ Fedor, ▸ Fjodor.

**Ferdi:** Kurzform von ▸ Ferdinand.

**Ferdinand:** aus dem Spanischen, germanischer Ursprung, span. Fernando zu got. *frith »Schutz vor Waffengewalt, Friede« + got. *nanth »Kühnheit«, gelangte mit den Westgoten nach Spanien.

**Ferdinando:** italienische Form von ▸ Ferdinand.

**Ferenc** [ˈfɛrɛnts]: ungarische Form von ▸ Franz.
**Ferit:** türkische Form von ▸ Farid.
**Fernando:** spanische Form von ▸ Ferdinand, auch in Italien geläufig.
**Fidel:** ▸ Fidelis.
**Fidelio:** spanische und italienische Form von ▸ Fidelius.
**Fidelis,** (auch:) Fidel: geht zurück auf einen spätrömischen Personennamen zu lat. fidēlis »treu, zuverlässig; rechtgläubig; Christ«.
**Fidelius:** Weiterbildung von ▸ Fidelis.
**Fiete:** niederdeutsche Kurzform von Namen, die mit »Fried-« gebildet sind (z. B. ▸ Friedrich).
**Filibert,** (auch:) Philibert: alter deutscher Vorname (ahd. filu »viel, groß« + ahd. beraht »glänzend, berühmt«).
**Filip:** niederländische, schwedische, norwegische, polnische, tschechische Form von ▸ Philipp.
**Filippo:** italienische Form von ▸ Philipp.
**Finian:** ▸ Finnian.
[1]**Finn,** (auch:) Fynn: nordische Herkunft, bezeichnet einen Angehörigen des finnischen Volkes.
[2]**Finn,** (auch:) Fionn [fɪˈəʊn]: irischer Ursprung, zu gäl. fionn »weiß, hell, blond«.
**Finnegan** [ˈfɪnɪgən]: englische Form des ursprünglich irischen Familiennamens Ó Fionnagáin (zu gäl. fionn »weiß, hell, blond«).
**Finnian,** (auch:) Finian, engl. Aussprache: [ˈfɪnɪən]: englische Form des irischen Namens Finnén (zu gäl. fionn »weiß, hell, blond«).
**Fjodor,** (auch:) Fedor; Feodor: russische Form von ▸ Theodor.
**Flavio:** italienische Form von ▸ Flavius.
**Flavius:** lateinischer Ursprung, zu dem römischen Geschlechternamen Flavius, zu lat. flāvus »blond«.
**Florens:** lateinischer Ursprung, geht zurück auf den gleichlautenden römischen Beinamen, zu lat. flōrēns »blühend, jugendlich blühend«.
**Florent** [...ˈrã]: französische Form von Florentius (▸ Florens).
**Florentin:** lateinischer Ursprung, geht zurück auf den römischen Beinamen Florentinus, eine Weiterbildung von ▸ Florens.
**Florenz:** lateinischer Ursprung, geht zurück auf den römischen Beinamen Florentius, eine Weiterbildung von ▸ Florens.

## Die schönsten italienischen Jungennamen

Alessandro * Alessio * Aurelio * Francesco * Giorgio * Leonardo * Lorenzo * Massimo * Matteo * Maurizio * Riccardo * Silvio * Vittorio

F

**Florestan:** geht wohl zurück auf eine südfranzösische Bildung zu lat. flōrēre »blühen«, flōrēscere »aufblühen«.

**Flori:** Koseform von ▸ Florian.

**Florian:** lateinischer Ursprung, geht zurück auf Florianus, eine Weiterbildung von ▸ Florus.

**Florin,** (auch:) Florin: lateinischer Ursprung, geht zurück auf den römischen Beinamen Florinus, eine Weiterbildung von ▸ Florus. Dieser Name wird oft als lautliche Variante von ▸ Florian empfunden.

**Floris:** lateinischer Ursprung, geht zurück auf den gleichlautenden römischen Beinamen, eine Ableitung von ▸ Florus.

**Florus:** lateinischer Ursprung, geht zurück auf den gleichlautenden römischen Beinamen; zugrunde liegt nicht eine männl. Bildung zu Flora, zu lat. flōs, flōris »Blume«, sondern das alte lateinische Adjektiv flōrus, das ursprünglich (wie auch flāvus, vgl. ▸ Flavius) »blond« bedeutete, später aber »blühend«.

**Floyd** [flɔɪd]: aus dem Englischen, gibt annähernd die walisische Aussprache (»Ll-« = »Fl-«) von ▸ Lloyd wieder.

**Flurin:** rätoromanische Form von ▸ Florin.

**Flynn** [flɪn]: englische Form des irischen Familiennamens Ó Floinn (zu gäl. flann »rot, rötlich«).

**Folke:** Kurzform von Namen, die mit »Volk-« gebildet sind (z. B. ▸ Volkhard und ▸ Volkmar).

**Folker:** ▸ Volker.

**Folkmar:** ▸ Volkmar.

**Francesco** [...ˈtʃes...]: italienische Form von ▸ Franziskus.

**Francis** [ˈfrɑːnsɪs]: englische Form von ▸ Franziskus.

**Francisco** [...ˈθis...]: spanische Form von ▸ Franziskus.

**Franciscus:** ▸ Franziskus.

**Franco:** italienische Form von ▸ Frank, auch Kurzform von Francesco (▸ Franziskus).

**François** [frɑ̃ˈswa]: französische Form von ▸ Franziskus.

[1]**Franjo:** slowenische, kroatische, serbische Koseform von ▸ Franziskus.

[2]**Franjo:** Doppelform aus ▸ Fran(z) und ▸ Jo(sef).

**Frank:** alter deutscher Vorname, zu ahd. Franko »der Franke«. Der gleichbedeutende englische Vorname Frank [fræŋk] wird, vor allem in den USA, auch als Kurzform von Francis (▸ Franziskus) aufgefasst.

**Franklin** [ˈfræŋklɪn]: aus dem Englischen, ursprünglich ein Familienname zu mittelengl. frankeleyn »freier, aber nicht adliger Grundbesitzer«.

**Franko:** eindeutschende Schreibung von ▸ Franco.

**Frans:** niederländische Form von ▸ Franz.

**František** [ˈfrantiʃɛk]: tschechische Form von ▸ Franziskus.

**Franz:** durch Verkürzung entstandene deutsche Form von ▸ Franziskus.

**Franziskus,** (auch:) Franciscus: zu spätlat. Franciscus (»Franke, fränkisch«, später »Franzose, französisch«). Daraus hat sich italien. Francesco entwickelt. Der Name geht zurück auf den heiligen Franz von Assisi, der eigentlich Giovanni Bernardone hieß. Francesco (»Franzose«) wurde er nach der Meinung einiger von seinem Vater genannt, als dieser nach seiner Geburt von einer Reise nach Frankreich zurückkehrte, andere dagegen sind der Ansicht, der junge Giovanni habe Sprache und Lebensart eines Franzosen so vorzüglich beherrscht, dass ihm seine Freunde diesen Spitznamen gegeben hätten.

[1]**Fred:** Kurzform von ▸ Alfred und ▸ Manfred sowie niederdeutsche und friesische Kurzform von Frederik (▸ Friedrich).

[2]**Fred:** Kurzform der englischen Vornamen ▸ Alfred und ▸ Frederick.

**Freddi:** Koseform von ▸ [1]Fred.

**Freddy,** (auch:) Freddie: englische Koseform von ▸ [2]Fred.

**Frédéric:** französische Form von ▸ Friedrich.

**Frederick:** englische Form von ▸ Friedrich.

**Frederico:** portugiesische Form von ▸ Friedrich.

**Frederik:** niederdeutsche, dänische und niederländische Form von ▸ Friedrich.

**Fredi:** ▸ Freddi.

**Fredo:** Erweiterung von ▸ ¹Fred oder Kurzform von ▸ Alfredo.

**Fredric,** engl. Aussprache: [ˈfrɛdrɪk]: englische Variante von Frederick (▸ Friedrich).

**Fredrich,** (auch:) Fredrik: niederdeutsche Form von ▸ Friedrich.

**Fredy:** ▸ Freddi oder ▸ Freddy.

**Frerich,** (auch:) Frerik: durch Zusammenziehung entstandene niederdeutsch-friesische Kurzform von Frederich (▸ Friedrich).

**Frerk,** (auch:) Freerk; Freek: durch Zusammenziehung entstandene niederdeutsch-friesische Kurzform von ▸ Frederik.

**Fridericus:** latinisierte Form von ▸ Friedrich.

**Fridhelm:** ▸ Friedhelm.

**Fridolin,** (auch:) Friedolin: westfränkische Herkunft, gebildet mit german. *friþu »Schutz vor Waffengewalt, Friede« und der romanischen Koseendung »-lenus«.

**Fridtjof:** ▸ Frithjof.

**Fried:** Kurzform von Namen, die mit »Fried-« gebildet sind, besonders von ▸ Friedrich.

**Friedel:** Koseform von Namen, die mit »Fried-« oder »-fried« gebildet sind, besonders von ▸ Friedrich, ▸ Fridolin und ▸ Gottfried.

**Friedemann,** (auch:) Friedmann: alter deutscher Vorname, Koseform von Zusammensetzungen mit »Fried-« (ahd. fridu »Schutz vor Waffengewalt, Friede«) und der alten Koseendung »-man(n)«.

**Frieder,** (auch:) Frider: Kurzform von ▸ Friedrich.

**Friedger,** (auch:) Fridiger: alter deutscher Vorname (ahd. fridu »Schutz vor Waffengewalt, Friede« + ahd. gēr »Speer«).

**Friedhelm,** (auch:) Fridhelm: zu ahd. fridu »Schutz vor Waffengewalt, Friede« + ahd. helm »Helm«.

**Friedmann:** ▸ Friedemann.

**Friedo,** (auch:) Frido: Kurzform von Namen, die mit »Fried-« zusammengesetzt sind.

**Friedrich:** alter deutscher Vorname, zu ahd. fridu »Schutz vor Waffengewalt, Friede« + ahd. rīhhi »Herrschaft, Herrscher, Macht; reich, mächtig, hoch«; etwa »Friedensherrscher«.

**Friso,** (auch:) Frieso: alter deutscher Vorname, zum Stammesnamen ahd. Friesan »Friesen«.

**Frithjof:** aus altnord. Friðþjófr, zu altnord. frið »Friede« + altnord. þjófr »Dieb, Räuber«; zweiter Namenbestandteil möglicherweise auch Ableitung von german. *þewa-, altengl. þēow »Diener«.

**Fritz:** Koseform von ▸ Friedrich.

**Fuad:** zu arab. fu'ād »Herz«.

**Fulvio:** italienische Form des altrömischen Geschlechternamens Fulvius, zu lat. fulvus, -a, -um »rotblond«.

**Fumio:** japanische Herkunft (japan. fumi »Buch, Schrift, Kultur« + japan. o »Mann«).

**Fynn:** ▸ [1]Finn.

# G

**Gábor:** ungarische Form von ▸ Gabriel.

**Gabriel:** aus der Bibel, zu hebr. gabar »stark sein« + 'ēl »Gott«, also etwa »Gott hat sich stark gezeigt«, oder zu hebr. geber »Mann« + 'ēl »Gott«, etwa »Mann Gottes«.

**Gabriele:** italienische Form von ▸ Gabriel.

**Gaël** [gaˈɛl]: aus dem Französischen, zugrunde liegt der Name der keltischen Stämme, die im 5. Jh. v. Chr. Irland und Schottland besiedelten.

**Gaetano:** italienische Form von ▸ Kajetan.

**Gallus:** zu lat. Gallus »der Gallier«.

**Gandolf:** alter deutscher Vorname; der erste Bestandteil »Gand-« gehört vielleicht zu altisländ. gandr »Stab, Zauberstab, Zauberei; [Wer]wolf«; der zweite Bestandteil ist ahd. wolf »Wolf«).

**Ganesch,** (auch:) Ganeṣh; Ganeṣha: aus Indien stammender Vorname (sanskrit. gaṇa »Menge« + sanskrit. īśa »Herr«, etwa »Herr der Menge«). Ganescha, der älteste Sohn des Gottes Schiwa, wird mit dem Kopf eines Elefanten und einem dicken menschlichen Körper dargestellt. Er wird u. a. als Gott der Weisheit verehrt.

**Gangolf:** alter deutscher Vorname, Umkehrung von ▸ Wolfgang.

**Gareth** [ˈgærɪθ]: aus dem Englischen, wohl keltischer Ursprung, Ausgangsform und Bedeutung jedoch umstritten. Gareth ist der Name eines Ritters in der Artussage.

**Garlef:** niederdeutsche und friesische Form des heute nicht mehr gebräuchlichen Vornamens Gerleib (ahd. gēr »Speer« + altsächs. leva »Erbe, Nachlass, Sohn, Tochter«).

**Garrelt:** friesische Form von ▸ Gerald.

**Garrit:** durch Zusammenziehung entstandene friesische Form von ▸ Gerhard.

**Garry** [ˈgærɪ]: englische Nebenform von ▸ Gary.

**Garvin** [ˈgɑːvɪn]: englische Form von ▸ Gerwin.

**Garwin:** niederdeutsche Form von ▸ Gerwin.

**Gary** [ˈgærɪ]: aus dem Englischen, geht zurück auf den amerikanischen Filmschauspieler Gary Cooper (eigtl. Frank Cooper). Die Änderung seines Vornamens in »Gary« wurde ihm von seiner Agentin vorgeschlagen, die aus Gary (Indiana) stammte. Die Stadt wurde nach dem Industriellen E. H. Gary benannt. Dem Familiennamen Gary liegt eine Koseform des alten Vornamens Garrett, einer Ableitung von ▸ Gerhard, zugrunde.

**Gaspar:** spanische Form von ▸ Kaspar.

**Gáspár** [ˈgaːʃpaːr]: ungarische Form von ▸ Kaspar.

**Gaspard** [...ˈpaːr]: französische Form von ▸ Kaspar.

**Gaspare:** italienische Form von ▸ Kaspar.

**Gaudenz:** lat. Gaudentius, Weiterbildung von lat. gaudēns »sich freuend«.

**Gauthier,** (auch:) Gautier [goˈtje]: französische Form von ▸ Walter.

**Gavin** [ˈgævɪn]: aus dem Englischen, keltischer Ursprung, Bedeutung umstritten, geht zurück auf den Namen eines Ritters aus den Artussagen (französ. Gauvain, dt. Gawan/Gawein).

**Gebhard:** alter deutscher Vorname, zu ahd. geba »Gabe« + ahd. harti, herti »hart, kräftig, stark«.

**Gedeon:** ▸ Gideon.

**Gene** [dʒiːn]: aus dem Englischen, Kurzform von Eugene (▸ Eugen).

**Gennadi,** (auch:) Gennadij: aus dem Russischen, zu griech. gennádas »edel, von edler Geburt«.

**Gennaro** [dʒeˈnaːro]: italienische Form von lat. Januarius (Ableitung von Jānus, dem römischen Gott von Anfang und Ende).

**Geo:** Kurzform von ▸ Georg.

**Geoffrey** [ˈdʒɛfrɪ]: aus dem Englischen, german. *gawja »Gau« und walah »der Fremde« + german. *friþu- »Schutz vor Waffengewalt, Friede«.

**Ge̱org,** (auch:) Geọrg: zu griech. geōrgós »Landmann, Bauer«.

**George** [dʒɔ:dʒ]: englische Form von ▸ Georg.

**Georges** [ʒɔrʒ]: französische Form von ▸ Georg.

**Geórgios:** [jɛˈɔrjɔs]: neugriechische Form von ▸ Georg.

**Ge̱rald,** (auch:) Ge̱rold: alter deutscher Vorname, jüngere Form von Gerwald (ahd. gēr »Speer« + ahd. -walt zu waltan »walten, herrschen«).

**Gérard** [ʒeˈrar]: französische Form von ▸ Gerhard.

**Gerardo,** italien. Aussprache: [dʒeˈrardo], span. Aussprache: [xeˈrardo]: italienische und spanische Form von ▸ Gerhard.

**Gẹrd,** (auch:) Gẹrt: durch Zusammenziehung entstandene Kurzform von ▸ Gerhard.

**Ge̱reon,** (auch:) Ge̱rion: geht zurück auf den heiligen Gereon, wohl zu griech. gérōn »Greis«.

**Ge̱rfried:** alter deutscher Vorname (ahd. gēr »Speer« + ahd. fridu »Schutz vor Waffengewalt, Friede; Friedenswahrer«; etwa »der mit dem Speer den Frieden wahrt«).

**Ge̱rhard,** (auch:) Ge̱rhart: alter deutscher Vorname, zu ahd. gēr »Speer« + ahd. harti, herti »hart, kräftig, stark«, etwa »der im Speerkampf Harte«.

**Ge̱rit:** ▸ Gerrit.

**Ge̱rke,** (auch:) Ge̱rko: niederdeutsch-friesische Koseform von Namen, die mit »Ger-« gebildet sind, besonders von ▸ Gerhard.

**Germain** [ʒɛrˈmɛ̃]: französische Form von ▸ $^{1}$German.

**$^{1}$Gẹrman,** (auch:) Germa̱nus: zu lat. Germānus »Germane« oder lat. germānus »Bruder«.

**$^{2}$Gẹrman:** russische Form von ▸ Hermann.

**Germa̱nus:** ▸ $^{1}$German.

**Ge̱rnot,** (auch:) Gẹrnot: alter deutscher Vorname, zu ahd. gēr »Speer« + ahd. hniotan »schlagen, schütteln, schwingen«, etwa »der den Speer schwingt«.

**Ge̱ro:** alter deutscher Vorname, Kurzform von Namen, die mit »Ger-« gebildet sind, besonders von ▸ Gerhard.

**Ge̱rold:** jüngere Form von Gerwald (▸ Gerald).

**Ge̱rolf,** (auch:) Ge̱rulf: alter deutscher Vorname, zu ahd. gēr »Speer« + ahd. wolf »Wolf«.

**Gérôme** [ʒeˈro:m]: aus dem Französischen entlehnte Schreibvariante von ▸ Jérôme.

## Die schönsten spanischen Jungennamen

Antonio * Carlos * Diego * Domingo * Felipe * Fernando * José * Juan * Manuel * Pablo * Paco * Pedro * Pepe * Ricardo * Rodrigo

G

**Geronimo** [dʒeˈronimo]: italienische Form von ▸ Hieronymus.

**Gẹrrit,** (auch:) Gẹrit; Gẹrret; Gẹrriet: durch Zusammenziehung entstandene friesische Form von ▸ Gerhard.

**[1]Gẹrry:** beliebte Kurzform von ▸ Gerhard.

**[2]Gerry** [ˈdʒɛrɪ]: englische Herkunft, Kurzform von ▸ Gerald.

**Gẹrschom:** aus der Bibel, hebräische Herkunft, wohl künstliche Bildung in Anlehnung an hebr. ger »Fremdling« + hebr. šām »dort« für den biblischen Gerschom, einen aus dem Exil heimkehrenden Priester.

**Gẹrschon:** aus der Bibel, hebräische Herkunft, wohl Nebenform von ▸ Gerschom. Nach der Bibel war Gerschon ein Sohn Levis und der Ahnherr einer Levitenklasse, die niedere Tempeldienste verrichtete.

**Gẹrson:** Nebenform von ▸ Gerschon.

**Gẹrt:** Nebenform von ▸ Gerd.

**Ge̱rulf:** ▸ Gerolf.

**Gẹrvin:** ▸ Gerwin.

**Gẹrwin,** (auch:) Gẹrvin: alter deutscher Vorname, zu ahd. gēr »Speer« + ahd. wini »Freund«.

**Giacomo** [ˈdʒaː...]: italienische Form von ▸ Jakob.

**Gian** [dʒan]: rätoromanische Kurzform von ▸ Johannes. Im Italienischen ist Gian, verkürzt aus ▸ Gianni, kein selbstständiger Vorname, sondern Bestandteil von Doppelformen wie z. B. Giancarlo (▸ Carlo) und von Namenkombinationen wie z. B. Gian Lorenzo (▸ Laurentius).

**Gianni** [ˈdʒani]: italienische Kurzform von Giovanni (▸ Johannes).

**Gi̱deon,** (auch:) Ge̱deon; Gi̱dion; Gi̱don: aus der Bibel, Bedeutung nicht sicher geklärt, wahrscheinlich zu hebr. ga'da' »schneiden, fällen«.

**Giesbert:** ▸ Gisbert.

**Gil:** Kurzform von Namen wie ▸ Gilbert, Gilbrecht oder friesische Kurzform zu Namen, die mit »Gild-« (ahd. gelt »Entgelt, Lohn, Opfer«) oder »Gis-« (vgl. ▸ Giselbert) gebildet wurden.

**Gilbert,** (auch:) Gilbrecht: jüngere Form von ▸ Giselbert.

[1]**Gildo** [ˈdʒildo]: italienische Kurzform von Ermenegildo (zu german. *ermana, *irmina »allumfassend, groß«, später Namenglied mit verstärkender Bedeutung, + ahd. gelt »Entgelt, Lohn, Opfer«).

[2]**Gildo:** verselbstständigte Kurzform von Namen, die mit »Gild-« (ahd. gelt »Entgelt, Lohn, Opfer«) als erstem Bestandteil (z. B. Gildebrecht) gebildet wurden.

**Giles** [dʒaɪlz]: englische Form von ▸ Ägid.

**Gilles** [ʒil]: französische Form von ▸ Ägid.

**Gillian** [ˈgɪlɪən]: aus dem Englischen entlehnte Nebenform des gälischen Namens Gillean (»Diener des heiligen Johannes«).

**Gino** [ˈdʒi:no]: Koseform von italienischen Namen, die auf »-gi« (▸ Luigi) oder »-gio« (▸ Giorgio) enden, auch von Giovannino (▸ Giovanni).

**Gion** [dʒon]: rätoromanische Kurzform von ▸ Johannes.

**Giora:** ▸ Giyora.

**Giorgio** [ˈdʒɔrdʒo]: italienische Form von ▸ Georg.

**Giovanni** [dʒoˈvanni]: italienische Form von ▸ Johannes.

**Gisbert,** (auch:) Giesbert: alter deutscher Vorname, zu german. *gīs »Geer, Speer« + ahd. beraht »glänzend, berühmt«, etwa »der mit dem Speer berühmt ist«.

**Giselbert:** alter deutscher Vorname, zu ahd. *gisil »kleiner Speer, Pfeilschaft« + ahd. beraht »glänzend, berühmt« , etwa »der mit dem kleinen Speer berühmt ist«.

**Giselher:** alter deutscher Vorname, zu ahd. *gisil »kleiner Speer, Pfeilschaft« + ahd. heri «Heer; Heerführer, Krieger«; etwa »mit dem kleinen Speer kämpfender Krieger«. Der Name ist bekannt durch den Giselher des Nibelungenliedes, den jüngsten Bruder König Gunthers.

**Gismar:** alter deutscher Vorname (zu german. *gīs »Ger, Speer« + ahd. māri »bekannt, berühmt, angesehen«; etwa »der mit dem Speer berühmt ist«).

**Giuliano** [dʒuˈli̯a:no]: italienische Form von ▸ Julian.

**Giulio** [ˈdʒu:li̯o]: italienische Form von ▸ Julius.

**Giuseppe** [dʒuˈzɛpe]: italienische Form von ▸ Josef.

**Giyora,** (auch:) Giora: in Israel üblicher Vorname nach Simeon bar Giyora (»der Sohn des Proselyten, des Neubekehrten«), einem messianischen König, der 70 bis 66 v. Chr. eine jüdische Revolte gegen die Römer anführte.

**Glenn,** (auch:) Glen: aus dem Englischen, geht wahrscheinlich zurück auf einen von gäl. gleann »Tal« abgeleiteten Familiennamen.

**Godehard,** (auch:) Godhard: niederdeutsche Form von ▸ Gotthard.

**Gody:** Kurzform von Namen, die mit »Gode-« (ahd. got »Gott«) gebildet sind.

**Golo:** alter deutscher Vorname, Lallform von Namen, die mit »Gott-« gebildet sind, wie z. B. ▸ Gottfried, ▸ Gotthard.

**Goran:** bulgarische, serbische, kroatische Ableitung von ▸ Gregor.

**Göran:** schwedische Form von ▸ Georg. Schwed. Aussprache [ˈjœːran].

**Gorch:** niederdeutsche Form von ▸ Georg.

**Gorden** [ˈgɔːdn]: englische Variante von ▸ Gordon.

**Gordian:** lateinische Herkunft, geht zurück auf den römischen Geschlechternamen Gordianus.

**Gordon** [ˈgɔːdn]: englische Herkunft, ursprünglich Familienname eines alten schottischen Adelsgeschlechts, dem ein Ortsname in Berwickshire oder in der Normandie zugrunde liegt. Durch die große Popularität des britischen Generals Charles George Gordon wurde Gordon als Vorname gebräuchlich.

**Gösta:** schwedische Kurzform von ▸ Gustav.

**Goswin:** alter deutscher Vorname, zu german. *gauta- »Gote« + ahd. wini »Freund«.

**Gottfried:** alter deutscher Vorname, zu ahd. got »Gott« + ahd. fridu »Schutz vor Waffengewalt; Friede; Friedenswahrer«, etwa »der von Gott beauftragte Friedenswahrer«.

**Gotthard:** alter deutscher Vorname, zu ahd. got »Gott« + ahd. harti, herti »hart, kräftig, stark«.

**Gottlieb:** aus der Zeit des Pietismus, Übersetzung von ▸ Amadeus und ▸ Theophil oder Umdeutung des alten Namens Goteleib (ahd. got »Gott« + ahd. leiba »Nachkomme, Sohn«) in Anlehnung an das Adjektiv »lieb«.

**Götz:** Kurzform von Namen, die mit »Gott-« gebildet sind, besonders von ▸ Gottfried.

**Graham** [ˈɡreɪəm]: ursprünglich schottischer Familienname, der auf einen Ortsnamen zurückgeht.

**Gratian,** (auch:) Grazian: lat. Gratianus, zu lat. grātus »anmutig, willkommen, teuer, lieb«.

**Greg:** Kurzform von ▸ Gregory.

**Gregor:** geht zurück auf Gregorius, einen spätrömischen Beinamen, griech. grēgoréō »wachen, wachsam sein«.

**Gregory:** englische Form von ▸ Gregor.

**Gretus:** männl. Bildung zu Grete, einer Kurzform von Margarete: zu lat. margarīta »Perle« aus griech. margarítēs »Perle«.

**Grigori,** (auch:) Grigorij: russische Form von ▸ Gregor.

**Grigórios** [ɡriˈɣɔrjɔs]: neugriechische Form von ▸ Gregor.

**Grischa:** russische Koseform von Grigori (▸ Gregor).

**Guido** [ˈɡiːdo], [ˈɡu̯iːdo]: romanisierte Form von ▸ Wido.

**Guillaume** [ɡiˈjom]: französische Form von ▸ Wilhelm.

**Gunar:** in den nordischen Sprachen nicht gebräuchliche Schreibvariante von ▸ Gunnar.

**Günay:** zu türk. gün »Sonne« + türk. ay »Mond«.

**Gundolf,** (auch:) Guntolf: alter deutscher Vorname, zu ahd. gund »Kampf« + ahd. wolf »Wolf«; »Kampfwolf«.

**Gundram:** ▸ Guntram.

**Gunnar:** nordische Entsprechung von ▸ Günter.

**Gunter,** (auch:) Gunther: Nebenform von ▸ Günter.

**Günter,** (auch:) Günther: alter deutscher Vorname, zu ahd. gund »Kampf« + ahd. heri »Heer; Heerführer, Krieger«; etwa »im Kampf bewährter Krieger«.

**Guntmar:** alter deutscher Vorname, zu ahd. gund »Kampf« + ahd. māri »bekannt, berühmt, angesehen«.

**Guntolf:** ▸ Gundolf.

**Guntram,** (auch:) Gundram: alter deutscher Vorname, zu ahd. gund »Kampf« + ahd. hraban »Rabe«.

**Gus:** englische Kurzform [ɡʌs] von ▸ Angus, Augustus (▸ August), auch deutsche Kurzform von ▸ Gustav.

**Gustav,** (auch:) Gustaf: aus dem Schwedischen, erster Namenbestandteil nach älterer Auffassung zu altschwed. guth »Gott« oder altschwed. göt »Gote«, zweiter Bestandteil zu altschwed. stav »Stab«; nach neuerer, von manchen bezweifelter Meinung geht der Name auf slawische Kontakte zur späten Wikingerzeit zurück und ist als urslaw. *gostь »Fremder, Gast« + urslaw. *slava »Ruhm, Ehre« zu verstehen.

**Gustave** [gys'tav]: französische Form von ▸ Gustav.
**Gustel:** Koseform von ▸ August und ▸ Gustav.
**Guy** [gi]: französische Form von ▸ Guido, auch englisch [gaɪ].
**György** [djørdj]: ungarische Form von ▸ Georg.

# H

**Haakon:** ▸ Hakon.
**Habib:** arabische Herkunft, zu arab. ḥabīb »geliebt, lieb; Liebling«.
**Hadrian:** ▸ Adrian.
**Hadwin:** alter deutscher Vorname (ahd. hadu- »Kampf« + ahd. wini »Freund«; etwa »im Kampf bewährter Freund«).
**Hagen:** alter deutscher Vorname, zu ahd. hag, hagan »Einhegung, Hag«. Der Name ist bekannt durch den Hagen von Tronje des Nibelungenliedes.
**Haiko:** ▸ Heiko.
**Haimo:** ▸ Heimo.
**[1]Hajo,** (auch:) Haje: ▸ Heio.
**[2]Hajo:** verkürzte Form von Hansjoachim (▸ Hans, ▸ Joachim).
**Hakan:** zu türk. hakan »Herrscher«.
**Hakim:** zu arab. ḥakīm »weise, vernünftig, klug«.
**Hakon,** (auch:) Haakon: aus dem Nordischen, zu german. *hanha, altwestnord. há »Ross« + konr »Nachkomme, Sohn«.
**Hal** [hæl]: englische Kurzform von ▸ Harry.
**Haldor:** nordische Herkunft, zu altnord. hallr »Stein« + altnord. Þórr, dem Namen des Donnergottes Thor.
**Halil:** türkische Form von arab. Khalil (»enger Freund«).
**Halit:** türkische Form von ▸ Khalid.
**Halldor:** ▸ Haldor.
**[1]Hamid:** zu arab. ḥāmid »dankbar, preisend« .

[2]**Hamid:** aus dem Arabischen, verkürzte Form von Abdulhamid (arab. ʻabd »Diener« + arab. Al-Hamīd »der Gepriesene«: »Diener [Gottes,] des Gepriesenen«).

**Hanjo:** verkürzte Form von Hansjoachim (▸Hans, ▸Joachim).

**Hanke,** (auch:) Hanko; Hank: niederdeutsch-friesische Koseform von ▸Johannes.

**Hannes:** Kurzform von ▸Johannes, auch finnisch.

**Hanno:** Kurzform von ▸Johann[es].

**Hans,** (selten auch:) Hanns: seit dem ausgehenden Mittelalter häufigste Kurzform von ▸Johannes, wird häufig auch mit anderen Namen verbunden, z. B. Hansdieter.

**Hänsel,** (auch:) Hansel: süddeutsche Koseform von ▸Hans.

**Hansi:** Koseform von ▸Hans.

**Harald:** dänische, norwegische, schwedische Entsprechung von ▸Herold.

**Harbert:** niederdeutsch-friesische Form von ▸Herbert.

**Hardi,** (auch:) Hardy: Koseform von Namen, die mit »Hart-« oder »-hard« gebildet sind (z. B. ▸Hartmut oder ▸Gerhard).

**Hardo:** Kurzform von Namen, die mit »Hart-« oder »-hard« gebildet sind (z. B. ▸Hartmut oder ▸Gerhard).

**Hardy:** ▸Hardi.

**Harinder:** indische Herkunft (sanskrit. hari als Name Wischnus + sanskrit. Indra, Name des Gottes Indra).

**Hark,** (auch:) Harke: altfries. *Harika, *Herika, verselbstständigte friesische Koseform von Namen, die mit ahd. heri »Heer; Heerführer, Krieger« gebildet sind.

**Haro:** ▸Harro.

[1]**Harold:** niederdeutsche Form von ▸Herold.

[2]**Harold** [ˈhærəld]: englische Entsprechung von ▸Herold.

**Harri:** deutsche Schreibvariante von ▸Harry.

**Harro,** (auch:) Haro: friesische Kurzform von Harmen (▸Hermann) und ▸Harbert.

**Harry:** aus dem Englischen [ˈhærɪ], Nebenform von ▸Henry.

**Hartmann:** alter deutscher Vorname, zu ahd. harti, herti »hart, kräftig, stark« + ahd. man »Mann; Mensch«.

**Hartmut,** (auch:) Hartmuth: alter deutscher Vorname, zu ahd. harti, herti »hart, kräftig, stark« + ahd. muot »Sinn, Gemüt, Geist«.

**Hartwig,** (auch:) Hartwich; Hertwig: alter deutscher Vorname (ahd. harti, herti »hart, kräftig, stark« + ahd. wīg »Kampf, Krieg; Krieger«; etwa »starker Krieger«).

## Die schönsten Namen großer Komponisten

Alban Berg * Antonio Vivaldi * Benjamin Britten * Carl Maria von Weber * Domenico Scarlatti * Felix Mendelssohn Bartholdy * Frédéric Chopin * Giacomo Puccini * Igor Strawinsky * Maurice Ravel

H

**Harun:** arabischer Ursprung, entspricht dem biblischen Namen ▸ Aaron.

**Harvey** [ˈhɑːvɪ]: aus dem Englischen, bretonischer Ursprung (▸ Hervé), gelangte mit den normannischen Eroberern nach England.

**Hasan:** türkische Form von ▸ Hassan.

**Hassan:** zu arab. ḥasan »schön, gut«. So hieß ein Enkel des Propheten Mohammed.

**Hasso:** nach dem Volksstamm der Hessen, zu ahd. Hassi »Hessen«, oder Koseform von Namen, die mit »Hart-« gebildet sind.

**Hauke,** (auch:) Hauko: friesische Koseform von ▸ Hugo und von Zusammensetzungen mit »Hug-« (ahd. hugu »Gedanke, Verstand, Geist, Sinn«).

**Haymo:** ▸ Heimo.

**Hayo:** ▸ Heio.

**Hector:** Schreibvariante von ▸ Hektor, auch englisch [ˈhɛktə] und französisch [ɛkˈtɔːr].

**Heider,** (auch:) Haider: Kurzform von ▸ Heiderich oder dem alten Namen Heidenreich (ahd. heidan »Heide« + ahd. rīhhi »Herrschaft, Herrscher, Macht; reich, mächtig, hoch«).

**Heiderich:** alter deutscher Vorname, zu ahd. heit, dem german. *haidu- »Art und Weise, Gestalt« zugrunde liegt + ahd. rīhhi »Herrschaft, Herrscher, Macht; reich, mächtig«.

**Heikki:** finnische Form von ▸ Henrik.

**Heiko,** (selten auch:) Haiko; Heike; Heyko: niederdeutsch-friesische Koseform von ▸ Heinrich.

**Heilmar,** (auch:) Helimar; Helmar; Helmer: alter deutscher Vorname, zu ahd. heil »gesund, unversehrt, heil« + ahd. māri »bekannt, berühmt, angesehen«.

**Heimeran:** ▸ Emmeram.

**Heimito:** Eindeutschung von span. Jaimito, Koseform von Jaime, der spanischen Form von ▸ Jakob.

**Heimo,** (selten auch:) Haimo; Haymo: alter deutscher Vorname, verselbstständigte Kurzform von Namen, die mit »Heim-« (ahd. heim »Haus«) gebildet sind.

**Hein,** (auch:) Heine: besonders niederdeutsch-friesische Kurzform von ▸ Heinrich.

**Heinar:** ▸ Heiner.

**Heine:** ▸ Hein.

**Heiner,** (auch:) Heinar: Kurzform von ▸ Heinrich.

**Heini:** Koseform von ▸ Heinrich.

**Heinke,** (auch:) Heinko: niederdeutsch-friesische Koseform von ▸ Heinrich.

**Heino:** Kurzform von ▸ Heinrich.

**Heinrich:** alter deutscher Vorname, der sich aus Heimrich (ahd. heim »Haus« + ahd. rīhhi »Herrschaft, Herrscher, Macht; reich, mächtig, hoch«) entwickelt hat.

**Heintje:** friesische und niederländische Koseform von ▸ Heinrich.

**Heinz:** Koseform von ▸ Heinrich, häufig auch Bestandteil von Doppelformen wie z. B. Heinzdieter (▸ Dieter).

**Heio,** (auch:) Haje; Hajo; Hayo; Heye; Heyo: durch Zusammenziehung entstandene friesische Kurzform von Namen, die mit ahd. hag, hagan »Einhegung, Hag« gebildet wurden.

**Hektor,** (auch:) Hector: wohl zu griech. échō in der Bedeutung »[durch Kampf] erwerben, an sich nehmen«; geht zurück auf den Namen des trojanischen Helden. Nach der Ilias fällt Hektor im Kampf gegen Achill.

**Helgar:** nordische Herkunft, Neubildung in Anlehnung an ▸ Helge oder Helga, die weibl. Form von Helge.

**Helge:** zu altnord. heilagr »heilig«.

**Helger:** zu ahd. heil »gesund, unversehrt, heil« + ahd. gēr »Speer«, z. T. auch Variante von ▸ Helgar.

**Helgo:** latinisierte Form von ▸ Helge, auch schwedisch.

**Helimar:** ▸ Heilmar.

**Helios,** (auch:) Helio: zu griech. hḗlios »Sonne«. In der griechischen Mythologie war Helios der Sonnengott.

## Die schönsten Jungennamen mit religiöser Bedeutung

Amos (»der [von Gott] Getragene«) * Bogdan (»Gottesgeschenk«) * Daniel (»Gott richtet«) * Donat (»der [von Gott] Geschenkte«) * Elias (»mein Gott ist Jahwe«) * Elieser (»mein Gott ist Hilfe«) * Immanuel (»mit uns ist Gott«) * Ismael (»Gott erhörte«) * Jakob (»Gott möge schützen«) * Joachim (»Jahwe möge aufrichten«) * Joel (»Jahwe ist Gott«) * Johannes (»Jahwe hat Gnade erwiesen«) * Jonathan (»Jahwe hat gegeben«) * Matthias (»Gabe Jahwes«) * Nathanael (»Gott hat gegeben«) * Samuel (»Gott ist erhaben«) * Theodor (»Gottesgeschenk«) * Tobias (»Jahwe ist gütig«)

H

**Hellmuth:** ▸ Helmut.

**Helm:** Kurzform von Namen, die mit »Helm-« gebildet sind.

**Helmar:** ▸ Heilmar.

**Helmbrecht:** alter deutscher Vorname, zu ahd. helm »Helm« + ahd. beraht »glänzend«.

**Helmer:** ▸ Heilmar.

**Helmut,** (auch:) Helmuth; Hellmut; Hellmuth: lässt sich zwar als niederdeutsche Variante von Heilmut (ahd. heil »gesund, unversehrt, heil« + ahd. muot »Sinn, Gemüt, Geist«) oder als Neubildung mit den Namenbestandteilen

»Helm-« und »-mut« (in der Schreibung »Hellmut« oft auch im Sinne von »heller Mut« ausgelegt) erklären, aller Wahrscheinlichkeit nach aber aus Helmold (ahd. helm »Helm« + ahd. -walt zu waltan »walten, herrschen«) entstanden.

**Hẹlwin:** aus ahd. heil »gesund, unversehrt, heil« + ahd. wini »Freund«.

**Hẹndrick:** Schreibvariante von ▸ Hendrik.

**Hẹndrik:** niederländische Form von ▸ Heinrich, auch friesisch.

**Hẹnner:** Kurzform von ▸ Heinrich.

**Hẹnnes:** Kurzform von ▸ Johannes.

**Hẹnnig,** (auch:) Hẹnning: niederdeutsch-friesische Koseform von ▸ Johannes oder ▸ Heinrich, auch in Skandinavien geläufig.

**Hẹnno:** Kurzform von ▸ Heinrich oder ▸ Johannes.

**Hẹnny:** Koseform von ▸ Heinrich oder ▸ Johannes.

**Henri** [ãˈri]: französische Form von ▸ Heinrich.

**Hẹnrich:** niederdeutsch-friesische Form von ▸ Heinrich.

**Hẹnrick:** Schreibvariante von ▸ Henrik.

**Hẹnrik:** niederdeutsch-friesische Form von ▸ Heinrich, auch dänisch, norwegisch und schwedisch.

**Hẹnry:** [ˈhɛnrɪ]: englische Form von ▸ Heinrich.

**Henryk** [ˈxɛnrik]: polnische Form von ▸ Heinrich.

**Herald:** ▸ Herold.

**Hẹrbert,** (auch:) Heribert: alter deutscher Vorname, zu ahd. heri »Heer; Heerführer, Krieger« + ahd. beraht »glänzend, berühmt«.

**Hẹrdan:** alter deutscher Vorname, Kurzform der älteren Namensform Herdegan bzw. Herdegen (ahd. heri »Kriegsschar, Heer« + ahd. thegan, degan »[junger] Held, Krieger«).

**Heribert:** ▸ Herbert.

**Hẹrm:** Kurzform von ▸ Hermann.

**Hẹrman:** ältere Schreibvariante von ▸ Hermann, auch schwedisch, dänisch, niederländisch, englisch, polnisch.

**Hẹrmann,** (auch:) Hẹrrmann: alter deutscher Vorname, zu ahd. heri »Heer; Heerführer, Krieger« + ahd. man »Mann«.

**Hẹrmes:** aus der griechischen Mythologie. Hermes ist der Sohn des Zeus und Bote der Götter des Olymps.

**Hero:** ostfriesische Kurzform von Namen, die mit »Her-« gebildet sind.

**Herold:** alter deutscher Vorname, zu ahd. heri »Heer; Heerführer, Krieger« + ahd. -walt zu waltan »walten, herrschen«.

## Die schönsten Namen großer Forscher

Alexander von Humboldt (Naturforscher und Geograf) * Charles Darwin (Naturforscher) * Georg Simon Ohm (Physiker) * Gregor Mendel (Botaniker) * Isaac Newton (Mathematiker, Physiker und Astronom) * Jacob Grimm (Sprachforscher) * Justus Liebig (Chemiker) * Linus C. Pauling (Chemiker) * Niels Bohr (Physiker) * Nikolaus Kopernikus (Astronom)

**Herolf,** (auch:) Hariolf: alter deutscher Vorname, zu ahd. heri »Heer; Heerführer, Krieger« + ahd. wolf »Wolf«.

**Herrmann:** Nebenform von ▸ Hermann.

**Hertwig:** ▸ Hartwig.

**Hervé** [ɛrˈve]: französische Form des bretonischen Namens Haeruiu, vielleicht zu kelt. haer- »Kampf« und -uiu »lebhaft, munter«.

**Hesso:** ▸ Hasso.

**Heye:** ▸ Heio.

**Heyko:** ▸ Heiko.

**Heyo:** ▸ Heio.

**Hieronymus:** zu griech. hierós »heilig, geheiligt, den Göttern geweiht« und ónoma »Name, Ruf«.

**Hikmet:** zu türk. hikmet »Weisheit« aus gleichbedeutend arab. ḥikmat.

**Hilarius,** (auch:) Hilar: zu lat. hilarus, -a, -um »heiter, fröhlich«.

**Hilbert:** jüngere Form von ▸ Hildebert.

**Hildebert:** alter deutscher Vorname (ahd. hiltja »Kampf« + ahd. beraht »glänzend, berühmt«; etwa »der im Kampf berühmt ist«).

**Hildmar:** ▸ Hilmar.

**Hilger:** jüngere Form von Hildeger (ahd. hiltja »Kampf« + ahd. gēr »Speer«; etwa »der einen im Kampf bewährten Speer führt«).

**Hilko:** friesische Koseform von Namen, die mit »Hilde-«, »Hil-« beginnen.

**Hilmar,** (auch:) Hilmer; Hildmar: jüngere Form von Hildemar (ahd. hiltja »Kampf« + ahd. māri »bekannt, berühmt, angesehen«; etwa »der im Kampf berühmt ist«).

**Hinderk:** friesische Form von ▸ Heinrich.

**Hindrik:** friesische Form von ▸ Heinrich.

**Hinnerk:** niederdeutsch-friesische Form von ▸ Heinrich.

**Hinrik,** (auch:) Hinrich: niederdeutsch-friesische Form von ▸ Heinrich.

**Hinz:** Kurzform von ▸ Heinrich.

**Hiob,** (auch:) Job; Ijob: aus der Bibel, hebräischer Ursprung, zu hebr. 'iyyōb »wo ist mein Vater [Gott]«. Hiob ist die Namensform, die Luther wählte, während Job die Namensform der Vulgata, der lateinischen Bibelübersetzung, und Ijob die ökumenische Namensform ist. Nach der Bibel ist Hiob der von Gott geprüfte Mann, der aber an Gott festhält.

**Hippolyt:** zu griech. híppos »Pferd« + lýō »lösen«, also etwa »der die Pferde loslässt«.

**Hjalmar:** zu altnord. Hjalmarr zu altnord. hjalmr »Helm« + urnord. harjaR, altnord. herr »Heer; Heerführer, Krieger«.

**Ho:** chinesische Herkunft, Bedeutung »gut«.

**Hoimar:** Herkunft und Bedeutung umstritten, entweder zu ahd. heim »Haus« oder zu ahd. hugu »Gedanke, Verstand, Geist, Sinn« + ahd. māri »bekannt, berühmt, angesehen«.

**Holger:** dänische/schwedische Herkunft, zu altnord. holmr »Insel« + altnord. geirr »Speer«.

**Holly:** Koseform von Namen, die mit »Ho-« beginnen.

**Holm:** zu altnord. Holmr zu altnord. holmr »Insel«.

**Homer:** Herkunft umstritten, wurde u. a. zu griech. hómēros »Geisel« gestellt, vielleicht aber auch vorgriechischer Name.

**Horant:** zu ahd. hōh »hoch« + ahd. rant »Schild«.

**Horatio:** ▸ Horatius.

**Horatius:** lateinischer Ursprung, geht zurück auf einen altrömischen Geschlechternamen.

**Horst:** erscheint erstmals in einer Chronik des 15. Jh.s für den angelsächsischen Heerführer Horsa (zu altengl. hors

»Pferd«), entweder in Angleichung an den zusammen mit ihm genannten Hengist (zu altengl. hengest »Hengst«) oder an das Wort Horst »Gehölz, Dickicht«.

**Hose̱a:** aus der Bibel, hebräischer Ursprung, zu hebr. hōšeā »Er [Gott] hat geholfen«. Nach der Bibel war Hosea ein Prophet, der sich gegen den Götzendienst und die politischen und sozialen Missstände wandte.

**Howard** ['haʊəd]: aus dem Englischen, geht zurück auf den gleichlautenden Familiennamen; leitet sich z. T. von dem mittelalterlichen Namen Houart, Huward ab, dessen Bestandteile ahd. hugu »Gedanke, Verstand, Geist, Sinn« und ahd. wart »Hüter, Schützer« entsprechen.

**Hu̱bert,** (latinisiert:) Hubẹrtus: alter deutscher Vorname, jüngere Form von Hugbert, Hugubert (ahd. hugu »Gedanke, Verstand, Geist, Sinn« + ahd. beraht »glänzend«).

**Hubẹrtus:** ▸ Hubert.

**Hugh** [hju:]: englische Form von ▸ Hugo.

**Hu̱go:** alter deutscher Vorname, verselbstständigte Kurzform von Namen, die mit »Hug-« (ahd. hugu »Gedanke, Verstand, Geist, Sinn«) gebildet sind.

**Hụmbert:** alter deutscher Vorname, der sich aus der Namensform Hunber[h]t (wahrscheinlich zu german. *hun »Tier-, besonders Bärenjunges« + ahd. beraht »glänzend«) entwickelt hat.

**Hụnno:** Kurzform von Namen, die mit »Hun-« (wahrscheinlich zu german. *hun »Tier-, besonders Bärenjunges«) gebildet sind.

**Hu̱nold:** alter deutscher Vorname, wahrscheinlich zu german. *hun »Tier-, besonders Bärenjunges« + ahd. -walt zu waltan »walten, herrschen«.

**Hunter** ['hʌntə]: geht zurück auf den gleichlautenden englischen Familiennamen, dem eine Berufsbezeichnung (»Jäger«) zugrunde liegt.

**Hụsain,** (auch:) Hụsayn: ▸ Hussein.

**Hüseyịn:** türkische Form von ▸ Hussein.

**Hụssein,** (auch:) Hụsain; Hụsayn: Verkleinerungsform von arab. ḥasan »schön, gut«.

**Hyazịnth,** (auch:) Hyazịnthus: zu griech. Hyákinthos, dessen Bedeutung unklar ist. Nach der griechischen Sage wurde Hyazinth, der Liebling Apolls, von diesem versehentlich mit einem Diskus getötet. Aus seinem Blut entsprang die Hyazinthe.

# I

**Ian** [ɪən]: schottische Form von ▸ John.

**Ibo:** verselbstständigte friesische Kurzform unbekannten Ursprungs.

**Ibrahim:** arabische (Ibrahīm) und türkische Form von ▸ Abraham. Ibrahim gilt über seinen Sohn ▸ Ismail als Stammvater der Araber und Erbauer der ersten Kaaba.

[1]**Iddo:** verselbstständigte Kurzform von heute nicht mehr gebräuchlichen Vornamen, die mit »Id-« (vielleicht zu altnord. ídh »Werk, Tätigkeit«) gebildet wurden.

[2]**Iddo:** biblische Herkunft, zu hebr. 'iddō, wohl Kurzform von yeda'yāh »Jahwe erwählt ihn«, oder zu hebr. 'iddō, wohl Kurzform von 'adāyāh »Jahwe ist wohltätig«.

**Ido:** neuhebräische Form von ▸ [2]Iddo.

**Idris:** arabische Herkunft, zu arab. Idrīs, zu arab. darasa »studieren, lernen«; im Islam Name eines Propheten.

**Ignatius,** (auch:) Ignatz; Ignaz: Name des heiligen Ignatius von Loyola, Gründer des Jesuitenordens, der eigentlich Íñigo López de Recalde (▸ Inigo) hieß, sich später aber nach dem heiligen Märtyrer Ignatius (zu dem alten römischen Geschlechternamen Egnatius) nannte.

**Igor,** aus dem Russischen, geht zurück auf altnordisch Ingvarr, Yngvarr (▸ Ingvar). Der Name gelangte im frühen Mittelalter mit den Warägern nach Russland.

**Ijob:** ▸ Hiob.

[1]**Ike:** verselbstständigte friesische Kurzform unbekannten Ursprungs.

[2]**Ike** [aɪk]: englische Kurzform von Isaac (▸ Isaak).

[1]**Ilan:** serbische, kroatische Ableitung von Ilija (▸ Elias).

[2]**Ilan:** neuhebräischer Ursprung, Bedeutung »Baum«.

**Ilay:** türkische Herkunft, männl. Form von Ilayda, dem Namen einer Wasserfee.

**Ilías:** neugriechische Form von ▸ Elias.

**Ilja:** russische Form von ▸ Elias.

**Ilko:** bulgarische Koseform von Ilija (▸ Elias); vielleicht auch männl. Bildung zu Ilka, einer verselbstständigten friesischen Koseform unbekannten Ursprungs.

**Ilmar:** estnische und schwedische Form von ▸ Ilmari.

**Ilmari:** zurzeit in Finnland beliebte Kurzform von Ilmarinen (zu finn. ilma »Luft«), dem Namen des Schmieds in dem finnischen Nationalepos »Kalevala« von Elias Lönnrot.

**Ilyas:** arabische (Ilyās) und türkische Form von ▸ Elias.

**Immanuel,** (auch:) Imanuel: aus der Bibel, zu hebr. ʻimmānū'ēl »mit uns [ist] Gott«, wohl ein Heilsruf des Tempelkultes. Unter diesem Namen kündigt der Prophet Jesaja nach neutestamentlichem Verständnis den Messias an. Die griechisch-lateinische Form von Immanuel ist ▸ Emanuel.

**Immo,** (auch:) Imo: verselbstständigte Kurzform von Namen, die mit »Irm[en]-« (german. *ermana, *irmina »allumfassend, groß«, später Namenglied mit verstärkender Bedeutung) gebildet wurden.

**Imre:** ungarische Form von ▸ Emmerich.

**Indra:** aus der indischen vedischen Mythologie, Name des Gottes der Atmosphäre und des Himmels, der über den Regen herrscht, gehört wahrscheinlich zu sanskrit. ind »tropfen« bzw. indu »ein Tropfen« + -ra »besitzend«, meint also den »die Regentropfen Besitzenden«.

**Ingemar:** ▸ Ingmar.

**Inger:** schwedische Nebenform von ▸ Ingvar.

**Ingfried:** alter deutscher Vorname, zu ahd. Ing[wio] – Name einer germanischen Gottheit + ahd. fridu »Schutz vor Waffengewalt, Friede; Friedenswahrer«.

**Inghard:** alter deutscher Vorname, zu ahd. Ing[wio] – Name einer germanischen Gottheit + ahd. harti, herti »hart, kräftig, stark«.

**Ingmar:** Nebenform von ▸ Ingomar, auch schwedisch und norwegisch.

**Ingo:** verselbstständigte Kurzform von Namen, die mit »Ingo-« gebildet sind, z. B. ▸ Ingomar.

**Ingolf,** (auch:) Ingulf: alter deutscher Vorname, zu ahd. Ing[wio] – Name einer germanischen Gottheit + ahd. wolf »Wolf«.

**Ingomar,** (auch:) Ingemar; Ingmar: alter deutscher Vorname, zu ahd. Ing[wio] – Name einer germanischen Gottheit + ahd. māri »bekannt, berühmt, angesehen«.

**Ingulf:** ▸ Ingolf.

**Ingvar:** zu altnord. Yngvi (Name einer germanischen Gottheit) + urnord. harjaR, altnord. herr »Heer; Heerführer, Krieger«.

**Inigo:** deutsche und englische Form von span. Íñigo, das über En(n)ego aus Enneco, einem im Mittelalter im Baskenland und in Nordspanien verbreiteten Namen mit umstrittener Etymologie, hervorgegangen ist.

**Inko:** männl. Bildung zu Inka, einer friesischen Koseform unsicherer Herkunft.

**Inno:** verselbstständigte friesische Kurzform unsicherer Herkunft oder Kurzform von ▸ Innozenz.

**Innozenz:** geht zurück auf den römischen Beinamen Innocentius, zu lat. innocēns »unschuldig«.

**Ino:** Variante von ▸ Inno oder italienische Kurzform von Namen, die auf »-ino« ausgehen (z. B. ▸ Angelino, ▸ Antonino).

**Ioánnis:** neugriechische Form von ▸ Johannes.

**Ion:** friesische und rumänische Form von ▸ Johannes.

**Irenäus:** zu griech. eirḗnē »Frieden«.

**Iring:** wohl eine die Zugehörigkeit ausdrückende -ing-Ableitung zu ahd. *ira »Wut, Toben, Einherstürmen«; etwa »der wütend Einherstürmende«.

**Irmo:** verselbstständigte Kurzform von Namen, die mit »Irm[in]-« (german. *ermana, *irmina »allumfassend, groß«, später Namenglied mit verstärkender Bedeutung) gebildet sind.

**Irving** [ˈəːvɪŋ]: aus dem Englischen, geht zurück auf einen schottischen Orts- und Familiennamen.

**Isaak,** (auch:) Isaac: aus der Bibel, zu hebr. yishāq, Kurzform von Namen wie yishāq-'ēl »Gott lächelt [dem Kind] zu«. Nach der Bibel war Isaak der Sohn Abrahams und Saras und einer der Erzväter Israels.

**Isger:** jüngere Form von Isenger (ahd. īsan »Eisen« + ahd. gēr »Speer«).

**Ishaq,** (auch:) Ishak: arabische Form von ▸ Isaak.

**Ishmael** [ˈɪʃmeɪəl]: englische Form von ▸ Ismael.

**Isidor:** zu griech. Isídōros »Geschenk der Göttin Isis«.

**Ismael:** aus der Bibel, zu hebr. yišmā'ēl »Gott erhörte«. Nach der Bibel war Ismael der Sohn Abrahams und der ägyptischen Sklavin Hagar.

**Ismail:** arabische (Ismā'īl), türkische und russische Form von ▸ Ismael. Nach islamischer Tradition gilt Ismā'īl als Stammvater der Araber.

## Die schönsten Jungennamen auf -ian

Adrian * Cassian * Christian * Damian * Darian * Elian * Emilian * Fabian * Finnian * Florian * Julian * Kilian * Marian * Maximilian * Sebastian * Valerian

**Ismar:** alter deutscher Vorname, zu ahd. īsan »Eisen« + ahd. māri »bekannt, berühmt, angesehen«.

**Ismet:** türkische Herkunft, zu arab. ʻiṣmat »Reinheit, Freiheit von Sünde«.

**Iso:** alter deutscher Vorname, Kurzform von Namen, die mit »Is-« (ahd. īsan »Eisen«) gebildet sind.

**Israel:** aus der Bibel, zu hebr. Yisrā'el, dessen Herkunft unklar ist: zu hebr. 'el »Gott« + hebr. sārā »kämpfen, herrschen«, also »Gott herrscht« bzw. »kämpft«, oder zu hebr. yāšār »aufrecht«, Beiname des Patriarchen Jakob.

**István:** ungarische Form von ▸ Stephan.

**Italo:** aus dem Italienischen, Bedeutung »der Italiener«.

**Ivan:** ▸ Iwan.

**Ivano:** italienische Form von ▸ Iwan.

**Ivar:** nordische Herkunft, Entstehung umstritten, entweder zu altnord. ýr »Eibe, Bogen aus Eibenholz« + altnord. herr »Heer; Heerführer, Krieger« oder Nebenform von ▸ Ingvar.

**Iven:** dänische Form von ▸ Iwan.

**Iver:** dänische und norwegische Variante von ▸ Ivar.

**Ives** [ˈiːv]: deutsche Schreibvariante des französischen Vornamens ▸ Yves.

[1]**Ivo,** (selten auch:) Iwo: alter deutscher Vorname, zu ahd. īwa »Eibe; Bogen aus Eibenholz«. Mit dem german. Wort urverwandt ist kelt. *ivos, kymr. ywen, breton. ivin mit der gleichen Bedeutung, sodass der Name auch keltischen Ursprungs sein könnte.

[2]**Ivo:** serbische Kurzform von ▸ Johannes.

**Iwan,** (auch:) Ivan: russische Form von ▸ Johannes, russ. Aussprache [iˈvan].

# J

**Jaak:** niederländische Kurzform von ▸ Jakob.

**Jaap:** niederländische Kurzform von ▸ Jakob.

**Jack** [dʒæk]: aus dem Englischen, Koseform von John (▸ Johannes), entwickelte sich aus Jehan, Jan durch Hinzufügung des Kosesuffixes »-kin« (Jankin, Jackin), wird gelegentlich, unter dem Einfluss von französ. Jacques, als Kurzform von ▸ James aufgefasst.

**Jackie,** (auch:) Jacky [ˈdʒækɪ]: englische Koseform von ▸ Jack.

**Jacob:** Schreibvariante von ▸ Jakob, auch niederländisch und englisch [ˈdʒeɪkəb].

**Jacques** [ʒɑːk], [ʒɑk]: französische Form von ▸ Jakob.

**Jaden,** (auch:) Jayden [ˈdʒeɪdən]: englische Nebenform von ▸ Jadon.

**Jadon:** aus der Bibel, hebräische Herkunft, wohl Kurzform eines Namens mit der Bedeutung »Jahwe herrscht«. Nach dem Alten Testament war Jadon einer der Männer, die nach der Rückkehr aus dem Babylonischen Exil beim Wiederaufbau der Mauer von Jerusalem halfen.

**Jago:** geht zurück auf eine verkürzte Form von ▸ Jakob. Bekannt ist die Gestalt des Jago in Shakespeares Drama »Othello« (1622), englische Aussprache: [ˈdʒeɪgoʊ]. Shakespeare hat diesen Namen aus seiner italienischen Vorlage übernommen, sodass hier eine im Italienischen oder Spanischen (▸ Yago) entstandene Form von Jakob vorliegt.

**Jahn:** ▸ Jan.

**Jaime** [ˈxai̯me]: spanische Form von ▸ Jakob, die aus spätlat. Jacomus hervorgegangen ist.

**Jaimie,** (auch:) Jaimy [ˈdʒeɪmɪ]: englische Koseform von ▸ James.

**Jake** [dʒeɪk]: ursprünglich englische Variante von ▸ Jack, hat sich aber zu einem selbstständigen Vornamen entwickelt.

**Jakim:** slawische (z. B. bulgarische, makedonische, weißrussische) Form von ▸ Joachim.

**Ja̲kob,** (auch:) Ja̲cob: aus der Bibel, hebräischer Ursprung, bedeutet eigentlich »Er [Gott] möge schützen«, wird aber bereits im Alten Testament volksetymologisch als »Fersenhalter« und »er betrügt« verstanden. Nach der Bibel brachte Jakob seinen Zwillingsbruder Esau durch List um dessen Erstgeburtsrecht und durch Betrug um den väterlichen Segen.

**Jako̲bus:** latinisierte Form von ▸ Jakob.

**Jạkov:** russische Form von ▸ Jakob.

**Jạkub:** tschechische, slowakische und polnische Form von ▸ Jakob.

**Jakụp:** türkische Form von ▸ Jakob.

**Jamal:** ▸ Djamal.

**James** [dʒeɪmz]: englische Form von ▸ Jakob.

**Jamie** [ˈdʒeɪmɪ]: schottische Koseform von ▸ James.

**Jami̲l:** ▸ Djamil.



**Jạn:** niederdeutsche, friesische, niederländische, schwedische, polnische, tschechische Form von ▸ Johannes.

**Jạnek:** polnische und tschechische Koseform von Jan (▸ Johannes).

**Jạnick,** (auch:) Jạnic: Schreibvariante von ▸ Janik, ▸ Jannik, ▸ Yannick.

**Jạnik:** slowenische oder eingedeutschte tschechische (Janík) Koseform von ▸ Jan oder Schreibvariante von ▸ Jannik, ▸ Yannick.

**Jạnis:** niederländische und lettische Form von ▸ Johannes, auch Schreibvariante von ▸ Jannis.

**Jạnko:** niederdeutsch-friesische oder slawische (z. B. bulgarische) Koseform von ▸ Jan.

**Jankó** [ˈjɔŋko]: ungarische Koseform von ▸ János.

**Jạnn:** niederdeutsch-friesische Variante von Jan (▸ Johannes).

**Jạnne:** niederdeutsch-friesische, niederländische, norwegische, schwedische, finnische Kurzform von ▸ Johannes.

**Jạnnek:** Koseform von ▸ Jann.

**Jạnnes:** niederdeutsch-friesische Kurzform von ▸ Johannes.

**Jạnni,** (auch:) Jạnny: Koseform von ▸ Jann.

**Jạnnik,** (auch:) Jạnnick; Jạnic: Ableitung von ▸ Johannes, deren genaue Herkunft nicht eindeutig zu ermitteln ist, am ehesten neu belebte niederdeutsch-friesische Koseform von ▸ Jann oder Entlehnung des dänischen Vornamens Jannik, der wiederum deutschen oder slawischen Ursprungs sein kann; möglicherweise aber auch eine

Schreibvariante des tschechischen Vornamens Janík, des slowenischen Vornamens ▸ Janik oder des bretonischen Vornamens ▸ Yannick.

**Janning:** niederdeutsche Koseform von ▸ Jan.

**Jannis:** niederländisch-friesische Kurzform von ▸ Johannes.

**Jánnis:** neugriechische Form von ▸ Johannes.

**Janno:** Ableitung von ▸ Jann.

**Jano:** Ableitung von ▸ Jan, auch tschechisch, serbisch, kroatisch oder ungarisch.

**János** ['ja:noʃ]: ungarische Form von ▸ Johannes.

**Janosch:** eindeutschende Schreibung von ▸ János.

**Janpeter:** Doppelform aus ▸ Jan und ▸ Peter.

**Jans:** niederdeutsch-friesische Kurzform von ▸ Johannes.

**[1]Janus:** latinisierte Form von ▸ Jan, auch niederländische Kurzform von Adrianus (▸ Adrian).

**[2]Janus:** geht zurück auf den Namen des doppelgesichtigen römischen Gottes des Anfangs und des Endes, nach dem der Monat Januar benannt ist.

**Janusch:** eindeutschende Schreibung von ▸ Janusz.

**Janusz** ['januʃ]: polnische Koseform von ▸ Jan.

**Jared,** engl. Aussprache: ['dʒærɪd]: aus dem Englischen, biblische Herkunft (hebr. yered, yāred von ungesicherter Herkunft; vielleicht zur hebr. Wurzel yrd »herabsteigen«).

**Jari:** finnische Herkunft, Kurzform von Jalmari, dem der schwedische Name ▸ Hjalmar zugrunde liegt.

**Jarik:** friesische Koseform von Namen, die mit »Gar-« (vgl. ahd. gēr. »Speer«) beginnen.

**Jarmo,** (auch:) Jarno: finnische Form von ▸ Jeremias.

**Jarne:** in den 1890er-Jahren in Norwegen aufgekommen, unsicherer Herkunft.

**Jaro:** Kurzform von ▸ Jaromir und ▸ Jaroslaw.

**Jaromir:** aus dem Polnischen oder Tschechischen, zu urslaw. *jarь »kühn, stark, zornig, streng« + urslaw. *mirь »Frieden«, auch Ersatz für german. mār, mēr »bekannt, berühmt, angesehen«.

**Jaron:** vielleicht zu griech. hierós »heilig, geheiligt, den Göttern geweiht«.

**Jaroslaw,** (auch:) Jaroslav: aus dem Polnischen oder Tschechischen, zu urslaw. *jarь »kühn, stark, zornig, streng« + urslaw. *slava »Ruhm, Ehre«.

**Jarvis** ['dʒɑ:vɪs]: ursprünglich ein englischer Familienname, der auf den aus Frankreich kommenden Rufnamen Ger-

## Die schönsten Formen von Franz

Ferenc (ungarisch) * Francesco (italienisch) * Francis (englisch) * Francisco (spanisch) * François (französisch) * Frans (niederländisch) * František (tschechisch)

vais(e) (lat. Gervasius) zurückgeht, dessen Etymologie noch ungeklärt ist.

**Jascha:** Koseform von Jakov, der russischen Form von ▸ Jakob.

**¹Jason:** griech. Iásōn, vielleicht zu griech. iáesthai »heilen«. Jason war der Anführer der Argonauten, die nach Kolchis zogen, um das Goldene Vlies zu holen.

**²Jason** [ˈdʒeɪsn]: aus Amerika rückimportierter biblischer Name, der auf die griechische Wiedergabe des hebräischen Namens ▸ Josua zurückgeht.

**Jaspar:** niederdeutsche Form von ▸ Kaspar.

**Jasper:** niederdeutsche, friesische, niederländische und englische [ˈdʒæspə] Form von ▸ Kaspar.

**Javier** [xaˈbi̯ɛr]: spanische Form von ▸ Xaver.

**¹Jay** [dʒeɪ]: angloamerikanische Herkunft, kam auf als Abkürzung von Namen, die mit »J-« beginnen (engl. jay »Jot«), wird inzwischen aber als selbstständiger Vorname gebraucht.

**²Jay** [dʒaj]: indische Herkunft (sanskrit. jaya »Sieg«).

**Jean** [ʒã]: französische Form von ▸ Johannes.

**Jeff** [dʒɛf]: aus dem Englischen übernommene Kurzform von ▸ Jeffrey.

**Jeffrey,** (auch:) Jeffry [ˈdʒɛfrɪ]: englische Herkunft, Nebenform von ▸ Geoffrey.

**Jehiel:** biblische Herkunft (hebr. yehīʼēl »möge er leben, o Gott!«); im Alten Testament Name mehrerer Personen.

**Jenning:** niederdeutsche Koseform von ▸ Johannes.

**Jens:** dänische und niederdeutsch-friesische Form von ▸ Johannes.

**Jeremiah,** engl. Aussprache: [dʒɛrɪˈmaɪə]: englische Form von ▸ Jeremias.

# Klang und Namen

Zu einem besonders langen Familiennamen passt besser ein kurzer Vorname, ein kurzer Familienname harmoniert im Allgemeinen besser mit einem längeren Vornamen.

Klangvoll sind Kombinationen von Vor- und Familienname, in denen sich betonte und unbetonte Silben abwechseln, wie etwa bei **Katharina Weiß** oder **Simon Hardenberg.**

Namenfolgen, die mit dem gleichen Buchstaben beginnen, werden von vielen als wohlklingend empfunden (**Daniel Daum, Marie Messner**), endreimende Verbindungen gelten als weniger schön (**Rose Klose**).

**Jeremias,** (überkonfessionelle Form:) Jeremia: aus der Bibel, zu hebr. yimeyāhū »Jahwe erhöht«. Jeremias ist der zweite der vier großen Propheten des Alten Testaments.

**Jeremy** [ˈdʒɛrɪmɪ]: englische Form von ▸ Jeremias.

**Jero:** schweizerische Koseform von ▸ Hieronymus.

**Jeroen** [jeˈru:n]: niederländische Form von ▸ Hieronymus.

**Jérôme** [ʒeˈro:m]: französische Form von ▸ Hieronymus.

**Jerónimo** [xeˈronimo]: spanische Form von ▸ Hieronymus.

**Jerry** [ˈdʒɛrɪ]: aus dem Englischen übernommene Koseform von ▸ Jeremy und ▸ Gerald.

**Jerzy** [ˈjɛʒi]: polnische Form von ▸ Georg.

**Jesaja:** biblische Herkunft, zu hebr. yešaʻyāh »Jahwe hat geholfen«. Jesaja, Sohn des Amoz, war einer der ersten großen Unheilspropheten der Weltgeschichte.

**Jeschua:** aus der Bibel, zu hebr. yešūaʻ, Kurzform von yehōšūaʻ »Jahwe ist Retter«.

**Jesko:** zugrunde liegt wohl eine slawische Ableitung von ▸ Johannes oder ▸ Jaroslaw.

**Jesper:** dänische Form von ▸ Kaspar.

**Jesse:** aus der Bibel, über griech. Iessai entstandene lateinische Form von hebr. yišay (wohl »Mann von …«). Überkonfessionelle Form: Isai. Nach der Bibel war Isai der Vater Davids und somit einer der Ahnen Jesu.

**Jesus:** griechisch-lateinische Form des hebräischen Namens ▸ Joschua; wurde im deutschen Sprachbereich bis in die Neuzeit aus religiöser Scheu nicht als Vorname vergeben, erscheint dann ganz vereinzelt ab dem 16. Jh., wird ab 1961 in Deutschland gerichtlich als Vorname nicht mehr zugelassen, bis ihn 1998 ein Amtsgericht als Zweitnamen wieder erlaubt.

**Jim** [dʒɪm]: englische Kurzform von James (▸ Jakob).

**Jimmy** [ˈdʒɪmɪ]: Koseform von ▸ Jim.

**Jiri:** eindeutschende Schreibung von Jiří, tschechische Form von ▸ Georg.

**Jirka,** (auch:) Jirko: tschechische Koseform von Jiří (▸ Georg).

**Jo,** engl. Aussprache: [dʒoʊ]: Kurzform von Namen, die mit »Jo-« beginnen, besonders von ▸ Johannes. Englisch Jo ist eine Kurzform von ▸ Joseph.

**Joachim,** (auch:) Joachim, (überkonfessionelle Form:) Jojakim: zu hebr. yōyākīm »Jahwe möge aufrichten«. Nach den neutestamentlichen apokryphen Schriften war Joachim der Mann der heiligen Anna, der Mutter Marias.

## Die schönsten Jungennamen auf -i und -y

Benny * Dimitri * Dori * Freddy * Giovanni * Grigori * Heikki * Henny * Janni * Lauri * Levi * Luigi * Mani * Matti * Nicki * Sammy * Toni * Toby

**Jo̲b:** ▸ Hiob.
**Jo̲bst:** entstanden aus der Vermischung von ▸ Job und ▸ Jost.
**Jọchen,** (auch:) Jọchem; Jọchim: Kurzform von ▸ Joachim.
**Jọckel:** landschaftliche Koseform von ▸ Jakob.
**Jodo̲kus,** (auch:) Jodo̲k: keltischer (bretonischer) Ursprung, zu kelt. jud »Herr«.
**Joe** [dʒoʊ]: englische Kurzform von ▸ Joseph.
**Jo̲el,** (überkonfessionelle Form:) Jo̲ël: aus der Bibel, zu hebr. yōʼēl »Jahwe ist Gott«. Joel war einer der Propheten des Alten Testaments.
**Jo̲han:** Schreibvariante von ▸ Johann, auch niederländisch.
**Jo̲hann,** (auch:) Johạnn: verkürzte Form von ▸ Johannes.
**Johạnnes,** (überkonfessionelle Form:) Johạnan: aus der Bibel, hebräischer Ursprung; griechische Form von hebr. yōḥānān »Jahwe hat Gnade erwiesen«.
**¹Jo̲hn:** durch Zusammenziehung entstandene niederdeutsche Form von ▸ Johann.
**²John** [dʒɔn]: englische Form von ▸ Johannes.
**Johnny** [ˈdʒɔnɪ]: englische Koseform von ▸ John.
**Jo̲n:** durch Zusammenziehung entstandene niederdeutsche Form von ▸ Johann oder Kurzform von ▸ Jonas oder ▸ Jonathan; im Englischen [dʒɔn] Schreibvariante von ▸ John.
**Jo̲nas,** (überkonfessionelle Form:) Jo̲na: aus der Bibel, zu hebr. yōnā »Taube«. Nach der Bibel war Jonas ein Prophet. Er wurde vor dem Ertrinken durch einen großen Fisch (Walfisch) gerettet, der ihn verschlang und dann ans Land spie.
**Jo̲nathan,** (überkonfessionelle Form:) Jo̲natan: aus der Bibel,

zu hebr. yōnātān »Jahwe hat gegeben«. Nach der Bibel war Jonathan der älteste Sohn König Sauls.

**Jonne:** schwedische Koseform von ▸ Johannes.

**Jonny:** Koseform von niederdt. ▸ Jon oder englische Schreibvariante [ˈdʒɔni] von ▸ Johnny.

**Jonte:** schwedische Herkunft, mundartliche Koseform von Jon (▸ Johannes). Jonte ist der Name einer Gestalt in den Jugendbüchern über Meisterdetektiv Kalle Blomquist von Astrid Lindgren.

**Joona:** finnische Form von ▸ Jonas.

**Joost:** ▸ Jost.

**Joram:** aus der Bibel, zu hebr. yōrām »Jahwe ist erhaben«.

**Jöran:** Nebenform von schwed. Göran (▸ Georg).

**Jordan:** geht zurück auf den Namen des Flusses in Palästina, in dem Jesus getauft wurde.

**Jordi,** südfranz. Aussprache: [ʒɔrˈdi], katalan. Aussprache: [ˈʒɔrdi]: südfranzösische und katalanische Form von ▸ Georg.

**Jörg,** (auch:) Jorg: Variante von ▸ Georg.

[1]**Jorge:** Variante von Jorg (▸ Jörg).

[2]**Jorge:** spanische [ˈxɔrxe] und portugiesische [ˈʒɔrʒi] Form von ▸ Georg.

**Jörgen:** niederdeutsch-friesische Nebenform von ▸ Jürgen.

**Jórgos** [ˈjɔrɣɔs]: neugriechische Herkunft, volkstümliche Kurzform von Geórgios (▸ Georg).

**Jorin:** friesische/niederländische Ableitung von ▸ Gregor oder ▸ Georg.

**Joris:** niederdeutsch-friesische und niederländische Form von ▸ Gregor[ius] oder ▸ Georg.

**Jork,** (auch:) Jörk: friesische Koseform von Namen, die mit »Eber-«, »Ever-« gebildet sind, die dadurch entstanden ist, dass das »E-« zu »Jo-« wurde und das »b-/v-« ausgestoßen wurde. Anschließend wurde ein -k-Suffix angehängt.

**Jörn:** durch Zusammenziehung entstandene Form von ▸ Jörgen.

**Jos,** (auch:) Joss: verselbstständigte Kurzform von ▸ Jodokus, auch Kurzform von Namen, die mit »Jos-« beginnen (z. B. ▸ Josef).

[1]**Joscha:** eindeutschende Schreibung von ungar. Jósa, Koseform von ▸ Josef.

[2]**Joscha:** aus der Bibel, hebr. yōšā »Jahwe ist eine Gabe«.

**Joschka:** eindeutschende Schreibung von ungar. Jóska, Koseform von ▸ Josef; auch russische Koseform von ▸ Hiob.

**Joschua:** ▸ Josua.

**José** [xoˈse]: spanische Form von ▸ Josef.

**Josef,** (auch:) Joseph: aus der Bibel, zu hebr. yōsep »hinweggenommen hat Jahwe meine [Rahels] Schmach« oder »Jahwe möge [noch einen Sohn] dazugeben«. Nach der Bibel war Josef der 11. Sohn Jakobs.

**Joseph,** ältere Schreibvariante von ▸ Josef, auch englisch [ˈdʒoʊsɪf] und französisch [ʒoˈzɛf].

**Josh** [dʒɔʃ]: englische Kurzform von Joshua (▸ Josua).

**Joshua** [ˈdʒɔʃwə]: englische Form von ▸ Josua.

**Josiah** [dʒoʊˈsaɪə]: englische Form von ▸ Josias.

**Josias,** (auch:) Josia; (überkonfessionelle Form:) Joschija: aus der Bibel, zu hebr. yōʼšiyyāh »Jahwe möge gewähren« oder »Jahwe bringt hervor«.

**Joss:** ▸ Jos.

**Josse:** niederländische, ursprünglich französische [ʒɔs] Form von ▸ Jodokus.

**Jost,** (auch:) Joost: geht zurück auf Josse, die altfranzösische Namensform von ▸ Jodokus.

**Josua,** (auch:) Joschua: aus der Bibel, zu hebr. yehōšūaʼ »Jahwe ist Retter«. Nach der Bibel war Josua Helfer und Begleiter des Mose. Nach dessen Tod führte er Israel ins Westjordanland. Er hieß, bevor Mose ihn umbenannte, ▸ Hosea.

**Josue:** eindeutschende Schreibweise von Josué, der französischen [ʒozyˈe] bzw. spanischen [xosuˈe] Form von ▸ Josua.

**Jovan:** serbische Form von ▸ Johannes.

**Juan** [xu̯an]: spanische Form von ▸ Johannes.

**Juda:** aus der Bibel, Etymologie unsicher, vielleicht zur hebr. Wurzel ydh(y) »preisen«. Nach der Bibel war Juda, der Ahnherr des gleichnamigen Stammes, ein Sohn Jakobs und Leas.

**Juhani:** finnische Form von ▸ Johannes.

**Jules** [ʒyl]: französische Form von ▸ Julius.

**Julian:** lateinischer Ursprung, geht zurück auf Julianus, einen von ▸ Julius abgeleiteten Beinamen.

**Julien** [ʒyˈljɛ̃]: französische Form von ▸ Julian.

**Julio** [ˈxuli̯o]: spanische Form von ▸ Julius.

**Julius:** lateinischer Ursprung, altrömischer Geschlechtername. Der bekannteste Angehörige des Geschlechts der Julier ist Gaius Julius Cäsar, dem zu Ehren der siebente Monat des Kalenderjahrs benannt ist: lat. [mēnsis] Jūlius.

**Jupp:** rheinische Kurzform von ▸ Josef.
**Jurek:** aus dem Polnischen, Koseform von Jerzy (▸ Georg).
**Jürg:** oberdeutsche Form von ▸ Georg.
**Jürgen:** niederdeutsche Form von ▸ Georg.
**Jurij,** (auch:) Juri: russische Form von ▸ Georg.
**Jürn:** Kurzform von ▸ Jürgen.
**Jussuf:** eindeutschende Form von ▸ Yusuf.
**Just:** ▸ Justus.
**[1]Justin,** (auch:) Justin: ▸ Justinus.
**[2]Justin** [ˈdʒʌstɪn]: englische Form von ▸ Justinus.
**Justinus,** (auch:) Justin: lateinischer Ursprung, Weiterbildung von ▸ Justus.
**Justus,** (auch:) Just: lateinischer Ursprung, lat. iūstus, -a, -um »gerecht; rechtschaffen, redlich«.

# K

**Kaan** [ˈka:an]: zu türk. kaan, älter kağan »Fürst«.
**Kadir:** türkischer Vorname, zu arab. qadīr »mächtig«.
**Kai,** (auch:) Kaj; Kay; Cai; Cay: friesische oder nordische Herkunft, Bedeutung umstritten, vielleicht friesische kindersprachliche Form von Garrit (▸ Gerhard) oder Klais (▸ Nikolaus), möglicherweise auch Verkürzung des lateinischen Vornamens Caius, dessen Herkunft noch unbekannt ist.
**Kailash:** indische Herkunft (sanskrit. Kailāsa), Name eines Berges im Himalaja, wo Kubera, Gott des Reichtums, residiert und sich Schiwas Paradies befindet.
**Kajetan,** (auch:) Kajetan; Cajetan; Cajetan: zu dem römischen Beinamen Caietanus »aus der Stadt Gaeta, lat. Cāiēta, stammend«.
**Kaleb:** aus der Bibel, hebräischer Ursprung, wohl Kurzform eines mit dem Element kalb- »Hund« beginnenden Namens, wobei »Hund« entweder zur Selbsterniedrigung

des Namensträgers dienen konnte oder im Sinne von »treuer Diener« oder auch als »hundswütig« verstanden wurde.

**Kalle:** schwedische und finnische Koseform von ▸ Karl.

**Kálmán:** aus Ungarn stammender Vorname türkischer Herkunft, zu türk. kalmak »bleiben«, etwa »der, der [am Leben] bleibt«, wurde jedoch mit dem Heiligennamen ▸ Koloman gleichgesetzt.

**Kamill:** ▸ Camillus.

**Kamillo:** ▸ Camillo.

**Kamillus:** ▸ Camillus.

**Kandoro:** aus Kenia und Tansania, bedeutet auf Suaheli »Süßkartoffel«.

**Kani:** aus Kenia und Tansania, bedeutet auf Suaheli »Kraft, Stärke«.

**Karel:** tschechische und niederländische Form von ▸ Karl.



**Karim:** zu arab. karīm »wohltätig, großmütig«. Karim ist eine der Bezeichnungen des Propheten Mohammed.

**Karl,** (auch:) Carl: alter deutscher Vorname, Herkunft umstritten, zu ahd. kar[a]l »Mann, Ehemann« oder Koseform eines mit ahd. heri »Heer; Heerführer, Krieger« gebildeten Namens, dem die romanische Koseendung »-olus« angehängt wurde. Karl ist häufig Bestandteil von Doppelformen wie z. B. Karlheinz (▸ Heinz) und Karldieter (▸ Dieter).

**Karlo:** eindeutschende Schreibweise von ▸ Carlo.

**Karol:** polnische Form von ▸ Karl, auch Schreibvariante von ▸ Carol.

**Karolus:** ▸ Carolus.

**Karsten,** (auch:) Carsten: niederdeutsche Form von ▸ Christian.

**Kasimir,** (auch:) Casimir: aus dem Polnischen (Kazimierz), zu urslaw. *kaziti »verderben, vernichten« + urslaw. *mirь »Frieden«, auch Ersatz für german. *mār, mēr »bekannt, berühmt, angesehen«.

**Kaspar,** (auch:) Caspar; Casper; Kasper; Jasper; Jaspar: entstanden aus altpers. kandschwar »Schatzmeister«, zu altpers. gandsch »Schatz«, davon abgeleitet lat. gaza »Schatzkammer«, besonders orientalischer Fürsten.

**Kassian:** ▸ Cassian.

**Kastor,** (auch:) Castor: griechischer Ursprung. Nach der griechischen Sage war Kastor einer der Dioskuren.

**Kay:** Schreibvariante von ▸ Kai.
**Kaya:** zu türk. kaya »Fels«.
**Kazuo:** japanische Herkunft (japan. kazu »Frieden« + japan. o »Mann«).
**Keanu** [kɪˈænu]: hawaiische Herkunft, hawaiisch ke anu »der Kühle«.
**Kees:** ▸ Cees.
**Keith** [ki:θ]: aus dem Englischen übernommen, geht zurück auf einen schottischen Orts- und Familiennamen.
**Kelly:** ursprünglich ein englischer Familienname, dem der irische Familienname O'Ceallaigh »Nachkomme des Ceallach« oder ein schottischer Ortsname zugrunde liegen kann.
**Kelvin:** geht zurück auf einen schottischen Flussnamen, Kelvin kam in England vielleicht unter dem Einfluss von Namen wie ▸ Calvin und ▸ Melvin auf.
**Kemal:** zu türk. kemâl »Vollkommenheit« .
**Ken:** Kurzform von ▸ Kenneth.
**Kenan:** aus der Bibel, zu hebr. qēnān, wohl zu hebr. qayin »Lanze«, in übertragenem Sinn »Schmied« + Verkleinerungsendung -ān, also »kleiner Schmied«.
**Kenneth** [ˈkɛnɪθ]: aus dem Englischen, keltischer Ursprung, von zwei gälischen Namen ableitbar: Cinaed (wahrscheinlich »aus Feuer geboren«) und Coinneach (»hübsch«).
**Kenny:** Koseform von ▸ Kenneth.
**Keno:** friesische Form von ▸ Kuno.
**Kent:** ursprünglich ein englischer Familienname, der jemanden bezeichnete, der aus der Grafschaft Kent stammte.
**Kerim:** türkische Form von ▸ Karim.
**Kerst:** verkürzte Form von ▸ Kersten.
**Kersten:** niederdeutsche Form von ▸ Christian.
**Kevin:** irischer Ursprung, zugrunde liegt der gälische Name Caoimhín, ursprünglich ein Beiname (Verkleinerungsform zu gäl. caomh »anmutig«).
**Khalid** [ˈxa:lid]: arabische Herkunft (arab. khālid »unsterblich, ewig« zu arab. khalada »immer bleiben, ein langes Leben genießen«). Türk. Form: Halit.
**Kian** [ˈkɪæn]: zu irisch cian »alt, anhaltend, fortdauernd«.
**Kieran,** (auch:) Kieren; Kieron [ˈkɪərən]: englische Form des irischen Namens Ciarán (zu gäl. ciar »schwarz«).
**Kilian:** geht zurück auf den Namen des heiligen Kilian, zu altir. killena »Kirchenmann«, eines irischen Missionars, der im 7. Jh. als Wanderbischof nach Würzburg kam.

## Die schönsten nordischen Jungennamen

Arvid * Dag * Einar * Gunnar * Holm * Ingvar * Ivar * Kjetil * Leif * Olaf * Stig * Sven * Torsten * Torvid

[1]**Kim:** englische Herkunft, Kurzform von Kimball, ursprünglich ein Familienname, oder von Kimberley, dem ein Ortsname bzw. der davon abgeleitete Familienname zugrunde liegt.

[2]**Kim:** russische, schwedische, norwegische Kurzform von ▸Joachim.

**Kiran:** indische Herkunft (sanskrit. kiraṇa »Staub; Strahl«, später »Lichtstrahl«, besonders »Sonnen-, Mondstrahl«).

**Kirk** [kəːk]: schottische/englische Herkunft, ursprünglich ein Familienname nach dem Wohnsitz bei einer Kirche, zu altnord. kirkja »Kirche«.

**Kirsten:** niederdeutsche Form von ▸Christian.

**Kjell:** schwedische und norwegische Kurzform von ▸Kjetil.

**Kjetil:** zu altnord. ketill »[Opfer]kessel« oder »Helm«.

**Klaas,** (auch:) Claas: niederdeutsche und niederländische Kurzform von ▸Nikolaus.

**Klas,** (auch:) Clas: Kurzform von ▸Nikolaus.

**Klaudius:** ▸Claudius.

**Klaus,** (auch:) Claus: Kurzform von ▸Nikolaus. Klaus ist auch Bestandteil von Doppelformen wie z. B. Klausdieter (▸Dieter).

**Klemens:** ▸Clemens.

**Knut,** (auch:) Knud: aus dem Nordischen, Herkunft unklar, vielleicht aus dem Deutschen entlehnt (vgl. mhd. knūȥ »waghalsig, vermessen, keck« oder ahd. kind »Sohn, Nachkomme«) oder zu altnord. knútr »Knute«.

**Kolja:** russische Koseform von Nikolai (▸Nikolaus).

**Koloman,** (auch:) Koloman: geht zurück auf Columbanus (zu lat. columba »Taube«), die latinisierte Form des irischen Klosternamens Colum (vgl. auch ▸Callum).

**Kọnrad,** (auch:) Cọnrad: alter deutscher Vorname, zu ahd. kuoni »kühn, tapfer« + ahd. rāt »Rat, Beratung, Ratgeber«, etwa »kühn in der Beratung«.

**Kọnradin,** (auch:) Cọnradin: Koseform von ▸ Konrad.

**Kọnstantin,** (auch:) Cọnstantin: lateinischer Ursprung, geht zurück auf den römischen Beinamen Constantinus, eine Weiterbildung von Constantius (zu lat. cōnstāns »standhaft«).

**Korbinia̱n,** (auch:) Korbi̱nian; Corbi̱nian: Erweiterung zu lat. corvus »Rabe«, vermutlich eine durch die lat. Endung »-īniānus« erweiterte Übersetzung des häufig vorkommenden Namens Hraban »Rabe«.

**Kọrd,** (auch:) Cọrd; Cọrdt: niederdeutsche Kurzform von ▸ Konrad.

**Korne̱l:** ▸ Cornelius.

**Korne̱lius:** ▸ Cornelius.

**Kọsmas,** (auch:) Cọsmas: zu griech. kósmios »geschmückt, wohlgeordnet, bedacht«.

**Kọsta:** russische, serbische, kroatische Koseform von ▸ Konstantin.

**Kọ́stas:** neugriechische Koseform von ▸ Konstantin.

**Kọstja:** russische Koseform von ▸ Konstantin.

**Krịs:** Schreibvariante von ▸ Chris.

**Kri̱schan:** niederdeutsche Form von ▸ Christian.

**Krịschna,** (auch:) Krịshna: indischer Ursprung, Bedeutung »der Dunkle, der Blauschwarze«, geht zurück auf den mythischen indischen Helden Krischna, der als achte Erscheinung des Gottes Wischnu gilt. Krischna wird in der Kunst immer mit dunkelblauer Hautfarbe dargestellt.

**Krịster:** nordische Nebenform von ▸ Christian. Lett. Form: Krịsters.

**Krịstian:** (vorwiegend skandinavische) Schreibvariante von ▸ Christian.

**Krịstof:** (vorwiegend skandinavische) Schreibvariante von ▸ Christoph.

**Krịstoffer:** (vorwiegend skandinavische) Schreibvariante von ▸ Christopher.

**Kuma̱r:** indische Herkunft (sanskrit. kumāra »Junge; Sohn«).

**Ku̱no:** alter deutscher Vorname, verselbstständigte Kurzform von ▸ Konrad.

**Kụrt,** (auch:) Cụrt; Cụrd: alter deutscher Vorname, verselbstständigte Kurzform von ▸ Konrad.

**Kyle** [kaɪl]: englischer Ursprung, geht zurück auf einen schottischen Familiennamen, der auf einem Orts- oder Flurnamen (zu gäl. caol »eng«) beruht.

**Kyrill:** ▸ Cyrillus.

**Kyros:** ▸ Cyrus.

# L

**Ladislaus,** (auch:) Ladislav; Ladislaw: lateinische Form von poln. Władysław, tschech. Vladislav, Ladislav (urslaw. *vold- »herrschen« + urslaw. *slava »Ruhm, Ehre«).

**Lais,** (überkonfessionelle Form:) Lajisch: aus der Bibel, zu hebr. layiš »Löwe«.

**Lajos** [ˈlɔjoʃ]: ungarische Form von ▸ Ludwig.

**Lamar:** englische Herkunft, verkürzte Form des Familiennamens Delamare, dem der häufige französische Ortsname La Mare (»Teich, Tümpel, Lache«) zugrunde liegt.

**Lambert,** (auch:) Lammert: jüngere Form von Lambrecht/Lamprecht (ahd. lant »Land« + ahd. beraht »glänzend«).

**Lambertus:** latinisierte Form von ▸ Lambert.

**Lancelot,** (auch:) Lanzelot: geht zurück auf den Namen des Ritters aus den Artussagen, der als Muster höfischer Tugenden galt. Der Name ist wahrscheinlich eine mit zweifachem französischen Suffix (-el + -ot) erweiterte Koseform zu dem germanischen Namen Lanzo, der Koseform eines mit lant »Land« gebildeten Namens.

**Lando:** alte Kurzform von Namen, die mit »Land-« gebildet sind (z. B. ▸ Landolf und ▸ Lambert).

**Landolf:** alter deutscher Vorname, zu ahd. lant »Land« + ahd. wolf »Wolf«.

**Larry** [ˈlæ...]: englische Kurzform von Laurence, Lawrence (▸ Laurentius).

**Lars:** schwedische, dänische und norwegische Form von ▸ Laurentius.

**Lasar:** Nebenform von Lazar (▸ Lazarus).

**Laslo:** eindeutschende Schreibung von ungar. László (▸ Ladislaus).

**Lasse:** schwedische und norwegische Koseform von ▸ Lars.

**László** [ˈlaːsloː]: ungarische Form von ▸ Ladislaus.

**Latif:** arabischer Ursprung, gekürzte Form von Abd-el-Latif (arab. ʻabd »Diener« + arab. al latîf »der Gütige, Sanftmütige«, einer der Beinamen Allahs: »Diener [Gottes,] des Gütigen«).

**Lauren** [ˈlɔːrən]: englische Herkunft, Kurzform von ▸ Laurence.

**Laurence** [ˈlɔrəns]: englische Form von ▸ Laurentius.

**Laurens:** schwedische Form von ▸ Laurentius.

**Laurent** [loˈrã]: französische Form von ▸ Laurentius.

**Laurentius,** (auch:) Laurenz; Lorenz: lateinischer Ursprung, geht zurück auf den römischen Beinamen Laurentius (»der aus der Stadt Laurentum Stammende«), schon früh durch volkstümliche Anlehnung an lat. laurus »Lorbeer; Lorbeerkranz« zu »der Lorbeerbekränzte« umgedeutet.

**Lauri:** Koseform von Laurenz (▸ Laurentius), auch englisch [ˈlɔrɪ], schwedisch, finnisch.

**Laurids** [ˈlau̯ris]: dänische Variante von ▸ Laurits.

**Laurin:** Herkunft und Bedeutung unklar. Laurin ist der Name des Zwergenkönigs in der Heldendichtung um Dietrich von Bern.

**Lauris:** niederländische Kurzform von ▸ Laurentius.

**Laurits,** (auch:) Lauritz: dänische Form von ▸ Laurentius, auch norwegisch. Dänische Aussprache: [ˈlau̯ris].

**Lawrence** [ˈlɔrəns]: englische Form von ▸ Laurentius.

**Lazarus,** (auch:) Lazar; Lasar: aus der Bibel, latinisierte Form von hebr. laʻzār, einer Abkürzung von ʼēl-ʻāzār »dem Gott hilft«. Eine biblische Gestalt ist der arme Lazarus, der im Mittelalter der Patron der Bettler und Armen war.

**Lean:** um die Jahrtausendwende aufgekommene Kurzform von ▸ Leander.

**Leander:** wohl zu griech. laós, leṓs »Volk« und anḗr, andrós »Mann«.

**Leandro:** italienische und spanische Form von ▸ Leander.

**Lee,** (auch:) Leigh [liː]: ursprünglich ein englischer Familienname, dem ein Örtlichkeitsname zu altengl. lēah »Wald; Lichtung; Wiese« zugrunde liegt.

## Die schönsten Jungennamen auf -on

Aaron * Amon * Anton * Egon * Gereon * Hakon * Jadon * Jason * Jon * Leon * Lion * Marlon * Simon * Timon * Yaron

**Le̱if:** nordische Kurzform von Zusammensetzungen mit -leifr »Erbe, Hinterlassenschaft«.

**Leigh:** ▸ Lee.

**Lẹn:** englische Kurzform von Leonard (▸ Leonhard).

**Le̱nhard:** ▸ Leonhard.

**Lennard,** (auch:) Le̱nard [ˈlɛnəd]: englische Nebenform von ▸ Leonard.

**Lẹnnart:** schwedische Form von ▸ Leonhard.

**Lẹnnert:** niederdeutsche Form von ▸ Leonhard.

**Lẹnni:** Koseform von ▸ Lennert, auch deutsche Schreibvariante von ▸ Lenny.

**Lẹnny:** englische Koseform von Leonard (▸ Leonhard).

[1]**Le̱o:** griechischer und lateinischer Ursprung, geht zurück auf den spätrömischen Beinamen Leo (lat. leo »Löwe«).

[2]**Le̱o:** Kurzform von ▸ Leonhard und ▸ Leopold.

**Le̱on:** Variante von ▸ [1]Leo oder Kurzform von ▸ Leonhard.

**Léon** [leˈɔ̃]: französische Form von ▸ [1]Leo.

**Leonard,** (auch:) Lẹnnard; Le̱nard [ˈlɛnəd]: englische Form von ▸ Leonhard.

**Léonard** [leoˈnaːr]: französische Form von ▸ Leonhard.

**Leonạrdo:** italienische Form von ▸ Leonhard.

**Le̱onhard:** im romanisch-germanischen Mischgebiet des Frankenreichs entstanden, roman. *leon(e) < lat. leo, leōnis »Löwe« + german. *hardu »hart, kräftig, stark«, etwa »stark wie ein Löwe«.

**Le̱onid:** zum Personennamen Léōn, aus griech. léōn »Löwe« mit dem patronymischen Suffix -ídēs, also »Sohn des Leon«.

**Le̱opold,** (auch:) Lu̱itpold: alter deutscher Vorname, der auf die Latinisierung von ▸ Luitpold zurückgeht.

**Leslie:** aus dem Englischen, zugrunde liegt ein schottischer Orts- und Familienname; ursprünglich männl. Vorname, seit den 1960er-Jahren in den USA häufiger als Mädchenname verwendet.

**Lester:** phonetische Schreibung des englischen Orts- und Familiennamens Leicester, Verwendung als Vorname seit dem 19. Jh.

**Lev:** ▸ Lew.

**Levente** [ˈlɛvɛntɛ]: ungarische Herkunft (zu ungar. lenni »sein«, etwa »der Seiende, Existierende«). Der Name wurde im 19. Jh. wiederbelebt.

**Levi,** (auch:) Levy: aus der Bibel, hebräischer Ursprung, wird in der Bibel volksetymologisch mit der Wurzel lwh »sich anschließen« in Verbindung gebracht, Urbedeutung möglicherweise »Anhänger, Verehrer des Gottes ...«.

**Levin,** (auch:) Lewin: niederdeutscher Vorname, zu altsächs. liof »lieb, wert, freundlich« + altsächs. wini »Freund«.

**Lew,** (auch:) Lev [ljɛf]: russische Form von ▸ Leo.

**Lewin:** ▸ Levin.

**Lewis** [ˈluːɪs]: englische Form von ▸ Ludwig.

**Lex:** Kurzform von ▸ Alexander oder ▸ Alexis, auch englisch.

**Li:** chinesische Herkunft, Bedeutung »Pflaumenbaum«.

**Liam** [ˈliːəm]: ursprünglich irische Kurzform von William (▸ Wilhelm).

**Lian:** chinesische Herkunft, Bedeutung »anmutiger Weidenbaum«.

**Lias:** Kurzform von ▸ Elias.

**Liborius,** (auch:) Libor; Börries: lateinischer Ursprung, Bedeutung unklar.

**Lienhard:** oberdeutsche Nebenform von ▸ Leonhard.

**Linnart:** ▸ Lennart.

**Lino:** italienische Form von ▸ Linus oder Kurzform von Namen auf »-lino« (z. B. ▸ Angelino).

**Linus:** griechische/lateinische Herkunft, Bedeutung unklar. In der griechischen Mythologie war Línos, Sohn des Apollon, Lehrer des Herakles in der Musik.

**Lio:** Variante von ▸ [1]Leo in Anlehnung an ▸ Lion.

**Lion:** Variante von ▸ Leo(n).

**Lionel,** (auch:) Lyonel [ˈlaɪənl]: aus dem Englischen, geht zurück auf eine altfranzösische Koseform von ▸ Léon.

**Livio:** italienische Form von ▸ Livius.

**Livius:** lateinischer Ursprung, geht zurück auf einen römi-

## Die schönsten schwedischen Jungennamen

Anders * Bengt * Bertil * Björn * Göran * Gösta * Jonne * Kalle * Lars * Laurens * Lennart * Mats * Olof * Sixten * Staffan

schen Geschlechternamen ungeklärter Herkunft und Bedeutung.

**Lloyd** [lɔɪd]: englische Schreibweise eines ursprünglich walisischen Vor- und Familiennamens (zu walisisch llwyd »grau«).

**Logan** [ˈloʊgən]: aus dem Englischen entlehnter Vorname, ursprünglich ein schottischer Orts- und Familienname.

**Loic:** aus dem Französischen (Loïc), wohl Koseform von Loeiz, der bretonischen Form von ▸ Louis.

**Lois:** Kurzform von ▸ Alois.

**Loren:** Kurzform von ▸ Lorenz, auch englische Variante von ▸ Lauren.

**Lorenz:** deutsche Form von ▸ Laurentius.

**Lorenzo:** italienische Form von ▸ Laurentius.

**Lorin** [ˈlɔrɪn]: englische Variante von ▸ Loren.

**Loris:** italienische männliche Bildung zu Lora, Kurzform von Eleonora (altprovenzalische Herkunft, unsichere Etymologie) oder Nebenform von Laura (zu lat. laurea »Lorbeerbaum, Lorbeerkranz«).

**Lorne** [lɔːn]: nach dem schottischen Ortsnamen Lorn.

**Lothar,** (selten auch:) Lotar: alter deutscher Vorname, zu ahd. hlūt »laut, berühmt« + ahd. heri »Heer; Heerführer, Krieger«.

**Lou** [luː]: Kurzform von ▸ Louis.

**Louis,** deutsche und englische Aussprache [ˈluːɪs], französische Aussprache [lwɪ]: französische Form von ▸ Ludwig, auch im Englischen und Deutschen geläufig.

**Lovis:** niederdeutsche Form von ▸ Louis.

**Lu:** Kurzform von ▸ Ludwig.

**Luc** [lyk]: französische Form von ▸ Lukas.

**Luca:** italienische Form von ▸ Lukas.

**Lucas:** ▸ Lukas.

**Lucian,** (auch:) Luzian: geht zurück auf den römischen Beinamen Lucianus, Weiterbildung von ▸ Lucius.

**Luciano** [luˈtʃa:no]: italienische Form von Lucianus (▸ Lucian).

**Lucien** [lyˈsjɛ̃]: französische Form von Lucianus (▸ Lucian).

**Lucio** [ˈlu:tʃo]: italienische Form von ▸ Lucius.

**Lucius,** (auch:) Luzius: geht zurück auf einen alten, sehr verbreiteten römischen Vornamen (Praenomen), zu lat. lūx »Licht«, also »der Lichte, der Glänzende« oder »der bei Tagesanbruch Geborene«.

**Ludewig:** ▸ Ludwig.

**Ludger:** niederdeutsche Form von Liutger (ahd. liut »Volk« + ahd. gēr »Speer«).

**Ludo:** Kurzform von Namen, die mit »Lud-« (z. B. ▸ Ludolf) gebildet sind.

**Ludolf:** zu ahd. liut »Volk« + ahd. wolf »Wolf«.

**Ludwig,** (auch:) Ludewig: alter deutscher Vorname, zu ahd. hlūt »laut, berühmt« + ahd. wīg »Kampf, Krieg«; etwa »berühmter Krieger«.

**Ludwin:** ▸ Luitwin.

**Luigi** [luˈi:dʒi]: italienische Form von ▸ Ludwig.

[1]**Luis:** eindeutschende Schreibung von französ. ▸ Louis.

[2]**Luis:** spanische Form von ▸ Ludwig.

**Luitpold,** (auch:) Lupold; Leopold: alter deutscher Vorname, zu ahd. liut »Volk« + ahd. bald »kühn«.

**Luitwin,** (auch:) Ludwin; Lutwin: alter deutscher Vorname, zu ahd. liut »Volk« + ahd. wini »Freund«.

**Luka:** russische, serbische, kroatische Form von ▸ Lukas oder Eindeutschung von italienisch ▸ Luca.

**Lukas,** (auch:) Lucas: lateinischer Ursprung, mit dem griechischen Suffix »-âs« gebildete Ableitung von ▸ Lucius (etwa »der große Lúkios/Lucius«).

**Luke** [lu:k]: englische Form von ▸ Lukas.

**Lupold:** ▸ Luitpold.

**Lutwin:** ▸ Luitwin.

**Lutz:** Koseform von ▸ Ludwig.

**Luzian:** ▸ Lucian.

**Luzius:** ▸ Lucius.

**Lyonel** [ˈlaiənl]: englische Variante von ▸ Lionel.

**Lysander:** lateinische Form des griechischen Namens Lýsandros (zu griech. lýō »lösen, befreien« und griech. anḗr, andrós »Mann«, etwa »der Männer Befreiende«).

# M

**Maarten:** niederdeutsch-friesische und niederländische Form von ▸ Martin.

**Mads:** dänische Kurzform von ▸ Matthias oder ▸ Matthäus.

**Madu:** aus Nigeria, bedeutet in der Ibo-Sprache »Volk«.

**Maël** [maˈɛl]: aus dem Französischen, bretonische Herkunft, zu altbretonisch mael »Prinz«.

**Magnus:** zu lat. māgnus »groß«.

**Mahavir:** indische Herkunft (sanskrit. mahā »groß« + sanskrit. vīra »Held«: »großer Held«), Beiname der Götter Indra und Wischnu.

**Mahmut** [maxˈmut]: türkische Form des arabischen Namens Maḥmūd (»der Lobenswerte, der Gepriesene«, zu arab. ḥamida »loben, rühmen, preisen«, einer der Beinamen des Propheten Mohammed).

**Maik:** eindeutschende Schreibung von ▸ Mike.

**Maiko:** ▸ Meiko.

**Maksim:** russische Form von ▸ Maximus.

**Malcolm,** engl. Aussprache: [ˈmælkəm]: aus dem Englischen, geht zurück auf gäl. maol-Columb »Diener/Schüler des [heiligen] Columba« (▸ Callum).

**¹Malik:** gekürzte Form des arabischen Namens Abd-el-Malik (arab. ʻabd »Diener« + al-mālik »der Besitzer, König« zu arab. malaka »besitzen«, einer der Beinamen Allahs: »Diener [Gottes,] des Königs«).

**²Malik:** bulgarische Koseform von Namen wie z. B. Malomir (urslaw. *malъ »klein« + urslaw. *mirъ »Friede«).

**Malte:** aus dem Dänischen, geht zurück auf eine alte deutsche Kurzform von Helmolt (ahd. helm »Helm« + ahd. -walt zu waltan »walten, herrschen«).

**Malvin** [ˈmælvɪn]: englische Nebenform von ▸ Melvin.

**Malwin:** Eindeutschung von ▸ Malvin, vielleicht auch Wiederaufnahme einer jüngeren Form des deutschen Vornamens

Madalwin (zu got. maþl »festes Wort, Verhandlung, Versammlung« + ahd. wini »Freund«).

**Mạnfred,** (auch:) Mạnfried: normannische Form von Manfried (ahd. man »Mann« + ahd. fridu »Schutz vor Waffengewalt, Friede; Friedenswahrer«).

**Mạnhard,** (auch:) Mạnhart: alter deutscher Vorname (ahd. man »Mann« + ahd. harti, herti »hart, kräftig, stark«).

**Ma̲ni:** indische Herkunft (sanskrit. maṇi »Kleinod, Juwel«).

**Manọ́lis:** griechische Form von ▸ Immanuel.

**Manọlo,** (auch:) Manoli̲to: spanische Koseformen von ▸ Manuel.

**Ma̲nuel:** spanische Form von ▸ Immanuel, spanische Betonung Manuẹl.

**Mạrbert:** alter deutscher Vorname (ahd. marah »Pferd« + ahd. beraht »glänzend, berühmt«).

**Mạrc:** französische und katalanische Form von ▸ Markus.

**Marcel** [...ˈsɛl]: französische Form von ▸ Marcellus.

**Marcẹll:** ▸ Marcellus.

**Marcellino** [martʃelˈliːno]: italienische Form von ▸ Marcellinus.

**Marcelli̲nus:** Weiterbildung von ▸ Marcellus.

**Marcello** [marˈtʃɛlo]: italienische Form von ▸ Marcellus.

**Marcẹllus,** (auch:) Marzẹllus; Marcẹll; Marzẹll: lateinischer Ursprung; der Name ist eine Weiterbildung zu lat. Marcus (▸ Markus).

**Marcin** [ˈmartçin]: polnische Form von ▸ Martin.

**Mạrco:** italienische Form von ▸ Markus.

**Mạrcos:** spanische Form von ▸ Markus.

**Mạrcus:** ▸ Markus.

**Mạrek:** polnische, slowakische und tschechische Form von ▸ Markus.

**Ma̲rian,** (auch:) Maria̲nus: deutsche Form des römischen Beinamens Marianus, einer Weiterbildung von ▸ Marius, oder eine männliche Bildung zu Maria, griechische und lateinische Form von hebräisch (aramäisch) Mirjām, dessen Herkunft noch nicht sicher geklärt ist.

**Maria̲no:** italienische und spanische Form von ▸ Marian.

**Maria̲nus:** ▸ Marian.

**Mạrijan:** serbische, kroatische, slowenische Form von ▸ Marian.

**Mari̲no:** italienische Form von ▸ Marinus.

**Mari̲nus:** lateinischer Ursprung, geht zurück auf den römi-

## Die schönsten Formen von Georg

Georges (französisch) * Giorgio (italienisch) * Göran (schwedisch) * Jerzy (polnisch) * Jordi (katalanisch) * Jórgos (neugriechisch) * Jurij (russisch)

schen Beinamen Marinus, eine Ableitung von ▸Marius, wurde aber bereits in spätrömischer Zeit in Verbindung gebracht mit lat. marīnus »am Meer lebend«.

**Mario:** italienische und spanische Form von ▸Marius.

**Maris:** Variante von ▸Marius.

**Marius:** lateinischer Ursprung, geht zurück auf einen altrömischen Geschlechternamen.

[1]**Mark:** deutsche und englische Form von ▸Markus.

[2]**Mark,** (auch:) Marke: Kurzform von ▸Markolf, ▸Markward.

**Marko:** eindeutschende Schreibung von ▸Marco.

**Markolf:** alter deutscher Vorname, zu ahd. marcha »Grenze« + ahd. wolf »Wolf«.

**Markus,** (auch:) Marcus: lateinischer Ursprung, geht zurück auf den Vornamen (Praenomen) Mārcus (aus älterem Mārt-kos »dem Mars zugehörig, geweiht«), wurde ursprünglich den im »Mēnsis Mārtius« (März) Geborenen als Name gegeben.

**Markward,** (auch:) Markwart: alter deutscher Vorname, zu ahd. marcha »Grenze« + ahd. wart »Hüter, Schützer«.

**Marlin** ['mɑːlɪn]: aus dem Englischen, Variante von ▸Merlin.

**Marlon,** engl. Aussprache ['mɑːlən]: aus dem Angloamerikanischen; zugrunde liegt vielleicht eine altfranzös. Koseform von Marc (▸Markus).

**Marnin:** neuhebräische Herkunft (neuhebr. marnin »erfreuend, erfreulich«).

**Marten:** niederdeutsche Form von ▸Martin.

**Martijn** ['martein]: niederländische Form von ▸Martin.

**Martin:** lateinischer Ursprung, geht zurück auf den römischen Beinamen Martinus (zu lat. Mārs, -tis, dem Namen des Kriegsgottes).

**Martino:** italienische Form von ▸ Martin.
**Márton:** ungarische Form von ▸ Martin.
**Marty:** englische Koseform von ▸ Martin.
**Marvin,** (auch:) Marvyn [ˈmɑːvɪn]: aus dem Englischen; zugrunde liegt der walisische Name Merfyn, aus dem mehrere englische Familiennamen hervorgegangen sind.
**Marwin:** alter deutscher Vorname, zu ahd. māri »bekannt, berühmt, angesehen« + ahd. wini »Freund« oder Eindeutschung von ▸ Marvin.
**Marzell,** (auch:) Marcell: deutsche Form von ▸ Marcellus.
**Marzellus:** ▸ Marcellus.
**Massimo:** italienische Form von ▸ Maximus.
**Mateo:** spanische Form von ▸ Matthäus.
**Mathew** [ˈmæθjuː]: englische Schreibvariante von ▸ Matthew.
**Mathias:** Schreibvariante von ▸ Matthias, auch dänisch.
**Mathieu** [maˈtjø]: französische Form von ▸ Matthäus.
**Mathis,** (auch:) Mattis; Matthis: verkürzte Form von ▸ Matthias.
**Mats:** schwedische Kurzform von ▸ Matthias.
**Matteo:** italienische Form von ▸ Matthäus.
**Mattes,** (auch:) Matthes: verkürzte Form von ▸ Matthäus.
**Matthäus:** geht zurück auf die griechische/lateinische Form von hebr. Mattai, Kurzform von hebr. mattanyāh »Gabe Jahwes«.
**Matthew** [ˈmæθjuː]: englische Form von ▸ Matthäus.
**Matthias:** griechische Kurzform von Mattatías, zu hebr. mattityāh »Gabe Jahwes«.
**Matthieu:** ▸ Mathieu.
**Matthis:** ▸ Mathis.
**Matti:** finnische Form von ▸ Matthias.
**Mattias:** ▸ Matthias.
**Maurice:** englische [ˈmɔrɪs] und französische [moˈris] Form von ▸ Moritz.
**Mauritius:** ▸ Moritz.
**Maurits:** niederländische, norwegische und schwedische Form von ▸ Moritz.
**Mauritz:** ▸ Moritz.
**Maurizio:** italienische Form von ▸ Moritz.
**Mauro:** italienische Form von ▸ Maurus.
**Maurus:** lateinischer Ursprung, geht zurück auf einen römischen Beinamen (lat. maurus »der aus Mauretanien Stammende«).

## Die schönsten polnischen Jungennamen

Filip * Henryk * Jakub * Janek * Janusz * Jaromir * Jerzy * Jurek * Karol * Marcin * Marek * Mikolai * Tadeusz * Tadzio * Tomasz

**Mạx:** Kurzform von ▸ Maximilian.

**Mạxim:** deutsche Form des römischen Beinamens Maximus (lat. māximus, -a, -um »der Größte«).

**Maxime** [makˈsim]: französische Form von ▸ Maximus.

**Maximilian:** geht zurück auf die vulgärlateinische Form (Maximilianus) des römischen Beinamens Maximillianus, einer Bildung zu lat. māximus »der Größte«.

**Maximilien** [maksimiˈljɛ̃]: französische Form von ▸ Maximilian.

**Maximin:** deutsche Form von Maximinus, einem römischen Beinamen zu lat. māximus, -a, -um »der Größte«.

**Mạximo:** spanische Form (Máximo) von ▸ Maxim.

**Mehmẹt:** türkische Form von ▸ Mohammed.

**Meik,** (auch:) Maik: eindeutschende Schreibung von engl. ▸ Mike.

**Meiko:** niederdeutsch-friesische Koseform von Namen, die mit »Mein-« gebildet sind (z. B. ▸ Meinhard).

**Meinhard,** (auch:) Meinard; Meinert: alter deutscher Vorname, zu ahd. magan, megin »Kraft, Stärke, Macht« + ahd. harti, herti »hart, kräftig, stark«.

**Mẹl:** englische Kurzform von ▸ Melvin.

**Mẹlchior:** zu hebr. *Melki'or, zu hebr. mäläk »König« und ōr »Licht«, etwa »König [Jahwe] ist Licht«. Melchior ist einer der Heiligen Drei Könige.

**Melẹk:** türkische Form von ▸ [1]Malik.

**Mẹlvin,** (auch:) Mẹlvyn; Malvin [ˈmæ...]: aus dem Englischen, Rückbildung aus dem weibl. Vornamen Melvina: geht zurück auf den Namen Malvina aus »The Works of Ossian« von James MacPherson (möglicherweise in Anlehnung an gäl. maol-mhin »glatte Augenbraue«).

**Melwin:** Eindeutschung von ▸ Melvin.

**Merlin,** aus dem Englischen, stammt aus dem Sagenkreis um den walisischen König Artus, geht zurück auf die entstellende Latinisierung von kelt. (walis.) Myrddin, Merddin (wohl mit der Bedeutung »Hügel am Meer, Düne«).

**Merten:** niederdeutsche Form von ▸ Martin.

**Mervyn:** aus dem Englischen, walisischer Ursprung, ▸ Marvin.

**Merwin:** Eindeutschung von ▸ Mervyn oder Variante von ▸ Marwin.

**Metin:** zu türk. metin »stark, vertrauenswürdig« aus gleichbedeutend arab. matīn.

**¹Micha:** aus der Bibel, zu hebr. mīkā, Kurzform von mīkā'ēl »wer ist wie Gott?« oder mīkāyāhū »wer ist wie Jahwe?«.

**²Micha:** Kurzform von ▸ Michael.

**Michael:** aus der Bibel, zu hebr. mīkā'ēl »wer ist wie Gott?«, auch englisch [maɪkl].

**Michail** [mixa'il]: russische Form von ▸ Michael.

**Michal:** tschechische Form von ▸ Michael, auch Eindeutschung von poln. Michał.

**¹Michel:** deutsche Form von ▸ Michael.

**²Michel** [mi'ʃɛl]: französische Form von ▸ Michael.

**Michele** [mi'kɛle]: italienische Form von ▸ Michael.

**Mick:** englische Kurzform von ▸ Michael.

**Mickey** ['mɪkɪ]: englische Koseform von ▸ Michael.

**Miguel** [mi'gɛl]: spanische Form von ▸ Michael.

**Mika:** Kurzform von ▸ Mikael.

**Mikael:** nordische Form von ▸ Michael.

**Mike** [maɪk]: aus dem Englischen, Kurzform von ▸ Michael.

**Mikis:** von der griechischen Insel Chios stammende Kurzform von ▸ Michael.

**Mikko:** finnische Form von ▸ Michael.

**Miklas:** geht zurück auf eine Kurzform von poln. Mikołaj bzw. tschech. Mikoláš (▸ Nikolaus).

**Miklós** ['miklo:ʃ]: ungarische Form von ▸ Nikolaus.

**Miko:** Variante von Mikko (▸ Michael), auch Kurzform von Mikolai (< poln. Mikołaj) oder von ung. Miklós (▸ Nikolaus).

**Mikolai:** eindeutschende Schreibung von Mikołaj, der polnischen Form von ▸ Nikolaus.

**Milan:** tschechische Herkunft, zu urslaw. *milь »lieb, teuer« + Endung -an.

## Die schönsten langen Jungennamen

Alexander * Armando * Benjamin * Cornelius * Dominik * Emmanuel * Ferdinand * Johannes * Jonathan * Konstantin * Leonhard * Maximilian * Nathanael * Ricardo * Sebastian

**Miles,** (auch:) Myles [maɪlz]: in den 1960er-Jahren aus dem Englischen entlehnt, wohl zu einem Namen aus german. *mel »lieb, mild«, der mit den normannischen Eroberern nach England gelangte.

**Mi̲lian:** Kurzform von ▸ Maximilian.

**Mịlko:** Kurzform von ▸ Miloslaw/Miloslav.

**Mi̲lo:** Kurzform von ▸ Miloslaw/Miloslav.

**Mi̲loslaw,** (auch:) Mi̲loslav: aus dem Polnischen (Miłọsław), Russischen oder Tschechischen (Mịloslav), zu urslaw. *milъ »lieb, teuer« + urslaw. *slava »Ruhm, Ehre«.

**Mi̲o:** wurde durch das Kinderbuch »Mio, mein Mio« (1954) von Astrid Lindgren bekannt.

**Mịran:** Ableitung von Miroslav (▸ Miroslaw). Im Serbischen und Kroatischen wird der Name auch mit dem Adjektiv miran »ruhig, gelassen« in Verbindung gebracht.

**Mịrco:** italienische Schreibweise von ▸ Mirko.

**Mịrek:** polnische und tschechische Koseform von ▸ Miroslaw.

**Mịrjan:** bulgarische Bildung zu einer Kurzform von Namen wie Miroslav (▸ Miroslaw).

**Mịrko:** Koseform von ▸ Miroslaw/Miroslav.

**Mịro:** zugrunde liegen kann u. a. eine italienische Kurzform von Miroslavo (▸ Miroslaw), Vladimiro (▸ Wladimir).

**Mi̲roslaw,** (auch:) Mi̲roslav: aus dem Polnischen (Mirọsław) oder Tschechischen/Slowenischen/Serbischen/Kroatischen (Mịroslav), zu urslaw. *mirъ »Friede« + urslaw. *slava »Ruhm, Ehre«.

**Mịscha,** (auch:) Mịschka: aus dem Russischen, Koseform von Michail (▸ Michael).

**Mịtja:** russische Herkunft, Koseform von ▸ Dimitri.

**Mohạmmed,** (auch:) Mohạmed: zu arab. muḥammad »preiswürdig« zu arab. ḥamida »preisen«; als Name des Propheten Mohammed, des Begründers des Islam, der beliebteste männliche Vorname in der gesamten islamischen Welt.

**Mohạn:** indische Herkunft (sanskrit. mohana »der Bezaubernde, der Verzaubernde«), einer der Beinamen Krischnas.

**Mọnty:** Kurzform der auch als Vornamen verwendeten englischen Familiennamen Montague und Montgomery. Diese Familiennamen, die mit der normannischen Eroberung nach England kamen, gehen auf französische Ortsnamen zurück.

**Moreno:** aus dem Italienischen, geht zurück auf spanisch moreno, morena »braun«. In Spanien sind Moreno/Morena aber keine Vornamen.

**Morgan** [ˈmɔːgən]: aus dem Englischen, geht zurück auf einen alten walisischen Personennamen und späteren Familiennamen, Etymologie umstritten.

**Moritz,** (auch:) Moriz: aus lat. Mauritius, einer Ableitung von ▸ Maurus.

**Mọrris:** englische Form von ▸ Moritz.

**Mọrten:** dänische und norwegische Form von ▸ Martin.

**Mọsche:** Nebenform von ▸ Moses.

**Moses,** (überkonfessionelle Form:) Mose: aus der Bibel, ägyptischer Ursprung, Verkürzung eines theophoren [= einen Gottesnamen enthaltenden] Namens wie Thut-mosis, Ramses [= Ra-mosis], wobei -mosis so viel bedeutet wie »geboren aus …, Sohn des …«. Nach der Bibel war Moses der Führer der Israeliten aus der ägyptischen Unterdrückung und Mittler zwischen Jahwe und Israel.

**Mọyo:** aus Malawi stammender Vorname, der in der Ngoni-Sprache »Leben, Wohlbefinden, Gesundheit« bedeutet.

**Muhạmmad:** Variante von ▸ Mohammed.

**Muhammẹd:** türkische Form von ▸ Mohammed.

**Munir:** zu arab. munīr »strahlend, leuchtend«; Sirādsch Munīr »Leuchtende Lampe« ist einer der Beinamen Mohammeds.

**Murad:** zu arab. murād »erwünscht«.

**Musa,** (auch:) Mussa: arabische Form von Mose (▸ Moses), auch türkisch.

**Mustafạ:** zu arab. muṣṭafa »erwählt«.

**Myles** [maɪlz]: englische Schreibvariante von ▸ Miles.

# N

**Nabil:** zu arab. nabīl »edel, ehrenwert«; auch türkisch.
**Nadir:** zu arab. nādir »selten, kostbar«; auch türkisch.
**Nail:** zu arab. nā'il »jemand, der [seine Ziele] erreicht«; auch türkisch.
**Naim:** zu arab. na'īm »sorglos, glücklich«; auch türkisch.
**Nạndo:** Kurzform von italienisch ▸ Ferdinando oder spanisch ▸ Fernando.
**Nạndolf:** alter deutscher Vorname, zu ahd. nand [nur noch in Namen belegt] »kühn, wagemutig«, vgl. ahd. nenden »wagen« + ahd. wolf »Wolf«.
**Narcịss,** (auch:) Narzịß: aus der griechischen Mythologie, griechisch-lateinischer Ursprung, zu lat. narcissus < griech. nárkissos »Narzisse«.
**Nassim:** arabischer Herkunft (arab. nasīm »Brise; Lebenshauch« zu arab. nasama »sanft wehen«).
**Nat** [næt]: englische Kurzform von ▸ Nathan und ▸ Nathanael.
**Nathan,** (überkonfessionelle Form:) Natan: hebräischer Ursprung, Kurzform von ▸ Jonathan »Jahwe hat gegeben«. Nach der Bibel war Nathan ein Prophet, der David nach dem Ehebruch mit Bathseba und dem Mord an Uria das Urteil Gottes verkündete.
**Nathanael,** (überkonfessionelle Form:) Natanaël: hebräischer Ursprung, Bedeutung »Gott hat gegeben«.
**Nathaniel** [nəˈθænjəl]: englische Form von ▸ Nathanael.
**Navin:** indischer Ursprung, Bedeutung »der Neue«.
**Nawid:** persischer Herkunft (pers. navīd »frohe Kunde«). Engl. Schreibweise: Naveed.
**Neal** [ni:l]: englische Schreibvariante von ▸ Neil.
**Nẹd:** englische Kurzform von Edward (▸ Eduard).
**Neels:** friesische Kurzform von ▸ Cornelius.
**Nehemia:** zu hebr. nḥæmyā »Jahwe hat getröstet«.

**Neil,** (auch:) Neal [niːl]: englische Form des gälischen Namens Niall, dessen Bedeutung umstritten ist (»Kämpfer«, »Wolke« oder »leidenschaftlich«).

**Nelio:** Kurzform von ▸ Cornelio.

**Nelson:** ursprünglich englischer Familienname (»Sohn des Nel«, ▸ Neil), Verwendung als Vorname zunächst wohl in Andenken an den britischen Admiral Lord Nelson.

[1]**Neo:** Kurzform von Ireneo, der italienischen Form von ▸ Irenäus.

[2]**Neo:** nach dem Helden der amerikanischen Filmtrilogie »Matrix« (zu griech. néos »neu«).

**Nepomuk:** nach dem heiligen Johannes Nepomuk, dessen Beiname auf seinen Geburtsort Pomuk (Böhmen) zurückgeht.

**Nestor:** griech. Néstōr, geht zurück auf den Helden der Ilias und der Odyssee. Nach der griechischen Sage führte Nestor im hohen Alter 90 Schiffe gegen Troja, wobei er sich durch seine weisen Ratschläge und seine Beredsamkeit auszeichnete.

**Neven:** serbische/kroatische Herkunft, nach einer Blumenbezeichnung (serb., kroat. neven »Ringelblume, Immortelle«).

**Nevio:** italienische Herkunft, geht zurück auf den römischen Geschlechternamen Naevius (zu lat. naevus »Muttermal«).

**Nicholas** [ˈnɪkələs]: englische Form von ▸ Nikolaus.

**Nick:** englische Kurzform von Nicholas (▸ Nikolaus).

**Nicki,** (auch:) Niki: Koseform von ▸ Nikolaus.

**Nicklas:** ▸ Niklas.

**Nicko:** ▸ Nico.

**Nicky:** Schreibvariante von ▸ Nicki, auch englische Koseform von ▸ Nick.

**Niclas:** ▸ Niklas.

**Nico:** Kurzform von Nicolaus oder von italienisch Nicola (▸ Nikolaus).

**Nicol:** ▸ Nikol.

**Nicola:** italien. Form von ▸ Nikolaus.

**Nicolai:** ▸ Nikolai.

**Nicolas** [nikɔˈla]: französische Form von ▸ Nikolaus.

**Nicolaus:** ▸ Nikolaus.

**Nicolo:** italienische Form (eigentlich Nicolò) von ▸ Nikolaus.

**Niel** [niːl]: englische Schreibvariante von ▸ Neil.

**Niels:** dänische Form von ▸ Nikolaus.

## Die schönsten russischen Jungennamen

Aljoscha * Andrik * Arik * Demian * Dimitri * Fedor * Grigori * Grischa * Ilja * Jurij * Kolja * Kostja * Mitja * Pawel * Wanja

**Nigel** [naɪdʒl]: aus dem Englischen, hervorgegangen aus der Latinisierung des gälischen Namens Niall (▸ Neil) als Nigellus.

**Nik:** Kurzform von ▸ Nikolaus.

**Nikias:** griechische Herkunft, zu griech. níkē »Sieg«.

**Nikita:** russische Form des griechischen Namens Nikētas (zu griech. níkē »Sieg«).

**Niklas:** Kurzform von ▸ Nikolaus.

**Niklaus:** schweizerische Kurzform von ▸ Nikolaus.

**Niko:** Kurzform von ▸ Nikolaus.

**Nikodemus,** (auch:) Nikodem: aus der Bibel, eigentlich etwa »Volkssieger« (griech. Nikódēmos, zu griech. níkē »Sieg« und dēmos »Volk«).

**Nikol,** (auch:) Nicol: Kurzform von ▸ Nikolaus.

**Nikola:** eindeutschende Schreibung von italien. ▸ Nicola.

**Nikolai,** (auch:) Nikolaj; Nicolai; (russ. Betonung:) Nikolaj: russische Form von ▸ Nikolaus.

**Nikolas:** eindeutschende Schreibung von französ. ▸ Nicolas.

**Nikolaus,** (auch:) Nicolaus; Nikolaus: griech. Nikólaos, zu griech. níkē »Sieg« und laós »Volk, Kriegsvolk«.

**Níkos:** neugriechische Kurzform von Nikólaos (▸ Nikolaus).

[1]**Nilo:** spanische Herkunft (zu dem Flussnamen lat. Nilus »Nil«).

[2]**Nilo:** italienische Kurzform von Danilo (▸ Daniel).

**Nils:** schwedische und norwegische Kurzform von ▸ Nikolaus.

**Nino:** italienische Herkunft, Kurzform von Giovannino (▸ Johannes).

**Nis:** nordfriesische und dänische [nɪs], in Nordschleswig verbreitete Form von ▸ Niels.

**Noa:** Variante von ▸ Noah.

N

**Noah,** (auch:) Noa, Noe, (überkonfessionelle Form:) Noach: hebräischer Ursprung, wahrscheinlich Kurzform eines hebräischen Befehlsnamens, etwa so viel wie: »beruhige dich [, Gott]!« Nach der Bibel ließ Gott Noah wegen seiner Frömmigkeit mit seiner Familie und zahlreichen Tierpaaren in einer Arche die Sintflut überleben.

**Noam:** hebräischer Ursprung, »Wonne, Freude, Heiterkeit«.

**Noe:** Variante von ▸ Noah.

**Noel:** zu französ. Noël »Weihnachten«.

**Nolan** [ˈnoʊlən]: irische Herkunft, englische Form des gälischen Familiennamens Ó Nualláin (»Nachkomme des Nuallán«).

**Norbert:** alter deutscher Vorname, zu ahd. nord »Norden« + ahd. beraht »glänzend«.

**Norfried:** aus ahd. nord »Norden« + ahd. fridu »Schutz vor Waffengewalt, Friede; Friedenswahrer«.

**Norman,** (auch:) Normann: alter deutscher Vorname, zu ahd. nord »Norden« + ahd. man »Mann«.

**Norwin:** alter deutscher Vorname, zu ahd. nord »Norden« + ahd. wini »Freund«.

**Notker:** alter deutscher Vorname (ein zu altwestnord. hnióða »stoßen, schlagen« gehörendes Namenglied in der Bedeutung »Kampf« + ahd. gēr »Speer«).

# O

**Octavian,** (auch:) Oktavian: lateinischer Ursprung, geht zurück auf Octavianus, einen von ▸ Octavius abgeleiteten Beinamen.

**Octavio:** spanische Form von ▸ Octavius.

**Octavius:** lateinischer Ursprung, geht zurück auf einen römischen Geschlechternamen, der wiederum auf dem alten Praenomen (Vornamen) Octāvus (lat. »der Achte«)

beruht. Mit Octavus wurde ursprünglich ein im achten römischen Monat geborener Knabe benannt.

**Odilo:** alter deutscher Vorname, Koseform von ▸ Odo.

**Odin:** nach der höchsten Gottheit der nordgermanischen Mythologie, altnord. Óðinn, wahrscheinlich zu óðr »rasend«. Bei den Westgermanen trägt der Gott den Namen Wotan.

**Odo:** alter deutscher Vorname, verselbstständigte Kurzform von Namen, die mit »Ot-« (ahd. ōt »Besitz, Reichtum«) gebildet sind (z. B. ▸ Otfried und ▸ Otmar).

**Odwin:** ▸ Otwin.

**Oktavian:** ▸ Octavian.

**Olaf:** altnordische Herkunft, zu altnord. Ōlāfr aus *Anulaiƀaʀ, etwa »Nachkomme des Urahns«.

**Oldrik:** niederdeutsche Form von ▸ Ulrich.

[1]**Ole:** Kurzform von Namen, die mit »Ol-« gebildet sind (z. B. ▸ Olrik).

[2]**Ole:** dänische/norwegische Kurzform von ▸ Olaf.

**Oleg:** aus dem Russischen, geht zurück auf den nordischen Namen ▸ Helge, der mit den Warägern (Normannen) nach Russland kam.

**Oliver,** (auch:) Oliver: geht zurück auf altfranzös. Olivier, den Namen des Waffengefährten Rolands (zu spätlat. olīvarius »Ölbaum« als Symbol des Friedens).

**Olivier** [ɔliˈvje]: französische Form von ▸ Oliver.

**Olof,** (auch:) Olov: schwedische Form von ▸ Olaf.

**Olrik:** niederdeutsch-friesische Form von ▸ Ulrich.

**Oluf:** dänische Form von ▸ Olaf.

**Omar:** im 20. Jh. entlehnter Vorname arabischen Ursprungs (arab. ʾāmir »blühend« zu arab. ʾamara »gedeihen, lange leben«). Die große Beliebtheit des Namens in der islamischen Welt geht auf den zweiten Kalifen Omar I. ibn al-Khattab (6./7. Jh.) zurück. Türk. Form: Ömer.

**Onni:** finnische Herkunft, bedeutet »Glück«.

**Onno:** friesische Herkunft, entweder eine Kurzform, deren Ausgangsform wegen der starken Verkürzung nicht mehr zu ermitteln ist, oder ein mit ahd. gunnen, mittelniederländ. gehe-onnen, onnen »gönnen« gebildeter Name.

**Orell:** schweizerische Form von ▸ Aurelius.

**Orest:** griech. Oréstēs zu griech. óros »Berg«, etwa »Bergbewohner«. Nach der griechischen Sage ist Orestes der Sohn von Agamemnon und Klytämnestra. Er rächt den Tod seines Vaters, indem er die eigene Mutter ermordet.

**Orhạn:** alttürkischer Ursprung.

**Oriọl:** nach dem Familiennamen des katalanischen Heiligen Joseph Oriol, der aus dem römischen Beinamen Aureolus/Auriolus (zu lat. aurum »Gold«) hervorgegangen ist.

**Orlạndo:** italienische Form von ▸ Roland.

**Ọskar,** (auch:) Ọscar: geht zurück auf den Namen einer Gestalt aus »The Works of Ossian« von James MacPherson. Es ist umstritten, ob der Name von Ossians Sohn nordischer (altnord. Ásgeirr zu altnord. áss, óss »Gott« + altnord. geir »Speer«; vgl. ▸ Ansgar) oder keltischer (gäl. Osgar zu gäl. os »Hirsch« + gäl. cara »Freund«) Herkunft ist.

**Osmạn:** türkische Form des arabischen Namens ʻUthmān zu arab. ʻuthmān »Trappe [eine Vogelart]«.

**Ọsmar:** alter deutscher Vorname, altsächsische Nebenform von Ansmar (german. *ans »Gottheit« + ahd. māri »bekannt, berühmt, angesehen«).

**Ọssip:** russische Form von ▸ Josef.

**Ọswald:** altsächsische Nebenform von Answald (german. *ans »Gottheit« + ahd. -walt zu waltan »herrschen, walten«).

**Ọtfried,** (auch:) Ọttfried: alter deutscher Vorname, zu ahd. ōt »Besitz, Reichtum« + ahd. fridu »Schutz vor Waffengewalt, Friede«.

**Otis** [ˈoʊtɪs]: ursprünglich englischer Familienname mit der Bedeutung »Sohn des Ote« (vgl. ▸ Otto).

**Ọtmar,** (auch:) Ọttmar; Ọthmar; Ọttomar: alter deutscher Vorname, zu ahd. ōt »Besitz, Reichtum« + ahd. māri »bekannt, berühmt, angesehen«.

**Ọtt:** ▸ Otto.

**Ottavio:** italienische Form von ▸ Octavius.

**Ọttfried:** ▸ Otfried.

**Ọtto:** alter deutscher Vorname, verselbstständigte Kurzform von Namen, die mit »Ot-« (ahd. ōt »Besitz, Reichtum«) gebildet sind.

**Ọttokar:** alter deutscher Vorname, der sich aus der Namensform Odowakar (ahd. ōt »Besitz, Reichtum« + ahd. wakar »wachsam, munter«) entwickelt hat (vgl. Odoaker, den Namen eines germanischen Heerführers).

**Ọttomar:** ▸ Otmar.

**Ọtwin,** (auch:) Ọdwin: alter deutscher Vorname, zu ahd. ōt »Besitz, Reichtum« + ahd. wini »Freund«.

**Owe,** (auch:) Ove: ▸ Uwe.

**Owen** [ˈoʊɪn]: Vorname walisischer Herkunft, dessen Etymologie umstritten ist. In Irland ist Owen die anglisierte Form des bislang ungeklärten gälischen Namens Eóghan.

# P

**Paavo:** finnische Form von ▸ Paul.

**Pablo:** spanische Form von ▸ Paul.

**Paco:** spanische Koseform von Francisco (▸ Franz).

**Padmaj** [padˈmadʒ]: indische Herkunft (sanskrit. padma »Lotus« + sanskrit. ja »geboren«: »der Lotusgeborene«), Beiname des Gottes Brahma.

**Pál:** ungarische Form von ▸ Paul.

**Palle:** friesisch-niederländische Koseform – eigentlich Lallform aus der Kindersprache – von Namen, die mit »Bald-« (ahd. bald »kühn«) gebildet sind, auch altschwed. Koseform von ▸ Paul.

**Pankraz,** (auch:) Pankraz: griech. Pankrátēs, zu griech. pān »all, ganz« und krátos »Kraft, Macht«, kratéō »herrschen«.

**Pantaleon:** zu griech. pánta »in allem« und léōn »Löwe«, »gänzlich ein Löwe«.

**Paolo:** italienische Form von ▸ Paul.

**Pascal:** französische Form von lat. Paschalis (zu lat. pascha »Osterfest« über aramäisch pisḥā aus hebr. pesaḥ).

**Pascual:** spanische Form von Paschalis (▸ Pascal).

**Pasqual:** rätoromanische und katalanische Form von Paschalis (▸ Pascal).

**Pasquale:** italienische Form von Paschalis (▸ Pascal).

**Pat** [pæt]: englische Kurzform von ▸ Patrick.

**Patrice** [paˈtris]: französische Form von ▸ Patricius.

**Patricio** [paˈtriθi̯o]: spanische Form von ▸ Patricius.

**Patricius:** geht zurück auf einen römischen Beinamen, zu lat. patricius, -a, -um »patrizisch, dem römischen Geburtsadel angehörig«, begegnet in Deutschland vor allem in der englischen Form ▸ Patrick.

**Patrick** [...æ...]: englische Form von ▸ Patricius.

**Patrik:** schwedische, norwegische, tschechische, slowakische Form von ▸ Patricius.

**Patrizio:** italienische Form von ▸ Patricius.

**Paul,** (auch:) Paulus: lateinischer Ursprung, geht zurück auf den römischen Beinamen Paul[l]us, zu lat. paul[l]us »klein«.

**Pavel:** tschechische Form von ▸ Paul.

**Pavlos:** neugriechische Form von ▸ Paul.

**Pawel** [ˈpavɪl]: russische Form von ▸ Paul.

**Pedro:** spanische Form von ▸ Peter.

**Peer:** niederländische, norwegische und dänische Form von ▸ Peter.

**Pepe:** spanische Koseform (Lallform) von José (▸ Josef).

**Peppo:** italienische Koseform von Giuseppe (▸ Josef).

**Per:** durch Zusammenziehung entstandene nordische Form von ▸ Peter.

**Percy,** engl. Aussprache: [ˈpəːsɪ]: aus dem Englischen, ursprünglich englischer Familienname nach einem Ortsnamen in der Normandie.

**Perko:** bulgarische Koseform von Petar, der bulgarischen Form von ▸ Peter.

**Perry:** englische Koseform von Peregrinus (lat. peregrīnus »Fremder«, später auch »Pilger, Kreuzfahrer«).

**Peter,** (auch:) Petrus: aus der lateinischen Namensform Petrus. Petrus hieß eigentlich schime'on oder schim'on (▸ Simon). Jesus gab ihm den aramäischen Beinamen kyph' (»Edelstein, Felsbrocken«), in griechischer Umschrift als Kēphā́s wiedergegeben. Im Neuen Testament wurde dieser mit dem griechischen Namen Pétros, bezogen auf griech. pétra »Fels«, gleichgesetzt und als »Petrus« ins Lateinische übernommen.

**Phil:** englische Kurzform von Philip (▸ Philipp).

**Phileas:** zu griech. philéō »lieben«. Bekannt ist der Name durch Phileas Fogg, dem Protagonisten des Romans »Zwanzigtausend Meilen unter dem Meer« (1870) von Jules Verne.

**Philibert:** ▸ Filibert.

**Philip:** englische Form von ▸ Philipp.

## Die schönsten altmodischen Jungennamen

Adam * Anton * Artur * August * Bruno * Eduard * Emil * Ernst * Ferdinand * Franz * Friedrich * Fritz * Georg * Gustav * Hugo * Jakob * Johann * Karl * Konrad * Maximilian * Moritz * Oskar * Richard * Theodor * Wilhelm

**Philipp:** zu griech. Philippos, zu griech. phílos »Freund« und híppos »Pferd«, also etwa »Pferdefreund«.

**Philippe** [fiˈlip]: französische Form von ▸ Philipp.

**Pier:** italienische Kurzform von ▸ Piero.

**Pierino** [pieˈri:no]: italienische Koseform von ▸ Piero.

**Piero:** italienische Form von ▸ Peter.

**Pierre** [pjɛr]: französische Form von ▸ Peter.

**Piet:** niederdeutsche und niederländische Kurzform von ▸ Peter.

**Pieter:** niederdeutsche und niederländische Form von ▸ Peter.

**Pietro:** italienische Form von ▸ Peter.

**Pim:** niederdeutsch-friesische und niederländische Koseform – eigentlich Lallform aus der Kindersprache – von ▸ Wilhelm.

**Pinkas,** (auch): Pinchas, Pinhas: aus der Bibel, hebr. pīnḥas, »der Dunkelhäutige, der Nubier«.

**Pino:** männl. Vorn., italienische Kurzform von Namen, die auf »-pino« ausgehen, z. B. Filippino (▸ Filippo), Giuseppino.

**Pio:** italienische Form von ▸ Pius.

**Pirmin,** (auch:) Pirmin: Bedeutung unbekannt; der Name geht zurück auf den heiligen Pirmin (8. Jh.), der als Glaubensbote mehrere Klöster in Südwestdeutschland gründete.

**Pit,** (auch:) Pitt: Kurzform von ▸ Peter, ursprünglich rheinisch.

**Pius:** zu lat. pius, -a, -um »fromm, gottesfürchtig«.
**Pjọtr:** russische Form von ▸ Peter.
**Plácido** [ˈplaθido]: spanische Form des römischen Beinamens Placidus, zu lat. placidus, -a, -um »sanft, friedlich, ruhig«.
**Pran:** indische Herkunft (sanskrit. prāṇa »Atem, Lebenskraft«).
**Pravin:** indische Herkunft (sanskrit. pravīna »geschickt«).
**Primus:** lateinischer Ursprung, geht zurück auf einen alten, aus Oberitalien stammenden Vornamen (Praenomen; lat. Prīmus »der Erste«). Dort ist die in Rom selbst unbekannte Sitte, die Kinder in der Reihenfolge ihrer Geburt zu nummerieren, schon bei der vorrömischen Bevölkerung nachzuweisen.

# Q

**Quentin:** englische [ˈkwɛntɪn] und französische [kãˈtɛ̃] Form von ▸ Quintinus.
**Quịnt:** ▸ Quintus.
**Quintinus,** (auch:) Quintin: lateinischer Ursprung, Weiterbildung von ▸ Quintus.
**Quịntus,** (auch:) Quịnt: lateinischer Ursprung, geht zurück auf das alte römische Praenomen (Vornamen) Quintus (lat. Quīntus »der Fünfte«). Mit Quintus wurden ursprünglich Knaben benannt, die im fünften Monat (Quīntīlis mēnsis) des alten, mit März beginnenden römischen Kalenders geboren wurden. Der Monat wurde später zu Ehren Julius Cäsars umbenannt.
**Quirin,** (auch:) Quirinus: geht zurück auf den Namen eines alten römischen Gottes (lat. Quirīnus), wurde später zum Beinamen von Romulus, dem zum Gott erhobenen Gründer der Stadt Rom.

# R

**Rabanus,** (auch:) Raban: latinisierte Form von ahd. hraban »Rabe«.

**Radek:** Kurzform von slawischen Namen, die mit »Rad-« beginnen (z. B. ▸ Radomir).

**Radko:** Kurzform von ▸ Radomir und anderen Namen, die mit »Rad-« beginnen.

**Radolf,** (auch:) Radulf: alter deutscher Vorname, zu ahd. rāt »Rat, Beratung, Ratgeber« + ahd. wolf »Wolf«.

**Radomir:** zu urslaw. *radъ »gern, froh« oder urslaw. *raditi »arbeiten, fügen, passend zurechtlegen« + urslaw. *mirъ »Friede«.

**Rafael:** ▸ Raphael.

**Raffael:** wohl in Anlehnung an italien. Raffaele entstandene Schreibvariante von ▸ Raphael.

**Raffaele:** italienische Form von ▸ Raphael.

**Rafik,** (auch:) Rafiq: Kurzform von arab. Rafīq al-islām »Begleiter des Islam«.

**Ragnar:** gegen Ende des 19. Jh.s aus den skandinavischen Ländern übernommener Name, der dem deutschen Vornamen ▸ Rainer entspricht.

**Rahim:** Kurzform von arab. ʻabd er-Raḥīm »Diener [Allahs,] des Gnädigen«.

**Raiko,** (auch:) Raik; Rayk; Rayko: Eindeutschung von ▸ Rajko oder Schreibvariante von ▸ Reiko.

**Raimo:** ▸ Reimo.

**Raimund,** (auch:) Raymund; Reimund: zu german. *ragina »Rat, Beschluss [der Götter], Schicksal« + german. *mundō »Schutz«.

**Rainald:** ▸ Reinold.

**Rainer,** (auch:) Reiner; Reinar: alter deutscher Vorname, zu german. *ragina- »Rat, Beschluss [der Götter], Schicksal« + ahd. heri »Heer; Heerführer, Krieger«.

**Rainhard:** ▸ Reinhard.
**Rainier** [rɛˈnje]: französische Form von ▸ Rainer.
**Raj** [ra:dʒ]: indische Herkunft (sanskrit. rāja »König«).
**Rajan** [ˈra:dʒan]: südindische Variante von ▸ Raj.
**Rajko:** ungarische (Rajkó) und tschechische Koseform von Rajmund (▸ Raimund).
**Ralf,** (auch:) Ralph: aus dem Englischen, geht zurück auf altnord. Raðulfr, altengl. Rædwulf, normann. Radulf (▸ Radolf), zusammengezogen Ralf, später auch in der etymologisch unbegründeten Schreibung Ralph.
**Ramiro:** aus dem Spanischen, westgotische Herkunft, erster Namenbestandteil zu german. *ran »Ecke, Keil«, wohl als »keilförmige Anordnung des Heeres« zu verstehen, der zweite entspricht ahd. māri »bekannt, berühmt, angesehen«.
**Ramón:** spanische Form von ▸ Raimund.
**Rando:** Kurzform von ▸ Randolf.
**Randolf:** alter deutscher Vorname, zu ahd. rant »Schild« + ahd. wolf »Wolf«.
**Randolph** [ˈræn...]: englische Form von ▸ Randolf.
**Randy** [ˈræn...]: englische Koseform von ▸ Randolph.
**Rao:** nordindische Form von ▸ Ravi.
**Raoul** [raˈul]: französische Form von ▸ Radolf.
**Raphael,** (auch:) Rafael: biblischer Name des Erzengels, hebräischer Ursprung, Bedeutung »Gott heilt«.
**Raschid:** zu arab. er-rashīd »der Rechtgeleitete; der Weise«.
**Rasmus:** Kurzform von ▸ Erasmus, auch dänisch.
**Räto:** ▸ Reto.
**Raul:** italienische Form von ▸ Raoul oder eindeutschende Schreibung von französ. Raoul und span. Raúl.
**Raven:** Variante von Raban (▸ Rabanus).
**Ravi:** männl. Vorn. indischer Herkunft (sanskrit. ravi »Sonne«).
**Ray** [reɪ]: englische Kurzform von Raymond (▸ Raimund).
**Rayk,** (auch:) Rayko: ▸ Raiko.
**Raymond:** englische [ˈreɪmənd] und französische [rɛˈmõ] Form von ▸ Raimund.
**Raymund:** ▸ Raimund.
**Redelf,** (auch:) Reelf; Relef: friesische Form von ▸ Radolf.
**Reenhard:** ▸ Reinhard.
**Refik:** türkische Form von ▸ Rafik.
**Reginald:** ältere Namensform von ▸ Reinold, auch englisch [ˈrɛdʒɪnld].
**Régis** [reˈʒi]: nach dem Familiennamen des französischen

## Die schönsten Jungennamen aus Songs

Alfie (Dionne Warwick) * Bobby (Janis Joplin) * Charlie (Coldplay / The Clash) * Eugene (Pink Floyd) * Gabriel (Lamb) * Isaac (Madonna) * Joe (Jimi Hendrix) * Kaspar (Reinhard Mey) * Kenneth (R.E.M.) * Liam (Kraftklub) * Louie (Iggy Pop) * Louis (Marteria) * Nicolas (Sylvie Vartan) * Willy (The Sweet)

Heiligen Jean-François Régis, abgeleitet von lat. regere »leiten, herrschen«.

**Reiko,** (auch:) Reik: verselbstständigte Kurzform von Namen, die mit altsächs. rīki »mächtig, gewaltig, reich« gebildet sind, auch Eindeutschung von ▸ Rajko.

**Reimo,** (auch:) Raimo: verselbstständigte Kurzform von Namen, die mit »Reim-« (zu german. *ragina- »Rat, Beschluss [der Götter], Schicksal«) gebildet sind.

**Reimund:** ▸ Raimund.

**Reinald:** ▸ Reinold.

**Reinar:** ▸ Rainer.

**Reinard:** ▸ Reinhard.

**Reiner:** ▸ Rainer.

**Reinhard,** (auch:) Rainhard; Reenhard; Reinard; Reinhart: alter deutscher Vorname, zu german. *ragina- »Rat, Beschluss [der Götter], Schicksal« + ahd. harti, herti »hart, kräftig, stark«.

**Reinhold:** Nebenform von ▸ Reinold in Anlehnung an das Adjektiv »hold«.

**Reinke:** niederdeutsch-friesische Koseform von Namen, die mit »Rein-« gebildet sind.

**Reino:** verselbstständigte Kurzform von Namen, die mit »Rein-« gebildet sind.

**Reinold,** (auch:) Reinhold; Renold; Reinald; Rainald; Reginald: alter deutscher Vorname, zu german. *ragina- »Rat, Beschluss [der Götter], Schicksal« + ahd. -walt zu waltan »herrschen, walten«.

**Relef:** friesische Variante von ▸ Redelf.

**Remi:** Kurzform von ▸ Remigius.

**Rémi,** (auch:) Rémy: französische Form von ▸ Remigius.

**Remigius:** zu lat. rēmex »Ruderer«; der Name geht zurück auf den heiligen Remigius (5./6. Jh.), der die Missionierung unter den Franken begann.

**Remo:** italienische Form von ▸ Remus.

**Remus:** nach einem der beiden sagenhaften Gründer Roms.

**Rémy:** ▸ Rémi.

**Renald:** ▸ Reinold.

**Renaldo:** ▸ Rinaldo.

**Renato:** italienische Form von ▸ Renatus.

**Renatus,** (auch:) Renat: lat. renātus »wiedergeboren«.

**René:** französische Form von ▸ Renatus.

**Renke,** (auch:) Renko: niederdeutsch-friesische Koseform von Namen, die mit »Rein-« (zu german. *ragina- »Rat, Beschluss [der Götter], Schicksal«) gebildet sind.

**[1]Reno:** friesische Form von ▸ Reino.

**[2]Reno:** italienische Kurzform von Namen, die auf »-reno« ausgehen (z. B. ▸ Moreno).

**Renold:** ▸ Reinold.

**Renzo:** italienische Kurzform von Lorenzo (▸ Lorenz).

**Reto,** (auch:) Räto: schweizerischer Vorname, eigentlich »der Rätoromane«.

**Reuben** [ˈruːbɪn], (auch:) Reuven [ˈruːvɪn]: englische Formen von ▸ Ruben.

**Rewert:** jüngere Form von Reinwart oder Redwart (zu german. *ragina »Rat, Beschluss [der Götter], Schicksal« bzw. ahd. rāt »Rat, Beratung, Ratgeber« + ahd. wart »Hüter, Schützer«).

**Rex:** aus dem Englischen, zu lat. rēx »König«, gelegentlich auch als Kurzform von Reginald (▸ Reinold) gebraucht.

**Reyk:** ▸ Reiko.

**Rhys** [riːs]: walisische Herkunft (zu walis. rhys »Glut; Leidenschaft, Inbrunst, Eifer«). Diesen Namen trugen im frühen Mittelalter mehrere walisische Könige.

## Gar nicht so einfach: Vornamen für Zwillinge

Zwillingen Namen zu geben, ist nicht ganz einfach: Einerseits soll die individuelle Persönlichkeit des jeweiligen Kindes im Namen zum Ausdruck kommen, andererseits möchten die Eltern doch einen gewissen Zusammenhang zwischen den gewählten Vornamen herstellen. Um das zu erreichen, können die beiden Vornamen gern mit dem gleichen Anlaut beginnen: *Leon* und *Luca, Lina* und *Lea*. Sinnvoll ist es auch, wenn beide Vornamen ungefähr gleich lang sind, um bei dem Kind mit dem kürzeren Namen kein Gefühl der Benachteiligung aufkommen zu lassen: *Charlotte* und *Mathilda, Ben* und *Finn*. Auch sollten beide Namen möglichst aus demselben Kulturkreis stammen, also eher *Andries* und *Velten* als *Bengt* und *Munir*.

Auf alle Fälle zu vermeiden sind bekannte Verbindungen wie *Max* und *Moritz, Tom* und *Jerry, Hans* und *Grete*, da sie später sicher oft Anlass zu spöttischen Bemerkungen geben. Allzu ähnliche Namen (*Mia* und *Pia, Jadon* und *Jason*) sollte man schon deshalb nicht geben, weil sie leicht zu Verwechslungen führen können.

**Ricard:** ▸ Richard.
**Ricardo:** spanische Form von ▸ Richard.
**Riccardo:** italienische Form von ▸ Richard.
**Ricco:** italienische Kurzform von ▸ Riccardo.
**Richard,** (auch:) Rickert; Righard: alter deutscher Vorname, zu ahd. rīhhi »Herrschaft, Herrscher, Macht; reich, mächtig, hoch« + ahd. harti, herti »hart, kräftig, stark«.
**Richie,** (auch:) Ritchie [ˈrɪtʃɪ]: englische Koseform von ▸ Richard.
**Rick:** englische Kurzform von ▸ Richard.
**Rickert:** niederdeutsch-friesische Form von ▸ Richard.
**Rickmer:** niederdeutsch-friesische Form von Richmar (ahd. rīhhi »Herrschaft, Herrscher, Macht; reich, mächtig, hoch« + ahd. māri »bekannt, berühmt, angesehen«).
**Ricky:** englische Koseform von ▸ Richard.
**Rico:** italienische Kurzform von Enrico (▸ Heinrich).
**Rieko:** ▸ Riko.
**Righard:** ▸ Richard.
**Rigo:** italienische Kurzform von Namen wie Rigoberto (▸ Rigobert), Federigo (▸ Friedrich), ▸ Amerigo u. a.
**Rigobert:** geht zurück auf eine romanische Form von Richbert (ahd. rīhhi »Herrschaft, Herrscher, Macht; reich, mächtig, hoch« + ahd. beraht »glänzend«).
**Riklef,** (auch:) Ricklef: friesischer Vorname, zu ahd. rīhhi »Herrschaft, Herrscher, Macht; reich, mächtig, hoch« + altsächs. lēva »Erbe, Nachlass; Sohn, Tochter«.
**Riko,** (auch:) Rieko; Rik: Kurzform von ▸ Richard oder von Namen, die auf »-rik« ausgehen (z. B. ▸ Hendrik).
**Rinaldo,** (auch:) Renaldo: italienische Form von ▸ Reinold.
**Rino:** italienische Kurzform von Namen, die auf »-rino« ausgehen (z. B. Arturino, Salvatorino).
**Ritayin:** indische Herkunft (»der Wahrhaftige«).
**Ritchie:** ▸ Richie.
**Roald:** norwegische Herkunft, zu altnord. hróðr »Ruhm« + altnord. valdar »Herrscher«.
**Rob:** englische und niederländische Kurzform von ▸ Robert.
**Robby,** (auch:) Robbie: englische Koseform von ▸ Robert.
**Robert:** niederdeutsche Form von ▸ Rupert.
**Roberto:** italienische und spanische Form von ▸ Robert.
**Robin,** (auch:) Robyn: englische Koseform von ▸ Robert.
**Rocco:** italienische Form von ▸ Rochus.
**Rochus:** latinisierte Form von ahd. Roho (zu ahd. rohōn »[in der

## Die schönsten türkischen Jungennamen

Ahmet * Arif * Can * Cem * Deniz * Emin * Emir * Halil * Kerim * Melek * Metin * Ömer * Selim * Sinan * Turan * Yunus

Schlacht] brüllen«), einer Kurzform von heute nicht mehr gebräuchlichen Namen, wie z. B. Rochbert und Rochold.

**Rocky:** zu engl. rocky »felsig; steinhart«, nach dem amerikanischen Boxidol Rocky Marciano, der auf diese Weise seinen italien. Vornamen Rocco an das Englische angepasst hatte.

**Roderich,** (auch:) Roderik: alter deutscher Vorname, zu altsächs. hrōth »Ruhm« + altsächs. rīki »mächtig, gewaltig, reich«.

**Rodger:** niederdeutsche Form von ▸ Rüdiger.

**Rodney** [ˈrɔdnɪ]: aus dem Englischen, ursprünglich ein englischer Familienname nach einem bislang nicht sicher lokalisierten Ortsnamen.

**Rodolfo:** italienische und spanische Form von ▸ Rudolf.

**Rodolphe** [rɔˈdɔlf]: französische Form von ▸ Rudolf.

**Rodrigo:** spanische und italienische Form von ▸ Roderich.

**Roger:** niederdeutsche Form von ▸ Rüdiger, auch englisch [ˈrɔdʒə] und französisch [roˈʒe].

**Roland:** geht zurück auf die altfranzösische Form des althochdeutschen Namens Hruodland (ahd. hruod »Ruhm« + ahd. lant »Land«).

**Rolando:** italienische Form von ▸ Roland.

**Rolf,** (auch:) Roolf: durch Zusammenziehung entstandene Form von Rodolf (▸ Rudolf).

**Rolof,** (auch:) Roluf: niederdeutsche Nebenform von ▸ Rudolf.

**Romain** [rɔˈmɛ̃]: französische Form von ▸ Roman.

**Roman,** (auch:) Romanus: zu lat. Rōmānus »Römer«.

**Romano:** italienische Form von ▸ Roman.

**Romeo:** italienischer Ursprung, geht zurück auf den römischen Beinamen Romaeus (zu griech. Rhṓmē »Rom«,

Rhōmaīos »Römer«); bezeichnete in der Spätantike einen Bürger des [Ost- oder West]römischen Reiches und nahm im Spätmittelalter die Bedeutung »Rompilger« und schließlich überhaupt »Pilger« an.

**Romolo:** italienische Form von ▸ Romulus.

**Romuald:** nach dem heiligen Romuald; Herkunft umstritten, vermutlich eher eine Mischbildung (zu Roma »die Stadt Rom« + german. *walda »Herrscher«, etwa »Romherrscher«) als ein rein germanischer Name, der dem deutschen ▸ Rumold entsprechen würde.

**Romulus:** geht zurück auf Rōmulus, einen der beiden sagenhaften Gründer Roms.

**Ron:** englische Kurzform von ▸ Ronald.

**Ronald:** aus dem Englischen [rɔnld], schottische Ableitung des altnordischen Namens Rögnvaldr (vgl. die entsprechenden Bildungen engl. ▸ Reginald und dt. ▸ Reinold).

**Ronan** [ˈroʊnən]: englische Schreibweise des irischen Namens Rónán, ursprünglich ein Beiname mit der Bedeutung »kleine Robbe« (zu gäl. rón »Robbe«).

**Ronny,** (auch:) Ronnie: englische Koseform von ▸ Ronald.

**Roolf:** ▸ Rolf.

**Rosario:** italienische Herkunft, zu mittellat. rosārium »Rosenkranz«, nach einem Beinamen der Gottesmutter (»Unsere Liebe Frau von dem Rosenkranz«); in Spanien weibl. Vorname.

**Roswin:** vermutlich zu ahd. hros »Ross« + ahd. wini »Freund«.

**Rouven:** Nebenform von ▸ Ruben.

**Roy:** aus dem Englischen, gälischer Ursprung, zu gäl. ruadh »rot«.

**Ruben:** zu hebr. re'ūbēn, wohl »seht den Sohn!«. In der Bibel ist Ruben der älteste Sohn Jakobs und Leas.

**Rubin:** aus dem Englischen, Nebenform von ▸ Ruben.

**Rudi,** (auch:) Rudy: Koseform von ▸ Rudolf.

**Rudibert:** Neubildung aus ▸ Rudi und dem Namenbestandteil »-bert« (ahd. beraht »glänzend«).

**Rüdiger:** alter deutscher Vorname, zu ahd. hruod »Ruhm« + ahd. gēr »Speer«.

**Rudo:** Kurzform von Namen, die mit »Rud-« beginnen, vor allem von ▸ Rudolf.

**Rudolf,** (auch:) Rudolph: alter deutscher Vorname, zu ahd. hruod »Ruhm« + ahd. wolf »Wolf«.

## Die schönsten Jungennamen aus der römischen Geschichte

August * Aurel * Claudius * Cornelius * Emilian * Fabian * Fabius * Flavius * Julian * Julius * Konstantin * Laurentius * Linus * Livius * Lucius * Marcellus * Marius * Titus

**Rufin:** lateinischer Ursprung, geht zurück auf den römischen Beinamen Rufinus, eine Ableitung von ▸ Rufus.

**Rufus:** lateinischer Ursprung, geht zurück auf einen römischen Beinamen, zu lat. rūfus, -a, -um »rothaarig, fuchsrot«.

**Rul:** Kurzform von ▸ Rudolf.

**Rulf:** Kurzform von ▸ Rudolf.

**Rulo:** Kurzform von ▸ Rudolf.

**Runar:** schwedisch-norwegische Herkunft, wahrscheinlich eine Neubildung aus den Namenbestandteilen »Run-« (▸ Rune) und »-ar« (▸ Einar).

**Rune:** schwedisch-dänische Herkunft, Kurzform von Namen, die mit dem Namenbestandteil altnord. rún »Geheimnis, geheime Beratung« gebildet sind.

**Rupert,** (auch:) Ruppert; Rupprecht; Ruprecht; (latinisiert:) Rupertus: alter deutscher Vorname, zu ahd. hruod »Ruhm« + ahd. beraht »glänzend«. Die entsprechende niederdeutsche Form ist ▸ Robert.

**Rurik:** russische Form des altschwedischen Namens Rörik (▸ Roderich), gelangte mit den skandinavischen Warägern nach Russland.

**Russell** [rʌsl]: ursprünglich ein englischer Familienname französischer Herkunft, zu altfranzös. rous »rot«.

**Rutger,** (auch:) Rütger: ▸ Rüdiger.

**Ruthard,** (auch:) Ruthart: alter deutscher Vorname (ahd. hruod »Ruhm« + ahd. harti, herti »hart, kräftig, stark«).

**Ruven,** (auch:) Ruwen: Varianten von ▸ Ruben.

**Ryan** [ˈraɪən]: geht zurück auf den irischen Familiennamen Ó'Riain (»Nachkomme des Rian«), Bedeutung des alten gälischen Namens Rian umstritten, vielleicht zu gäl. rí »König«.

R

# S

**Sạbri:** arabische Herkunft (zu arab. ṣabr »Geduld«).
**Sacha** [saˈʃa]: französische Schreibweise von ▸ Sascha.
**Sai̱d:** zu arab. sa'īd »glücklich«.
**Saladi̱n,** (auch:) Sạladin: zu arab. Sālaḥ ad-Dīn »Rechtschaffenheit des Glaubens«.
**Sa̱lim:** zu arab. sālim »sicher, unversehrt«.
**Sa̱lomon,** (überkonfessionelle Form:) Sa̱lomo: aus der Bibel, zu hebr. šelōmō wohl zu hebr. šālōm »Glück, Wohlergehen, Friede«. Salomon war als Sohn Davids dessen Nachfolger und König von Juda, Israel und Jerusalem.
**Salvadọr:** spanische Form von ▸ Salvator.
**Salva̱tor:** zu lat. salvātor »Erlöser, Heiland«.
**Salvato̱re:** italienische Form von ▸ Salvator.
**Sam** [sæm]: englische Kurzform von ▸ Samuel.
**Sa̱mi:** zu arab. sāmi »erhaben«, auch türkisch.
**Sami̱r:** zu arab. samīr »abendlicher Gesprächspartner«.
**Sammy** [ˈsæmɪ]: aus dem Englischen, Koseform von ▸ Samuel.
**Sạmson,** (überkonfessionelle Form:) Sịmson: zu hebr. šimšōn »Sonnenmann?«. Nach der Bibel verfügte Samson über große Kräfte. Seine Geliebte Delila entlockte ihm das Geheimnis seiner Kraft, schnitt ihm heimlich die Haare ab und lieferte ihn den Philistern aus.
**Samu̱dra:** indische Herkunft, auch indonesisch (sanskrit. samudra »Ozean«).
**Sa̱muel:** Bedeutung nicht sicher, zu hebr. šemū'ēl »Gott ist El« oder »Gott ist erhaben« bzw. »Sein Name ist El«. Nach der Bibel war Samuel der letzte Richter Israels und der erste Prophet.
**Sancho** [ˈsantʃo]: spanische Herkunft, geht zurück auf Sanctius, einen römischen Beinamen zu lat. sānctus, -a, -um »heilig, ehrwürdig, erhaben«. Eine bekannte literari-

sche Gestalt ist Sancho Pansa, Don Quijotes Schildknappe, in dem Roman (1605–1615) von Miguel de Cervantes.

**Sander:** Kurzform von ▸ Alexander.

**Sándor** [ˈʃa:ndor]: ungarische Kurzform von ▸ Alexander.

**Sandrino:** italienische Koseform von ▸ Sandro.

**Sandro:** italienische Kurzform von Alessandro (▸ Alexander).

**Sandy** [ˈsændɪ]: englische Koseform von ▸ Alexander.

**Santiago:** spanische Herkunft, zusammengezogen aus Santo »heilig« + Yago < Jácobus (▸ Jakob).

**Santino:** italienische Koseform von ▸ Santo.

**Santo:** aus dem Italienischen, geht zurück auf einen römischen Beinamen, zu lat. sānctus, -a, -um »heilig, ehrwürdig, erhaben«, nahm in christlicher Zeit die Bedeutung »heilig, Gott geweiht« an.

**Sascha:** aus dem Russischen übernommene Koseform von ▸ Alexander.

**Saul:** zu hebr. šā'ūl »der [von Gott] Erbetene«. Nach der Bibel war Saul der erste König von Israel.

**Savin** [saˈvɛ̃]: französische Form des römischen Beinamens Sabinus (»Sabiner, Bewohner des Gebirgslandes in Mittelitalien nordöstlich von Rom«).

**Schen:** chinesische Herkunft, Bedeutung »geistig, gedankenvoll«.

**Schorsch:** eindeutschende Schreibung von französisch ▸ Georges.

**Scott:** geht zurück auf einen englischen Vor- und Familiennamen (»der Schotte«).

**Scotty:** Koseform von ▸ Scott.

**Sean** [ʃɔ:n]: aus dem Englischen, irische Form von ▸ Johannes, die wiederum auf normann.-französ. Jehan (▸ Jean) zurückgeht.

**Sebastian:** zu griech. sebastós »erhaben« oder zu griech. Sebastianós »Mann aus Sebaste«, Name mehrerer Städte im Orient.

**Sebastiano:** italienische Form von ▸ Sebastian.

**Sébastien** [sebasˈtjɛ̃]: französische Form von ▸ Sebastian.

**Selahattin:** türkische Form von ▸ Saladin.

**Selim:** türkische Form von ▸ Salim.

**Selmar:** von Klopstock nach dem Vorbild altdeutscher Namen gebildet: aus Selma, einem Ortsnamen in »The Works of Ossian« von James MacPherson, und dem Namenbestandteil »mar-« (ahd. māri »bekannt, berühmt, angesehen«).

**Sem:** biblische Herkunft, zu hebr. šēm »Name, guter Ruf, Ansehen«. Nach der Bibel war Sem der älteste Sohn Noahs.
**Semih:** türkische Form von Samih (arab. samīḥ »großzügig, tolerant« zu arab. samuḥa »verzeihen, tolerant sein«).
**Semir:** türkische Form von ▸ Samir.
**Semjon:** russische Form von ▸ Simon.
**Sepp:** Kurzform von ▸ Josef.
**Seraphin,** (auch:) Serafin; Seraphim: geht zurück auf die kirchenlateinische Mehrzahlform Seraphīn (zu hebr. śārap »brennen«), mit der in der Bibel (beim Propheten Jesaja) die Engelsgestalten an Gottes Thron bezeichnet werden.
**Serenus:** zu lat. serēnus, -a, -um »heiter, hell, leuchtend«.
**Serge** [sɛrʒ]: französische Form von ▸ Sergius.
**Sergej:** russische Form von ▸ Sergius.
**Sergio:** italienische [ˈsɛrdʒo] oder spanische [ˈsɛrxi̯o] Form von ▸ Sergius.
**Sergius:** geht zurück auf einen altrömischen Geschlechternamen.
**Serjoscha:** russische Koseform von ▸ Sergej.
**Servatius:** zu lat. servātus, -a, -um »gerettet«.
**Seth,** (überkonfessionelle Form:) Set: biblischer Ursprung, zu hebr. šet »setzen« im Sinne von »Ersatz« (für den von Kain erschlagenen Abel). Im Alten Testament ist Seth der dritte Sohn Adams und Evas.
**Severin,** (auch:) Severin: lateinischer Ursprung, Weiterbildung von Severus (lat. sevērus, -a, um »streng, ernst«).
**Shane** [ʃa:n]: englische Schreibweise des irischen Vornamens ▸ Sean.
**Shannon** [ˈʃænən]: identisch mit dem weibl. Vornamen Shannon: aus den USA, nach dem gleichlautenden Fluss in Irland; seit den 1980er-Jahren auch männl. Vorname.
**Shaun,** (auch:) Shawn [ʃɔ:n]: englische Schreibweise des irischen Vornamens ▸ Sean.
**Sibo,** (auch:) Siebo: friesische Kurzform von Siegbert (ahd. sigu »Sieg« + ahd. beraht »glänzend, berühmt«).
**Sicco,** (auch:) Sicko: niederdeutsch-friesische Koseform von Namen, die mit »Sieg-« gebildet sind.
**Sid:** Kurzform von ▸ Sidney.
**Siddharta:** zu sanskrit. siddha »erreicht, vollendet« + artha »Ziel«, etwa »der sein Ziel erreicht hat«. Siddharta oder Gautama (Ehrenname Buddha) war der Religionsstifter des Buddhismus.

## Die schönsten arabischen Jungennamen

Adil * Djamil * Farid * Hakim * Hassan * Idris * Karim * Latif * Munir * Murad * Nabil * Naim * Omar * Rahim * Said * Tarek

**Sidney,** (auch:) Sydney: ursprünglich englischer Familienname nach einem französischen Ortsnamen (Saint-Denis).

**Siebo** ▸ Sibo.

**Siegbert,** (auch:) Siebert: alter deutscher Vorname, zu ahd. sigu »Sieg« + ahd. beraht »glänzend, berühmt«, etwa »der, der durch Sieg berühmt ist«.

**Sieger:** alter deutscher Vorname, zu ahd. sigu »Sieg« + ahd. heri »Heer; Heerführer, Krieger«; etwa »Siegeskrieger«.

**Siegesmund:** ▸ Siegmund.

**Siegfried,** (selten auch:) Sigfrid: alter deutscher Vorname, zu ahd. sigu »Sieg« + ahd. fridu »Schutz vor Waffengewalt, Friede; Friedenswahrer«; etwa »der den im Sieg errungenen Frieden wahrt«.

**Siegmar,** (auch:) Sigmar: alter deutscher Vorname, zu ahd. sigu »Sieg« + ahd. māri »bekannt, berühmt, angesehen«; etwa »der durch Sieg berühmt ist«.

**Siegmund,** (auch:) Siegesmund; Sigmund; Sigismund: alter deutscher Vorname, zu ahd. sigu »Sieg« + ahd. munt »Schutz, Schützer«; etwa »der den Sieg schützt«.

**Sierk,** (auch:) Sirko: durch Zusammenziehung entstandene niederdeutsch-friesische Form von Sigerik (altsächs. sigi »Sieg« + altsächs. rīki »mächtig, gewaltig, reich«; etwa »der durch Sieg mächtig ist«).

**Sigfrid,** (auch:) Sigfried: ▸ Siegfried.

**Siggi,** (auch:) Sigi; Sigo: Koseform von Namen, die mit »Sieg-«, »Sig-« gebildet sind (z. B. ▸ Siegfried).

**Sigidi:** aus Südafrika, bedeutet auf Zulu »eintausend«.

**Sigismund:** Variante von ▸ Siegmund.

**Sigmar:** ▸ Siegmar.

S

**Sigmund:** ▸ Siegmund.

**Sigo:** ▸ Siggi.

**Silas:** aus der Bibel übernommen, Herkunft unsicher, gräzisierte Form einer aramäischen Nebenform von ▸ Saul oder griechische Kurzform des römischen Beinamens Silvanus (▸ Silvan).

**Silko:** männl. Bildung zu Silke, einer niederdeutsch-friesischen Koseform von Cäcilie: lateinischer Ursprung, lat. Caecilia ist die weibl. Form zu dem altrömischen Geschlechternamen Caecilius, der vielleicht etruskischen Ursprungs ist und später volksetymologisch zu lat. caecus, -a, -um »blind« gestellt wurde.

**Silvan:** lateinischer Ursprung, geht zurück auf Silvanus, den Namen des altrömischen Gottes des Waldes, des Feldes und der Herden, zu lat. silva »Wald«.

**Silvano:** italienische Form von ▸ Silvan.

**Silvester,** (auch:) Sylvester: zu lat. silvester »zum Wald gehörend, im Wald lebend; waldig«.

**Silvian:** geht zurück auf lat. Silvianus, eine Ableitung von ▸ Silvius.

**Silvino:** italienische Koseform von ▸ Silvio.

**Silvio:** italienische und spanische Form von ▸ Silvius.

**Silvius:** lateinischer Ursprung. In der altrömischen Sage ist Silvius ein Sohn des Äneas, von dem die Könige von Alba Longa und die Vestalin Rhea Silvia abstammen.

**Simba:** aus Kenia und Tansania, bedeutet auf Suaheli »Löwe«.

**Simeon:** aus der Bibel, Herkunft unsicher, hebr. šimʿōn, in der Bibel volksetymologisch erklärt als Ausspruch Leas »weil der Herr hörte [, dass ich gehasst werde]«. Simeon ist der zweite Sohn Jakobs und Leas.

**Simon:** aus der Bibel übernommen, geht als griechischer Name zurück auf griech. simós »stumpf-, plattnasig«, als jüdischer Name dagegen griechisch beeinflusste Schreibung von ▸ Simeon. In der Bibel ist Simon der ursprüngliche Name des Apostels Petrus.

**Simson:** ▸ Samson.

**Sinan:** türkische Herkunft, Bedeutung »eiserne Speerspitze«.

**Sinclair** [ˈsɪŋklɛə]: ursprünglich schottischer Familienname normannischer Herkunft nach einem französischen Ortsnamen (Saint-Clair).

## Die schönsten biblischen Jungennamen

Aaron * Benjamin * Daniel * David * Elias * Jadon * Jeremias * Joel * Jonas * Lais * Levi * Noah * Ruben * Simon * Tobias

**Sion** [ʃɔn]: walisische Form von ▸ Johannes.

**Sirko:** ▸ Sierk.

**Sixten:** schwedische Herkunft, zu altnord. sigr »Sieg« + altnord. steinn »Stein«.

**Sönke,** (auch:) Söhnke; Sunke: nordfriesischer Vorname, zu altnordfries. *Sunika, zu ahd. sunu »Sohn«.

**Sonnfried:** Neubildung aus »Sonne« und dem Namenbestandteil »-fried« (ahd. fridu »Schutz vor Waffengewalt, Friede«).

**¹Sonny** [ˈsʌ...]: Verkleinerungsform von engl. son, also »Söhnchen«.

**²Sonny:** Koseform von Namen, die mit »Sonn-« gebildet sind (z. B. ▸ Sonnfried).

**Sophus:** zu lat. sophus aus griech. sophós »weise, der Weise«.

**Soren:** deutsche Variante von ▸ Sören.

**Sören:** dänische Form von ▸ Severin.

**Spencer** [ˈspɛnsə]: aus dem Englischen, ursprünglich ein Familienname, der auf die altfranzösische Berufsbezeichnung despensier »Verwalter [der Vorräte], Kellermeister« zurückgeht.

**Staffan:** schwedische Nebenform von ▸ Stephan.

**Stan** [stæn]: englische Kurzform von ▸ Stanley.

**Stanislaus:** lateinische Form von ▸ Stanislaw/Stanislav.

**Stanislaw,** (auch:) Stanislav: aus dem Polnischen oder Tschechischen, zu urslaw. *stati »werden«, *stanь »Festigkeit, Härte« + urslaw. *slava »Ruhm, Ehre«.

**Stanko:** Kurzform von ▸ Stanislaw/Stanislav.

**Stanley** [ˈstænlɪ]: ursprünglich englischer Familienname nach einem Ortsnamen.

**Steen:** ▸ Sten.
**Stefan:** heute bevorzugte Schreibweise von ▸ Stephan, auch dänisch, schwedisch, norwegisch.
**Stefano:** italienische Form von ▸ Stephan.
**Steffen:** Nebenform von ▸ Stephan, auch dänisch.
**Sten:** zu altnord. steinn »Stein«.
**Stephan,** (auch:) Stefan: zu griech. stéphanos »Kranz, Krone«.
**Stephanus:** ▸ Stephan.
**Stephen** [ˈsti:vn]: englische Form von ▸ Stephan.
**Steve** [sti:v]: englische Kurzform von ▸ [1]Steven.
[1]**Steven** [sti:vn]: englische Form von ▸ Stephan.
[2]**Steven:** niederländische Form von ▸ Stephan.
**Stig:** aus dem Dänischen, Bedeutung ungefähr »der Wanderer« zu altnord. stíga »steigen, gehen«, auch schwedisch und norwegisch.
**Stojan:** russische/polnische/tschechische/serbische/kroatische Herkunft, zu urslaw. *stojati »stehen«.
**Stuart** [stjʊət]: ursprünglich englischer Familienname, dem eine französisch beeinflusste Schreibung von mittelengl. stīweard, engl. steward »Haushofmeister, Haushalter, Verwalter« zugrunde liegt.
**Suitbert,** (auch:) Switbert: geht zurück auf den altenglischen Namen Swīðbeorht (altengl. swīð »stark, mächtig« + altengl. beorht »glänzend«).
**Süleyman:** türkische Form von ▸ Salomon.
**Sunke:** ▸ Sönke.
**Sunny** [ˈsʌ...]: zu engl. sunny »sonnig« oder Variante von ▸ [1]Sonny.
**Suresch,** (auch:) Suresh: indische Herkunft (sanskrit. sura »Gott« + sanskrit. īśa »Herr«: »Herr der Götter«), Beiname der Götter Indra, Schiwa, Wischnu.
**Sven:** zu altnord. sveinn »junger Mann«.
**Svend:** dänische Form von ▸ Sven.
**Swen:** ▸ Sven.
**Switbert:** ▸ Suitbert.
**Sydney:** ▸ Sidney.
**Sylvain** [silˈvɛ̃]: französische Form von ▸ Silvan.
**Sylvan:** ▸ Silvan.
**Sylvester:** ▸ Silvester.
**Sylvian:** ▸ Silvian.
**Sylvio:** ▸ Silvio.

# T

**Tade̱o:** spanische Form von ▸ Thaddäus.
**Tadeusz** [taˈdɛuʃ]: polnische Form von ▸ Thaddäus.
**Tạdzio:** polnische Koseform von ▸ Tadeusz.
**Ta̱hir:** arabische Herkunft (arab. ṭāhir »rein, tugendhaft, keusch« zu arab. ṭahura »rein sein«).
**Tạkumi:** zu japan. takumi »Handwerk«.
**Tamás** [ˈtomaːʃ]: ungarische Form von ▸ Thomas.
**Tami̱no:** aus Mozarts Oper »Die Zauberflöte«; Bedeutung unbekannt.
**Tammy** [ˈtæ...]: Koseform von Tammas, einer schottischen Variante von ▸ Thomas.
**Ta̱mo:** Eindeutschung von ungar. Tamó, einer Kurzform von ▸ Thomas, oder Variante von Tammo, einer friesischen Kurzform von Thankmar (▸ Dankmar).
**Tạnjo:** bulgarische, serbische, kroatische Koseform von Atanas (▸ Athanasius).
**Tạnno:** verselbstständigte friesische Kurzform von Namen, die mit »Thank-« gebildet sind (z. B. Thankmar, ▸ Dankmar).
**Ta̱rek,** (auch:) Ta̱rik; Ta̱riq: zu arab. tāriq »der an die Tür klopft, nächtlicher Besucher«.
**Tạro:** zu japan. ta »dick« + ro »junger Mann, Gatte, Herr«.
**Tạrun:** aus Indien, zu sanskrit. taruna »zart, jung«.
**Tạssilo,** (auch:) Thạssilo: alter deutscher Vorname, Koseform von ▸ Tasso.
**Tạsso:** langobardisch-oberdeutsche Herkunft, zu german. *dēdi »Tat«.
**Taylor** [ˈteɪlə]: geht zurück auf den gleichlautenden englischen Familiennamen (»Schneider«).
**Tẹbbe:** ▸ Tebbo.
**Tẹbbo,** (auch:) Tẹbbe: friesische Kurzform von Zusammensetzungen mit »Diet-« (ahd. thiot, altsächs. thiad »Volk«).

**Ted:** englische Kurzform von ▸ Edward, auch als Kurzform von Theodore (▸ Theodor) in Gebrauch.

**Teddy:** englische Koseform von ▸ Ted.

**Teja:** eine mit spätostgotisch *þiuða- »Volk« + -jan-Suffix gebildete Kurzform. Der Name geht auf den letzten Ostgotenkönig (6. Jh.) zurück.

**Tekin:** zu türk. tekin »Prinz«.

**Tell:** geht zurück auf den Familiennamen des Schweizer Nationalhelden Wilhelm Tell, Bedeutung unklar.

**Temmo:** niederdeutsch-friesische zweistämmige Kurzform von Namen, die mit »Diet-« (ahd. thiot, altsächs. thiad »Volk«) gebildet sind.

**Teo:** ▸ Theo.

**Terence,** (auch:) Terrence [ˈtɛrəns]: aus dem Englischen, geht zurück auf den römischen Geschlechternamen Terentius, dessen Bedeutung umstritten ist.

**Terry:** englische Herkunft, Koseform von ▸ Terence.

**Teunis:** rheinische und niederländische Kurzform von Antonius (▸ Anton).

**Tevin** [ˈtɛvɪn]: afroamerikanische Herkunft, Umbildung von ▸ Kevin mit dem beliebten Anlaut »T-«.

**Thaddäus:** aus der Bibel, Herkunft und Bedeutung unbekannt. Thaddäus lautete der Beiname des heiligen Judas Thaddäus, der einer der zwölf Apostel war.

**Thankmar:** ▸ Dankmar.

**Thassilo:** ▸ Tassilo.

**Thedo:** friesische Kurzform von Namen, die mit »Theod-« (ahd. thiot »Volk«) gebildet sind.

**Thees:** verkürzte Form von ▸ Matthäus.

**Theis:** Kurzform von ▸ Matthias.

**Theo,** (selten auch:) Teo: Kurzform von Namen, die mit »Theo-« gebildet sind, z. B. ▸ Theodor, ▸ Theobald.

**Theobald:** latinisierte Form von Dietbald (ahd. thiot »Volk« + ahd. bald »kühn«).

**Theoderich:** hervorgegangen aus Theodericus, einer latinisierten Form von ▸ Dietrich.

**Theodor:** zu griech. theós »Gott« und dōron »Geschenk, Gabe«, also »Gottesgeschenk«.

**Theodore** [ˈθɪədɔː]: englische Form von ▸ Theodor.

**Théodore** [teɔˈdɔːr]: französische Form von ▸ Theodor.

**Theophil,** (auch:) Theophilus: griech. Theóphilos, zu theós »Gott« und phílos »lieb, befreundet«, also »Gottesfreund«.

# Wolfgang und Sabine, Ben und Mia

In den letzten fünfzig bis sechzig Jahren haben sich nicht nur die Lieblingsnamen geändert, sondern auch deren Struktur. Es ist zu einer Angleichung der Mädchennamen an die Jungennamen gekommen und umgekehrt (Androgynisierung). Unter den um 1960 beliebten Mädchennamen überwogen solche, die drei bzw. vier Silben hatten (*Angelika, Sabine*). Dagegen waren die damaligen männlichen Spitzenreiter meist ein- oder zweisilbig (*Klaus, Thomas*). Inzwischen sind die weiblichen Lieblingsnamen kürzer geworden: *Emma, Mia, Lina.* Unter den beliebtesten Vornamen sind dreisilbige wie *Johanna* und *Mathilda* eindeutig in der Minderheit. Kurze Namen beherrschen nach wie vor die Spitzengruppe der Jungennamen (*Ben, Paul, Finn*).
Hinsichtlich der Namenlänge hat also eine Annäherung der Mädchennamen an die Jungennamen stattgefunden. Umgekehrt haben sich die männlichen Vornamen den weiblichen angeglichen, indem nun bei ersteren vollklingende unbetonte Vokale und weiche Konsonanten zugenommen haben: *Luka* und *Noah* gegenüber *Peter* und *Wolfgang.*

**Thibaut,** (auch:) Thibault [ti'bo]: französische Form von ▸ Theobald.

**Thido:** Kurzform von Namen, die mit »Diet-« (ahd. thiot »Volk«) gebildet sind.

**Thielo:** ▸ Thilo.

**Thiemo:** ▸ Timo.

**Thierry** [tjɛ'ri]: französische Form von ▸ Dietrich.

**Thies,** (auch:) Thieß: Kurzform von ▸ Matthias.

**Thilo,** (auch:) Thielo; Tilo: Koseform von Namen, die mit »Diet-« gebildet sind, besonders von ▸ Dietrich.

**Thimo:** ▸ Timo.

**Thomas,** (auch:) Tomas: aus der Bibel, geht zurück auf einen Beinamen aramäischen Ursprungs, zu te'omā »Zwilling«.

**Thor:** ▸ Tor.

**Thoralf:** ▸ Toralf.

**Thorben:** ▸ Torben.

**Thore:** ▸ Tore.

**Thoren:** ▸ Toren.

**Thorge:** ▸ Torge.

**Thorin:** ▸ Torin.

**Thorsten:** ▸ Torsten.

**Thorvid:** ▸ Torvid.

**Thure:** ▸ Ture.

**Tiago:** aus dem Spanischen, Kurzform von ▸ Santiago.

**Tiberio:** italienische und spanische Form von ▸ Tiberius.

**Tiberius:** geht zurück auf das römische Praenomen (Vornamen) Tiberius (abgeleitet von dem Namen des Flusses Tiber, lat. Tiberis).

**Tibor:** ungarische Form von ▸ Tiburtius.

**Tiburtius:** Erweiterung von lat. Tīburs »Einwohner von Tibur, dem heutigen Tivoli bei Rom«.

**Tido:** friesische Kurzform von Namen, die mit »Diet-« gebildet sind, besonders von ▸ Dietrich.

**Tiemo:** ▸ Timo.

**Tilbert:** Neubildung aus Til (▸ Till) und dem Namenbestandteil »-bert« (ahd. beraht »glänzend, berühmt«).

**Till,** (auch:) Til; Tyll: Koseform von Namen, die mit »Diet-« gebildet sind, besonders von ▸ Dietrich.

**Tillmann,** (auch:) Tilmann; Tilman: mit »-mann« gebildete Erweiterung von ▸ Till.

**Tilmar:** Neubildung aus Til (▸ Till) und dem Namenbestandteil »-mar« (ahd. māri »bekannt, berühmt, angesehen«).

## »Starke« Jungennamen

Arslan (»Löwe«) * Bernhard (»stark, kräftig wie ein Bär«) * Björn (»Bär«) * Konrad (»kühn in der Beratung«) * Konstantin (»standhaft«) * Leo (»Löwe«) * Leonhard (»kräftig, stark wie ein Löwe«) * Magnus (»der Große«) * Metin (»stark, vertrauenswürdig«) * Pankraz (»all, ganz« + »Kraft, Macht«) * Pantaleon (»gänzlich ein Löwe«) * Simba (»Löwe«) * Urs (»Bär«) * Valdis (»Herrscher«) * Valentin (»kräftig, stark«) * Valerius (»kräftig, stark sein«) * Viktor (»Sieger«) * Vincent (»siegend«)

**Tilo:** ▸Thilo.

**Tịm,** (auch:) Tịmm: Kurzform von ▸Timotheus, ▸Dietmar oder ▸Timo. Im Englischen ist Tim eine Kurzform von ▸Timothy.

**Timéo** [time'o]: zurzeit in Frankreich beliebte Doppelform aus Timothé (▸Timotheus) und Théo (▸Theo).

**Tịmmi:** Koseform von ▸Tim, ▸Timo.

**Tịmmo:** ▸Timo.

**Tịmmy:** englische Koseform von ▸Timothy.

**Timo,** (auch:) Tịmmo: Kurzform von ▸Timotheus oder ▸Dietmar.

**Timon:** zu griech. Tímōn, Kurzform von Vollformen wie Timótheos, ▸Timotheus.

**Timor:** ursprünglich möglicherweise im Anschluss an Psalm 110 (Initium sapientiae timor domini = Gottesfurcht ist der Anfang der Weisheit) vergeben, in neuerer Zeit jedoch wohl eher Variante des turksprachigen Namens ▸Timur.

**Timothée,** (auch:) Timothé: französische Form von ▸Timotheus.

**Timotheus:** griech. Timótheos, zu timáō »schätzen, ehren« und theós »Gott«, also »Gott ehrend«.

**Timothy** [ˈtɪməθɪ]: englische Form von ▸ Timotheus.

**Timur:** nach dem mittelasiatischen Eroberer Timur i Leng, im Westen bekannt als »Tamerlan« ; geht zurück auf alttürk. temür »Eisen«, i Leng bedeutet auf Persisch »der Lahme«.

**Tino:** italienische Kurzform von Namen, die auf »-tino« ausgehen (z. B. ▸ Valentino).

**Tito:** italienische Form von ▸ Titus.

**Titus:** geht zurück auf einen alten römischen Vornamen (Praenomen) wahrscheinlich nordoskisch-umbrischer Herkunft, dessen Bedeutung ungeklärt ist.

**Tizian:** deutsche Form von ▸ Tiziano.

**Tiziano:** italienische Form von Titianus, einem von ▸ Titus abgeleiteten römischen Beinamen.

**Tjade,** (auch:) Tjado: friesische Kurzform von Namen, die mit »Diet-« (altsächs. thiad »Volk«) gebildet sind.

**Tjalf:** durch Zusammenziehung entstandene friesische Form von ▸ Detlef.

**Tjard:** durch Zusammenziehung entstandene friesische Form von ▸ Diethard, vgl. auch ▸ Tjade.

**Tjark,** (auch:) Tjarko: durch Zusammenziehung entstandene friesische Form von ▸ Dietrich, vgl. auch ▸ Tjade.

**Tobi:** Kurzform von ▸ Tobias.

**Tobias,** (überkonfessionelle Form:) Tobija: zu hebr. tōbīyā(hū) »Jahwe ist gütig«. In der Bibel ist Tobias der fromme Sohn eines erblindeten Vaters, der mit dem Engel Raphael als unerkanntem Begleiter eine gefährliche Reise besteht und zuletzt seinen Vater heilt.

**Tobit:** griechische Form von hebr. tobi, Kurzform von tōbīyā(hū) »Jahwe ist gütig«. So heißt der Vater des Tobias.

**Toby** [ˈtoʊbɪ]: englische Kurzform von ▸ Tobias.

**Toivo:** zu finn. toivo »Hoffnung«.

**Tom:** englische Kurzform von ▸ Thomas.

**Tomas:** Schreibvariante von ▸ Thomas, auch serbisch, kroatisch, dänisch, schwedisch, norwegisch.

**Tomaso:** ▸ Tommaso.

**Tomasz** [ˈtomaʃ]: polnische Form von ▸ Thomas.

**Tomek:** polnische und tschechische Koseform von ▸ Thomas.

**Tomislav:** tschechische, slowakische, slowenische, serbische, kroatische Herkunft, zu urslaw. *tomiti »quälen, plagen« + urslaw. *slava »Ruhm, Ehre«.

**Tomke:** friesische Koseform von ▸ Thomas oder Kurzform von Namen, die mit »Dank-« gebildet sind (z. B. ▸ Dankmar).

## Die schönsten Formen von Jakob

Giacomo (italienisch) * Jaak, Jaap (niederländisch) * Jacques (französisch) * Jaime (spanisch) * Jakov (russisch) * Jakub (polnisch) * James, Jamie (englisch) * Santiago (spanisch) * Xaime (galizisch)

**Tommaso:** italienische Form von ▸ Thomas.

**Tommi:** deutsche Schreibweise von ▸ Tommy.

**Tommy:** englische Koseform von ▸ Thomas.

**Ton:** Kurzform von ▸ Anton.

**Toni,** (auch:) Tony: Kurzform von ▸ Anton.

**Tonino:** italienische Koseform von ▸ Antonio oder Kurzform von ▸ Antonino.

**Tonio:** italienische Kurzform von Antonio (▸ Anton).

**Tönjes:** niederdeutsch-friesische Kurzform von ▸ Antonius.

**Tönnies:** niederdeutsche Kurzform von ▸ Antonius.

**Tony** [ˈtəʊnɪ]: englische Kurzform von ▸ Anthony, auch Schreibvariante von ▸ Toni.

**Tor,** (auch:) Thor: Kurzform von nordischen Namen, die mit »Tor-« gebildet sind (z. B. ▸ Torbjörn).

**Torald,** (auch:) Thorald: zusammengezogene Form von ▸ Torwald.

**Toralf,** (auch:) Thoralf: zu altnord. þórr »Thor«, dem Donnergott, + altnord. alfr »Elf, Naturgeist«.

**Torben,** (auch:) Thorben: dänische und schwedische Nebenform von ▸ Torbjörn.

**Torbjörn,** (auch:) Thorbjörn: zu altnord. þórr »Thor«, dem Donnergott, + altnord. bjorn »Bär«.

**Tore,** (auch:) Thore: aus altnord. þórvér/þórir (altnord. þórr »Thor« + altnord. vér »Kämpfer«) entstanden oder Kurzform von Zusammensetzungen mit »Tor-«.

**Toren,** (auch:) Thorén: geht zurück auf norwegisch/schwe-

T

disch Torenius, eine Erweiterung von mit »Tor-« gebildeten Namen (vgl. ▸ Tore); auch schwedischer Familienname.

**Torge,** (auch:) Thorge: wohl Eindeutschung von norweg. Torje / schwed. Törje, Nebenformen von Torgeir (zu altnord. þórr »Thor«, dem Donnergott + altnord. geirr »Speer«).

**Torin,** (auch:) Thorin: nordische Herkunft, männl. Bildung zu Torina, Weiterbildung von Tora, Kurzform von nordischen Namen, die mit »Tor-« (zu altnord. þórr »Thor«, dem Donnergott) gebildet sind, z. B. Torhild.

**Torsten,** (auch:) Thorsten: zu altnord. þórr»Thor«, dem Donnergott, + altnord. steinn »Stein«.

**Torvid,** (auch:) Thorvid: zu altnord. þórr »Thor«, dem Donnergott, + altnord. viðr »Baum«.

**Torwald,** (auch:) Thorwald; Thorvald: nordische Herkunft (altnord. Þorvaldr zu altnord. þorr »Thor«, dem Donnergott, + altnord. valdr »Herrscher«).

**Toshiro** [ˈtoʃiroː]: zu japan. toshi »schnell« + japan. rō »Mann«.

**Tracy** [ˈtreɪsɪ]: ursprünglich englischer Familienname nach einem Ortsnamen in der Normandie.

**Trajan,** (auch:) Traian: nach dem Namen des römischen Kaisers Marcus Ulpius Traianus (1./2. Jh.).

**Travis** [ˈtrævɪs]: ursprünglich Familienname zu mittelengl. travers, später travis < altfranzös. travers(e) »Überquerung [eines Flusses, einer Brücke, einer Grenze]; Brückenzoll, Durchgangszoll«.

**Tristan:** kelt. Drystan zu drest, drust »[Waffen]lärm«. Die Form Tristan ist wohl beeinflusst durch altfranzös. triste »traurig«.

**Tristram** [ˈtrɪstrəm]: englische Form von ▸ Tristan.

**Tullio:** italienische Form von Tullius, einem römischen Geschlechternamen.

**Turan:** türkische Herkunft, abgeleitet von dem geografischen Namen Turan, einem Tiefland Mittelasiens, ungefähr dem heutigen Turkestan entsprechend.

**Ture,** (auch:) Thure: dänische und schwedische Variante von ▸ Tore.

**Tyler** [ˈtaɪlə]: ursprünglich englischer Familienname nach dem Beruf des Ziegelbrenners oder Dachdeckers (vgl. engl. tile »[Dach]ziegel«).

**Tyll:** ▸ Till.

**Tyson** [taɪsn]: ursprünglich englischer Familienname, dem altfranzös. tison »Holzstück« zugrunde liegt.

# U

**Ụbbo,** (auch:) Ụbbe: friesische Kurzform von Namen wie Ulbert (ahd. uodal »Erbgut, Heimat« + ahd. beraht »glänzend«). Im Schwedischen ist Ubbe eine Ableitung von ▸ Ulf oder ▸ Urban.

**Udo,** (auch:) Ude; Uto: alter deutscher Vorname, Nebenform von ▸ Odo oder Kurzform von Namen, die mit ahd. uodal »Erbgut, Heimat« gebildet sind, besonders von Uodalrich (▸ Ulrich).

**Ueli:** schweizerische Koseform von ▸ Ulrich.

**Ugo:** italienische Form von ▸ Hugo.

**Ụlf:** Kurzform von Namen, die mit dem Namenbestandteil altsächs. wulf »Wolf« gebildet sind, oder Entlehnung des nordischen Vornamens Ulf (altnord. Ulfr) mit gleicher Bedeutung.

**Ụlfried,** (auch:) Ụlfrid: zu ahd. uodal »Erbgut, Heimat« + ahd. fridu »Schutz vor Waffengewalt, Friede«.

**Uli,** (auch:) Ụlli: Koseform von Namen, die mit »Ul-« gebildet sind, besonders von ▸ Ulrich.

**Ụllo,** (auch:) Ulo: Kurzform von Namen, die mit »Ul-« gebildet sind.

**Ụlrich,** (auch:) Ụllrich: alter deutscher Vorname, zu ahd. uodal »Erbgut, Heimat« + ahd. rīhhi »Herrschaft, Herrscher, Macht; reich, mächtig, hoch«.

**Ụlrik:** niederdeutsche Nebenform von ▸ Ulrich.

**Ụlv:** nordische Variante von ▸ Ulf.

**Ulysses:** lateinische Wiedergabe des Namens des griechischen Helden Odysseus.

**Umbẹrto:** italienische Form von ▸ Humbert.

**Ụrban:** lateinischer Ursprung, geht zurück auf einen römischen Beinamen, zu lat. urbānus, -a, -um »zur Stadt [Rom] gehörend; fein gebildet; weltmännisch; Städter«.

**Uri:** Kurzform von ▸ Uriel oder ▸ Urias.

**Urias,** (überkonfessionelle Form:) Urija: zu hebr. 'ūriyā(hū) »Jahwe ist mein Licht«. Nach der Bibel war Urias ein Hethiter, mit dessen Frau Batseba König David Ehebruch beging.

**Uriel:** zu hebr. 'ūri'ēl »Gott ist mein Licht«. In der altjüdischen Tradition ist Uriel der Name eines Erzengels. In der außerbiblischen christlichen Tradition ist Uriel der Erzengel, der beim Weltgericht die Tore der Unterwelt öffnet und die Verstorbenen vor den Richterstuhl Gottes führt.

**Urija:** ▸ Urias.

**Urs,** (auch:) Ursus: lateinischer Ursprung, geht zurück auf einen römischen Beinamen, zu lat. ursus »der Bär«.

**Ursin:** lateinischer Ursprung, geht zurück auf den römischen Beinamen Ursinus, eine Ableitung von Ursus (▸ Urs).

**Ursus:** ▸ Urs.

**Uthelm:** Neubildung aus Ut[e] und ▸ Helm[ut]. Ute ist die hochdeutsche Form von Oda, einer verselbstständigten Kurzform von Zusammensetzungen mit »Ot-«, zu ahd. ōt »Besitz, Reichtum« als erstem Bestandteil.

**Uto:** ▸ Udo.

**Utz:** Koseform von Namen, die mit ahd. uodal »Erbgut, Heimat« gebildet sind, besonders von ▸ Ulrich.

**Uwe,** (auch:) Uve; Owe; Ove: wahrscheinlich verselbstständigte friesische Kurzform von Namen, die mit altinselnordfries. *ōva (zu german. *ōƀ- »tätig sein, ins Werk setzen«) gebildet wurden.

# V

**Václav** ['va:tslaf]: tschechische Herkunft (▸ Wenzeslaus).

**Vadim,** (auch:) Wadim: russische, ukrainische und polnische Herkunft, zugrunde liegt wahrscheinlich das urslaw. Verb *vaditi »streiten«; manchmal auch als Kurzform von Vadimir (urslaw. *vaditi »streiten« + urslaw. *mirъ »Friede«) aufgefasst.

**Vahan:** armenische Herkunft (»der Schild«).
**Valdis:** zu lett. valdīt »herrschen«: »Herrscher«.
**Valentin:** geht zurück auf Valentinus, eine Ableitung des römischen Beinamens Valens, zu lat. valēns »kräftig, stark, gesund, mächtig«.
**Valentino:** italienische Form von ▸ Valentin.
**Valéri:** französische Form von ▸ Valerius.
**Valerian:** zu lat. Valeriānus, Ableitung von ▸ Valerius.
**Valerij:** russische Form von ▸ Valerius.
**Valerio:** italienische und spanische Form von ▸ Valerius.
**Valerius:** geht zurück auf einen altrömischen Geschlechternamen, zu lat. valēre »kräftig, stark sein«.
**Valéry:** ▸ Valéri.
**Valtin:** Kurzform von ▸ Valentin.
**Varg:** zu altnord. vargr »Wolf, Räuber, friedloser Mann«.
**Varun:** aus Indien, zu sanskrit. varuna »der zurückhält, zurückzieht«, Name einer vedischen Wassergottheit.
**Vasco:** spanische oder portugiesische Herkunft, entspricht dem Volksnamen »Baske«.
**Vasílios,** (auch:) Vassilios: neugriechische Form von ▸ Basilius.
**Veikko** [ˈveikko]: finnische Herkunft, Bedeutung »Bruder«.
**Veit,** (auch:) Vitus: geht zurück auf den heiligen Märtyrer Vitus, Etymologie seines Namens nicht sicher geklärt, vielleicht zu thrak. bītus »aus Bithynien«.
**Vernon** [ˈvəːnən]: ursprünglich englischer Familienname nach einem französischen Ortsnamen.
**Vero:** aus Italien, geht zurück auf den spätrömischen Beinamen Verus, zu lat. vērus »wahr«. Gelegentlich kann es sich bei Vero auch um eine männliche Bildung zu Vera (zu russ. »Glaube, Zuversicht, Religion«) handeln.
**Vicco:** Kurzform von ▸ Viktor.
**Vico:** italienische Kurzform von Lodovico (▸ Ludwig), auch Schreibvariante von ▸ Vicco.
**Victor:** ▸ Viktor.
**Vidar:** zu altnord. Víðarr zu altnord. víð »Wald« + urnord. harjaR, altnord. herr »Heer; Heerführer, Krieger«.
**Viggo:** nordische Herkunft, latinisierte Kurzform von Zusammensetzungen mit dem altnordischen Namenbestandteil víg »Kampf, Streit«.
**Vigil:** geht zurück auf den römischen Beinamen Vigilius, der traditionellerweise zu lat. vigilāre »wachen« gestellt wird.

**Vikram:** indische Herkunft (sanskrit. vikrama »Schritt«, auch »Heldentum; Stärke«).

**Viktor,** (auch:) Victor: lat. victor »Sieger«, auch Beiname des Herkules und des Göttervaters Jupiter.

**Vilhelm:** nordische Form von ▸ Wilhelm.

**Vilmos** [ˈvilmoʃ]: ungarische Herkunft, hervorgegangen aus der latinisierten Form Willemus (▸ Wilhelm).

**Vince** [vɪns]: englische Kurzform von Vincent (▸ Vinzenz), auch ungarisch.

**Vincent:** deutsche, niederländische, englische [ˈvɪnsənt] und französische [vɛ̃ˈsã] [Neben]form von ▸ Vinzenz.

**Vincenz:** ▸ Vinzenz.

**Vincenzo** [vinˈtʃɛntso]: italienische Form von ▸ Vinzenz.

**Vinzenz,** (auch:) Vincent; Vincenz; Vinzent: lat. Vincentius, Ableitung von lat. vincēns »siegend«.

**[1]Virgil:** nach dem aus Irland stammenden heiligen Virgilius, Bischof von Salzburg, dessen ursprünglicher Name, vermutlich Fearghal (gäl. fear »Mann« + gal »Tapferkeit«), als »Virgilius« (▸ [2]Virgil) latinisiert wurde.

**[2]Virgil:** nach dem römischen Nationaldichter Vergil; geht zurück auf Virgilius, eine jüngere Form des altrömischen Geschlechternamens Vergilius.

**Virgilio** [virˈdʒiːli̯o]: italienische Form von Virgilius (▸ [2]Virgil, selten ▸ [1]Virgil).

**Vital:** deutsche Form von ▸ Vitalis.

**Vitali,** (auch:) Vitalij: russische und ukrainische Form von ▸ Vitalis.

**Vitalis:** geht zurück auf einen römischen Beinamen, zu lat. vītālis »das Leben erhaltend, Leben spendend«.

**Vito:** italienische und spanische Form von ▸ Vitus.

**Vittorio:** italienische Form von ▸ Viktor.

**Vitus:** ▸ Veit.

**Vivian** [ˈvɪvɪən]: aus dem Englischen, geht zurück auf eine altfranzösische Form des römischen Beinamens Vibianus/Vivianus (Ableitung von dem bislang ungeklärten Geschlechternamen Vibius, früher gern zu dem lateinischen Adjektiv vīvus »lebendig, lebhaft« gestellt).

**Vivien** [viˈvjɛ̃]: französische Form des römischen Beinamens Vibianus/Vivianus (▸ Vivian).

**Vladimir:** englische, französische, serbische, kroatische Form von ▸ Wladimir, auch Eindeutschung von tschech. Vladimír.

**Volkbert,** (auch:) Volbert; Folbert: alter deutscher Vorname, zu ahd. folc »Haufe, Kriegsschar, Volk« + ahd. beraht »glänzend«.

**Vọlker,** (auch:) Fọlker; Vọlkher: alter deutscher Vorname, zu ahd. folc »Haufe, Kriegsschar, Volk« + ahd. heri »Heer; Heerführer, Krieger«; etwa »Kämpfer in der Kriegsschar«.

**Vọlkhard,** (auch:) Vọlkard; Vọlkert: alter deutscher Vorname (ahd. folc »Haufe, Kriegsschar, Volk« + ahd. harti »hart, kräftig, stark«).

**Vọlkmar,** (auch:) Fọlkmar: alter deutscher Vorname (ahd. folc »Haufe, Kriegsschar, Volk« + ahd. māri »bekannt, berühmt, angesehen«; etwa »der in der Kriegsschar berühmt ist«).

# W

**Wadịm:** ▸ Vadim.

**Wahi̱b:** arabische Herkunft (arab. wahīb »Geber, großzügiger Schenker « zu arab. wahaba »geben«).

**Wạldemar,** (auch:) Wọldemar: alter deutscher Vorname, zu ahd. walt- zu waltan »walten, herrschen« + ahd. māri »bekannt, berühmt, angesehen«.

**Wạldo,** (auch:) Wạlto: verselbstständigte Kurzform von Namen, die mit »Wald[e]-« oder »-wald« gebildet sind.

**Wali̱d:** zu arab. walīd »neugeborenes Kind«.

**Wạlram:** alter deutscher Vorname (ahd. wal »Kampfplatz, Walstatt« + ahd. hraban »Rabe«. Der Rabe war in der germanischen Mythologie mit dem Gott Odin verbunden. Er ist auch der Totenvogel. Der Name bedeutet also »Schlachtrabe, Kampfrabe«.).

[1]**Wạlt:** Kurzform von Namen, die mit »Wald(e)-« oder »-wald« gebildet sind.

[2]**Walt** [wɔ:lt]: englische Kurzform von Walter (▸ Walter).

**Wạlter,** (auch:) Wạlther: alter deutscher Vorname, zu ahd.

walt- zu waltan »walten, herrschen« + ahd. heri »Heer; Heerführer, Krieger«, auch englisch [ˈwɔːltə].

**Wạlto:** ▸ Waldo.

**Wạnja:** russische Koseform von Iwan (▸ Johannes).

**Wạnjo:** bulgarische Koseform von Iwan (▸ Johannes).

**Wạrner:** niederdeutsche Form von ▸ Werner.

**Wạsja:** russische Koseform von Wassili (▸ Basilius).

**Wassịli,** (auch:) Wassịlij; Wassịly: russische Form von ▸ Basilius.

**Wassi̱m:** arabische Herkunft (arab. wasīm »schön, anmutig, gut aussehend « zu arab. wasama »kennzeichnen«).

**Wạstl:** oberdeutsche, besonders bayerische und österreichische Koseform von ▸ Sebastian.

**Wayne** [weɪn]: ursprünglich englischer Berufsübername für den Wagenmacher, -lenker, zu altengl. wæg[e]n »Wagen«.

**Wẹddo:** verselbstständigte Kurzform von Zusammensetzungen mit »Wig-« (ahd. wīg »Kampf, Krieg«) oder »Widu-« (ahd. witu »Wald«).

**We̱digo,** (auch:) We̱dige: ▸ Witigo.

**Wẹmko:** friesische Koseform von Zusammensetzungen mit »Well-«, z. B. Wellem; ▸ Wilhelm.

**Wẹndelin,** (auch:) Wẹndel; Wẹndlin: Koseform von heute nicht mehr vorkommenden Namen wie Wendelbert, Wendelmar. Der erste Namenbestandteil »Wendel-« gehört zum germanischen Stammesnamen der Vandalen.

**Wẹndlin:** ▸ Wendelin.

**Wẹnko:** niederdeutsche Koseform von Namen, die mit »Win-« oder »-win« (ahd. wini »Freund«) gebildet sind.

**Wẹnzel:** deutsche Kurzform von ▸ Wenzeslaus.

**Wẹnzeslaus:** lateinische Form von alttschech. Venceslav, tschech. Václav, dt. Wenzel (urslaw. *vętje, poln. więcej »mehr« + urslaw. *slava »Ruhm, Ehre«).

**Wẹrner,** (auch:) Wẹrnher: erster Bestandteil Vermischung des Volksnamens der germanischen Warnen mit german. *warō »Aufmerksamkeit« (vgl. altengl. waru »Schutz«, ahd. warnōn »warnen«); zweiter Bestandteil zu ahd. heri »Heer; Heerführer, Krieger«, etwa »Warnenkrieger«.

**Wẹrno:** Kurzform von Namen, die mit »Wern-« gebildet sind, besonders von ▸ Werner.

**Wesley** [ˈwɛslɪ]: ursprünglich englischer Familienname nach einem Orts- oder Flurnamen mit der Bedeutung »westliche Lichtung/Wiese«.

## Die schönsten indischen Jungennamen

Anish * Arjuna * Baldeo * Dinesch * Harinder * Jay * Kailash * Kiran * Krishna * Kumar * Mani * Mohan * Rajan * Samudra * Vikram

**Wẹssel:** niederdeutsch-friesische Koseform von ▸ Werner.

**Wiard:** durch Zusammenziehung entstandene friesische Kurzform von ▸ Wighard.

**Widar:** eindeutschende Schreibung von ▸ Vidar.

**Wido,** (auch:) Wito; Widu: alter deutscher Vorname, Kurzform von Namen, die mit »Wid-«, »Wit-« gebildet sind, z. B. Widukind und ▸ Witold.

**Wieland,** (auch:) Wielant; Wiland: alter deutscher Vorname, wohl zu ahd. *wēla »[Kampf]gewoge« + ahd. nand [nur noch in Namen belegt] »kühn, wagemutig«, vgl. ahd. nenden »wagen«; also »kühn im Kampf«.

**Wighard:** alter deutscher Vorname (ahd. wīg »Kampf, Krieg« + ahd. harti »hart, kräftig, stark«).

**Wigo,** (auch:) Wịkko: Kurzform von Namen, die mit »Wig-« (ahd. wīg »Kampf, Krieg«) gebildet sind.

**Wịl:** Kurzform von ▸ Wilhelm, auch niederländisch.

**Wiland:** ▸ Wieland.

**Wilbur** [ˈwɪlbə]: angloamerikanische Herkunft, geht zurück auf einen Familiennamen, dessen Bedeutung umstritten ist.

**Wịlhelm:** zu ahd. willio »Wille« + ahd. helm »Helm«.

**Wịlko,** (auch:) Wịlke; Wịlken; Wịlkin; Wịlk; Wịlliko: niederdeutsch-friesische Koseform von Namen, die mit »Wil-« oder »Willi-« gebildet sind, meist aber von ▸ Wilhelm.

**Wịll:** deutsche Kurzform von Namen, die mit »Wil-« oder »Willi-« gebildet sind, meist aber von ▸ Wilhelm, auch englische Kurzform [wɪl] von ▸ William.

**Wịllem:** niederdeutsche und niederländische Form von ▸ Wilhelm.

**Wịlli,** (auch:) Wịlly: Kurzform von Namen, die mit »Wil-« oder »Willi-« gebildet sind, meist aber von ▸ Wilhelm.

## Die schönsten Jungennamen auf -ius

Caius * Cassius * Claudius * Cornelius * Darius * Fabius * Julius * Laurentius * Livius * Lucius * Marius * Mauritius * Silvius * Valerius

**William** [ˈwɪljəm]: englische Form von ▸ Wilhelm.

**Wịllibald:** alter deutscher Vorname, zu ahd. willio »Wille« + ahd. bald »kühn«.

**Willie** [ˈwɪlɪ]: englische Koseform von ▸ William.

**Wịlliko:** ▸ Wilko.

**Wịllo:** Kurzform von Namen, die mit »Wil-« oder »Willi-« gebildet sind, meist aber von ▸ Wilhelm.

**Wịlly:** Schreibvariante von ▸ Willi, auch englische Koseform [ˈwɪlɪ] von ▸ William.

**Wịlm,** (auch:) Wịllm: durch Zusammenziehung entstandene Kurzform von ▸ Wilhelm.

**Wilson** [wɪlsn]: ursprünglich englischer Familienname, Bedeutung »Sohn des ▸ Will«.

**Wịm:** durch Zusammenziehung entstandene Kurzform von ▸ Wilhelm, auch niederländisch.

**Wi̱mar:** alter deutscher Vorname, zu ahd. wini »Freund« + ahd. māri »bekannt, berühmt, angesehen«.

**Wịnfried,** (auch:) Wịnfred; Wịnfrid: alter deutscher Vorname, zu ahd. wini »Freund« + ahd. fridu »Schutz vor Waffengewalt, Friede, Friedenswahrer«.

**Wịnno:** Kurzform von Namen, die mit »Win-« oder »-win« gebildet sind.

**Wi̱tigo,** (auch:) Wịttich; Wịttig; We̱digo; We̱dige: erster Bestandteil aus ahd. witu »Holz, Wald«, der zweite Teil gehört zu got. gauja »Gaubewohner«: »Waldgaubewohner«.

**Wi̱to:** ▸ Wido.

**[1]Wi̱told:** alter deutscher Vorname, zu ahd. witu »Holz, Wald« + ahd. -walt zu waltan »walten, herrschen«.

**[2]Wi̱told:** polnische Herkunft, geht zurück auf lit. Vytautas (lit. vyd- zu [iš]vysti »sehen« + lit. tauta »Nation«).

**Wi̲tolf:** zu ahd. witu »Holz, Wald« + ahd. wolf »Wolf«.

**Wịttich,** (auch:) Wịttig: ▸ Witigo.

**Wladi̲mir,** (auch:) Vladi̲mir; Wla̲dimir: altruss. Volodiměrъ; erster Bestandteil zu kirchenslaw. vlad- »Macht«; zweiter Bestandteil urverwandt mit ahd. māri »bekannt, berühmt, angesehen« in Namen wie ▸ Dietmar, ▸ Waldemar, wurde aber im Russischen volksetymologisch an russ. mir »Friede« angelehnt.

**Wla̲dislaw:** Eindeutschung von poln. Władysław oder tschech. Vlạdislav (▸ Ladislaus).

**Wo̲dan:** ▸ Wotan.

**Wọldemar:** ▸ Waldemar.

**Wọlf,** (auch:) Wọlff; Wụlf; Wụlff: alter deutscher Vorname, Kurzform von Namen, die mit »Wolf-« gebildet sind, besonders von ▸ Wolfgang.

**Wọlfgang:** alter deutscher Vorname, zu ahd. wolf »Wolf« + ahd. ganc »Gang«; etwa »der den Gang eines Wolfs hat«.

**Wọlfram:** alter deutscher Vorname, zu ahd. wolf »Wolf« + ahd. hraban »Rabe«.

**Woody** [ˈwʊdɪ]: Koseform von Woodrow, einem englischen Familiennamen nach dem Wohnsitz (»Häuserreihe am Wald«) bzw. nach dem gleichlautenden Ortsnamen.

**Wo̲tan,** (auch:) Wo̲dan: nach dem höchsten germanischen Gott, zu german. *wōda- »besessen, erregt« im Sinne von »der Inspirierte«.

**Wụlf,** (auch:) Wụlff: ▸ Wolf.

# X

**Xaime** [ˈʃaime]: galicische (nordwestspanische) Form von ▸ Jakob, die aus spätlat. Jacomus hervorgegangen ist.

**Xạnder:** Kurzform von ▸ Alexander.

**Xa̲ver,** (auch:) Xave̲rius: eigentlich der verselbstständigte

Beiname des heiligen Franz Xaver nach seinem Geburtsort, dem Schloss Xavier (heute: Javier) in Navarra (Spanien).

**Xave̱rius:** Latinisierung von ▸ Xaver.

**Xavier,** französ. Aussprache: [gzaˈvje], engl. Aussprache: [ˈzeɪvɪə]: französische und englische Form von ▸ Xaver.

**Xẹrxes:** griechische Form des altpersischen Namens Xšayaršan »über Helden herrschend«.

# Y

**Ya̱go:** geht zurück auf eine im mittelalterlichen Spanien geläufige Kurzform von ▸ Jakob (vgl. den Ortsnamen Santiago).

**Yạn:** Schreibvariante von ▸ Jan oder ▸ Yann.

**Yạnek:** Schreibvariante von ▸ Janek.

**Yạnick,** (auch:) Yạnik: Schreibvariante von ▸ Yannick oder ▸ Janik.

**Yạnis:** ▸ Yannis, ▸ Janis.

**Yạnn,** französische Aussprache: [jã]: bretonische Form von ▸ Johannes, auch Schreibvariante von ▸ Jann.

**Yạnnek,** (auch:) Yạnneck: ▸ Jannek.

**Yạnnes:** Schreibvariante von ▸ Jannes.

**Yạnnic:** ▸ Yannick, ▸ Jannik.

**Yạnnick:** französische Schreibweise von breton. Yannig, einer Koseform von Yann (▸ Johannes).

**Yạnnik:** ▸ Yannick, ▸ Jannik.

**Yạnnis:** französische Schreibweise der neugriechischen Form von ▸ Johannes, auch Schreibvariante von ▸ Jannis.

**Ya̱ron:** aus dem Neuhebräischen, Bedeutung: »Er wird singen, er wird froh sein«.

**Yaşar** [jaˈʃar]: türkischer Herkunft (zu der türkischen Partizipialbildung yaşar »lebend«).

**Yassin:** Vorname arabischer Herkunft, der aus den Anfangsbuchstaben (yā und sīn) der 36. Koransure gebildet ist.

**Yeray:** von den Kanarischen Inseln stammender Vorname, der in der Guanche-Sprache »stark« bedeutet.

**Yorck:** ▸ Jork.

**Yorick,** (auch:) Yorrick: wohl englische Wiedergabe einer dänischen Ableitung von ▸ Georg.

**[1]York** [jɔ:k]: ursprünglich englischer Familienname nach der Stadt York.

**[2]York:** ▸ Jork.

**Yoshua:** Schreibvariante von ▸ Joshua.

**Yukio:** Vorname japanischer Herkunft ( japan. yuki »Schnee« + japan. o »Mann«).

**Yunus:** türkische Form von ▸ Jonas.

**Yusuf:** arabische [ˈju:suf] und türkische [juˈsuf] Form von ▸ Josef.

**Yves** [i:v]: französische Form von ▸ Ivo.

**Yvo:** ▸ Ivo.

**Yvon** [iˈvõ]: französische Form von ▸ Ivo.

# Z

**Zacharias:** griechische Form von hebr. zecharyāh »Jahwe hat sich erinnert«. Nach dem Neuen Testament war Zacharias der Vater Johannes' des Täufers und Gemahl der biblischen heiligen Elisabeth.

**Zachary** [ˈzækərɪ]: englische Form von ▸ Zacharias.

**Zadok:** Vorname hebräischen Ursprungs (hebr. sādōq »Er [Gott] ist gerecht/ Gerechtigkeit«).

**Zahir** [ˈza:hir]: Vorname arabischer Herkunft (arab. zahir »leuchtend, glänzend, blühend« zu arab. zahara »glänzen, blühen«).

## Die schönsten (alt)griechischen Jungennamen

Angelos * Dimítrios * Jánnis * Jórgos * Kóstas * Leander * Leonid * Lysander * Manólis * Míkis * Níkos * Timon * Vasílios

**Zaid** [za'i:d]: wohl zu arab. zāda »größer werden, wachsen, zunehmen«.

**Zạnder:** Kurzform von ▸ Alexander.

**Zeno,** (auch:) Zenon: griech. Zḗnōn, Kurzform von griechischen Männernamen wie Zēnódotos »Geschenk des Zeus«.

**Zikomo** [zi'ko:mo]: aus Malawi, bedeutet in der Ngoni-Sprache »danke schön«.

**Zino:** italienische Kurzform von Namen, die auf »-zino« enden, z. B. Lorenzino (▸ Lorenzo), Vincenzino (▸ Vincenzo).

**Ziyad** [zi'ja:d]: arabische Herkunft (wohl eine verkürzte Form von arab. ziyāda »Zunahme, Wachstum« zu arab. zāda »größer werden, wachsen, zunehmen«).

**Zlatko** ['zlatko]: serbische, kroatische, slowenische oder slowakische Herkunft, Kurzform von Namen wie Zlatomir (zlato »Gold« + urslaw. mirъ »Friede«).

**Zoltán** ['zolta:n]: ungarische Herkunft, Bedeutung »Sultan«.

**Zoran** ['zɔran]: slowenische, serbische, kroatische, bulgarische Herkunft, männliche Form von Zora (»Morgenröte«).